チベット密教仏図典

森雅秀［著］
Mori Masahide
宮坂宥明［画］
Miyasaka Yumyo

春秋社

はじめに

チベット。神と仏に満ちあふれた国。敬虔な仏教徒が今なお暮らしている国。僧院の中では多くの僧侶たちが、厳しい戒律を守りながら日々修行にはげんでいる。それを支える一般の人びとは、来世の生まれ変わりを信じ、現世において少しでも多くの功徳を積むことを願っている。それは千年前のインドで、まだ仏教がかの地で生きていたときのあり方と何ら変わりがない。そこにはたしかに神や仏たちが人びととともにいる。人びとはその存在をあたりまえのように受け入れ、自らの生も死も、彼らにゆだねている。おそらくそれは、われわれ日本人にとっても、ほんの数世代前には共有されていた世界だったはずである。

チベット仏教といっても、そこに何か特別な神や仏がいるわけではない。そのほとんどはインドに起源を持ち、大乗仏教や密教の時代から信仰されていた。日本の仏教でも同じ名前を持つものが多いし、あまり知られていなくても、経典などを通して、じつは日本にも伝えられていた仏たちもいる。

もちろんチベット固有の神がみもいる。仏教が伝えられたところでは、かならずその土地の土着的な神がみが仏教の仏たちの世界に組み込まれる。そもそも、人びとにとってより身近な神がみによって、仏たちの世界が支えられているという考え方は、インドからすでにあった。日本の場合、神仏習合《しんぶつしゅうごう》という特定の用語もある。

仏たちの世界で、特定の神仏がどのような重要性を有していたかは、地域や時代で異なる。しかし、仏たちの世界全体が、ある種のヒエラルキーにもとづいた複数のグループによって構成されているのは共通である。

仏の世界の中心にいるのは如来《にょらい》である。せまい意味での仏、すなわち「悟ったもの」を意味する仏陀《ぶつだ》である。その仏陀たちに付き従うのが菩薩《ぼさつ》で、仏陀となることをめざして修行に邁進している。その重要なつとめが衆生救済であることから、われわれにとってもいちばん身近な存在である。如来も菩薩は大乗仏教の時代に大幅に顔ぶれを増やし、密教の時代にはその数は爆発的に増大した。

インド仏教を継承したチベット仏教は、インドで生まれたほとんどの仏たちを、そのまま受け継いでいる。その中には、柔和な姿ではなく、忿怒《ふんぬ》の姿をとった異形の仏たちもいる。日本人にとっては、ほとんど仏には見えない姿をしているが、れっきとした仏、むしろ、釈迦《しゃか》などの伝統的な仏よりも、彼らはより重要な仏と見なされた。いわゆる守護尊、あるいは秘密仏であるが、チベットではこのような名称は用いられない。

チベットの仏の世界に見られる独特のグループに、護法尊と女尊がいる。護法尊は、そのまま「法を護る仏」であるが、仏法を体現する如来や菩薩を護るとともに、仏法に帰依するわれわれを護る仏たちでもある。女尊は、日本仏教ではほとんどその存在は意識されていないが、実際はかなりの数が伝えられている。密教が流行していた頃のインドでは、仏教の女尊に限らず、女神《にょしん》に対する信仰がさかんで、仏教もその流れの中にあった。

チベットと日本で仏たちの世界のあり方が異なるのは、それぞれの地域に伝えられた密教に時代の差があったことが大きい。インド密教の時代区分には、初期、中期、後期の三分法が用いられることが多い。具体的には、インドにおいて密教経典が格段に整備された『大日経』と『真実摂経《しんじつしょうきょう》』（初会《しょえ》の金剛頂経）を中期に位置づけ、それ以前を初期、以後を後期とする。日本密教の伝統的な区分である雑密《ぞうみつ》と純密《じゅんみつ》という二分法には、初期と中期がほぼ対応する。日本には後期密教の伝統はほとんど伝えられていない。また、チベットで好まれる四分法、すなわち、所作、行、瑜《ゆ》伽《が》、無上瑜伽の四タントラには、初期が所作、中期が行と瑜伽、後期が無上瑜伽の各タントラにそれぞれ対応する。本書では三分法をおもに用いるが、必要に応じて、後期密教を無上瑜伽タントラと呼ぶときもある。その中をさらに細分化した父《ふ》タントラ、母《も》タントラ、不二《ふに》タントラに言及するときなどである。

本書はチベット仏教に現れる主要な仏たちについて、その姿を描いた白描図と、それに解説の文章を付した図典である。白描図は、現代の日本において、チベット仏教絵画に関しておそらくもっともすぐれた技術を有する宮坂宥明氏による。ひとりの画家がすべての絵を描いたチベットの図像集が、わが国で刊行されるのはおそらく初めてであろう。

解説部分は、仏の重要度に応じて長いものと短いもののふたつのパターンがある。いずれにおいても、その仏の基本的な情報をおさえるとともに、新たな知見や最新の研究成果を、できる限り平易な文章で伝えるようにした。サンスクリット語やチベット語の図像文献、さらにチベットの代表的な図像集なども参考にした。

チベットの仏たちの図像学的な解説書には、すでに、この分野の第一人者である田中公明氏による『チベットの仏たち』(田中 2009)がある。本書執筆に際してもつねに参照したが、できるだけ情報が重複しないようにつとめ、すでに同書で紹介されている場合は、その箇所を明記した。また、日本の仏像については、佐和隆研氏の編纂した『仏像図典』(佐和 1990)がある。この分野の古典であり、仏像研究の座右の書であるだけではなく、一般の仏像ファンもよりどころとする。日本とチベットそれぞれの仏像の世界を知るためにも、読み比べていただければ幸いである。

近年のデジタルデータの爆発的な普及は、チベット美術の世界にもおよんでいる。その代表的なサイトがHimalayan Art Resourcesである(https://www.himalayanart.org)。数千点、あるいはそれ以上の作品について精細な画像データが公開されている。一部には詳しい解説も付されている。本書執筆に際しても、類例を参照したり、情報の確認を行うときなどに有益であったことを明記しておく。

森　雅秀

チベット密教仏図典　目次

守護尊

護法尊

女尊

チベットの神がみ

その他

チベット密教仏図典

如来

釈迦如来《しゃかにょらい》

仏教の開祖である釈迦《しゃか》は、仏教の伝播したところであれば必ずその姿を仏像や仏画などで見ることができる。しかし、その形や様式は一様ではない。

お釈迦様、あるいはより親しみを込めてお釈迦さんと一般に呼ばれるこの仏は、本名が「釈迦」であったわけではない。ガウタマ・シッダールタという名が伝えられているが、これもサンスクリット語による表記で、パーリ語であれば「ゴータマ・シッダッタ」となる。最上の雄牛（ガウが雄牛、ウッタマが最上）、目的を達成した者（シッダが達成した、アルタが目的）という意味を持つと考えられているが、本当にそのように呼ばれていたかはわからない。「ゴータマ」の名を重視して、釈迦のことを「ゴータマ・ブッダ」と呼ぶ研究者もいるが、この呼称が釈迦の在世中に広く用いられていたことを示す明確な根拠はない。

釈迦を表す「シャーキャ」は「釈迦族の」という形容詞である。部族の名称の「釈迦」が表す意味は、固有名詞であるため明らかではない。「シャーキャ」は形容詞なので、その後に名詞を伴う。名詞は「ムニ」（牟尼）であることが多い。「釈迦」と呼んでいるのは「釈迦牟尼」の前半部分のみなので、本来の名称としては不完全である。「ムニ」は聖者や賢者を表す一般名詞で、「釈迦族の聖者」と呼ばれていた人物を、われわれは短く「釈迦」と呼びならわしているのである。

仏を表す語には、この他にも如来《にょらい》、善逝《ぜんざい》、応供《おうぐ》、世尊《せそん》などがある。これらの代表的なものを十種類まとめて「如来の十号」と呼ぶこともある。「仏」という語そのものも、この十号の内のひとつである。「仏陀《ぶっだ》」の略で、「目ざめたもの」を意味する buddha を音訳したものである。

チベットでは釈迦牟尼は「シャーキャ・トゥッパ」（Shākya thub pa）と訳される。「シャーキャ」はもとのサンスクリット語（あるいはパーリ語）をそのまま音で表し、トゥッパは「牟尼」の翻訳語である。

チベットの釈迦像は、（1）単独で表す、（2）他の仏や菩薩、比丘などを伴って表す、そして（3）釈迦を主役とする物語のシーンを描くという三つの形式にほぼ分類することができる。

このうち、釈迦を単独で表す場合は、蓮台の上で結跏趺坐《けっかふざ》し、両手で特定の印を示す。ここでの図は触地印《そくじ》と呼ばれる印であるが、この他、両手を胸の前で上下に構える説法印、結跏趺坐を組む足の上で両手を水平に重ねる定《じょう》印、右肘を立て掌を前に向ける施無畏《せむい》印なども見られる。

このうち、説法印は転法輪《てんぼうりん》印とも呼ばれる。法輪は仏教の教えの象徴で、それを転じることは法を説くことと等しい。説法印を示す釈迦の基本的なイメージは、鹿野苑《ろくやおん》（現在のサールナート）における釈迦の初説法を表すイメージとして、はやくからインドで定着している。西北インド（現在のパキスタンやアフガニスタン）のガンダーラ地方では、実際に車輪の形をした法輪を、地面の上で転がすしぐさを取る釈迦の像があるが、インド内部ではこの形式は流行しなかった。

説法印を示す釈迦の像は、インドではグプタ朝期（四～六世紀）には確立し、パーラ朝（八世紀中葉～十二世紀）でもその形式は受け継がれる。寺院の本尊に祀られていたと考えられる釈迦像に、この形式のものが少なからずある。そこでも台座に法輪と二頭の鹿が表されることがあり、初説法の場面と関係の深い説話的なモチーフが維持されている。

チベットの説法印を示す釈迦像も、その伝統を汲んだ形式であるが、その他に『般若経』を説く霊鷲山《りょうじゅせん》の釈迦や、あるいは釈迦を中心とした「トンワトゥンデン」（見ることで利益《りやく》がある）と呼ばれる形式の作品などにも、説法印を示す釈迦が登場し、すべてが初説法を表すわけではない（田中　2010）。

一方、ここで描かれている触地印は、右手を右膝の前に下向きに垂らし、その指先で大地に触れることからこの名称がある。左手は左足の上に水平に保ち、場合によってはその上に鉢を載せる。地面を右手で触れるしぐさは、初説法に先立つ降魔成道《ごうまじょうどう》、すなわち悪魔を降して悟りを開くことに由来する。悟りを開く前の釈迦は、魔の軍勢から妨害を受けるが、それを撃退する場面の象徴的なポーズである。そのため降魔印とも呼ばれる。

触地印を示す釈迦像はパーラ朝において好まれ、とくにそのご当地とも言えるボードガヤを含むビハール地方では、圧倒的な人気を誇る。この他の定印や施無畏印も現れ、基本的な印がこの時代に出揃う。

東北インドのパーラ朝美術で確立した釈迦のイメージは、その後、ネパールを経てチベットに伝わり、最初期のチベット美術の釈迦像の基本的な形式となる。また、ヒマラヤ山麓に伝わるその流れとは別に、ベンガル地方から隣のバングラデシュ、そしてミャンマーをはじめとする東南アジアの国々に仏教が伝わったルートにおいても、パーラ朝の様式は釈迦像の主流となっていく。

これらのふたつの流れは、同じ東北インドを源流とするため、距離的には両者の隔たりは次第に大きくなっていくが、多くの共通性を有している。体のバランス、表情、身体表現、あるいは肉髻《にっけい》などの仏に固有な特徴の形式など、類似するところが多い。同じ釈迦像であっても、いわゆるシルクロードを通って、中央アジアから中国にいたり、さらに朝鮮半島を経由してわが国に伝わった仏教美術とは、雰囲気がまったく異なる。

単独像以外の釈迦像の形式としては、他の尊格や人物を伴うものに、観音と金剛手、あるいは八大菩薩などを脇侍とするもの、三十五仏や十六羅漢などを回りに配するもの、舎利弗《しゃりほつ》と目連《もくれん》の二大弟子を両側に置くものなどがある。説話図としては、誕生や成道、涅槃《ねはん》などの主要なシーンを周囲に描き、中央に大きく釈迦を描くタンカが多く残されている。これは複数の幅によって構成されることが多い。中央に大きく釈迦を描くが、そこに現れる釈迦像は、触地印をはじめとするさまざまな印を示す単独の釈迦像が基本となっている。

燃燈仏
ねんとうぶつ

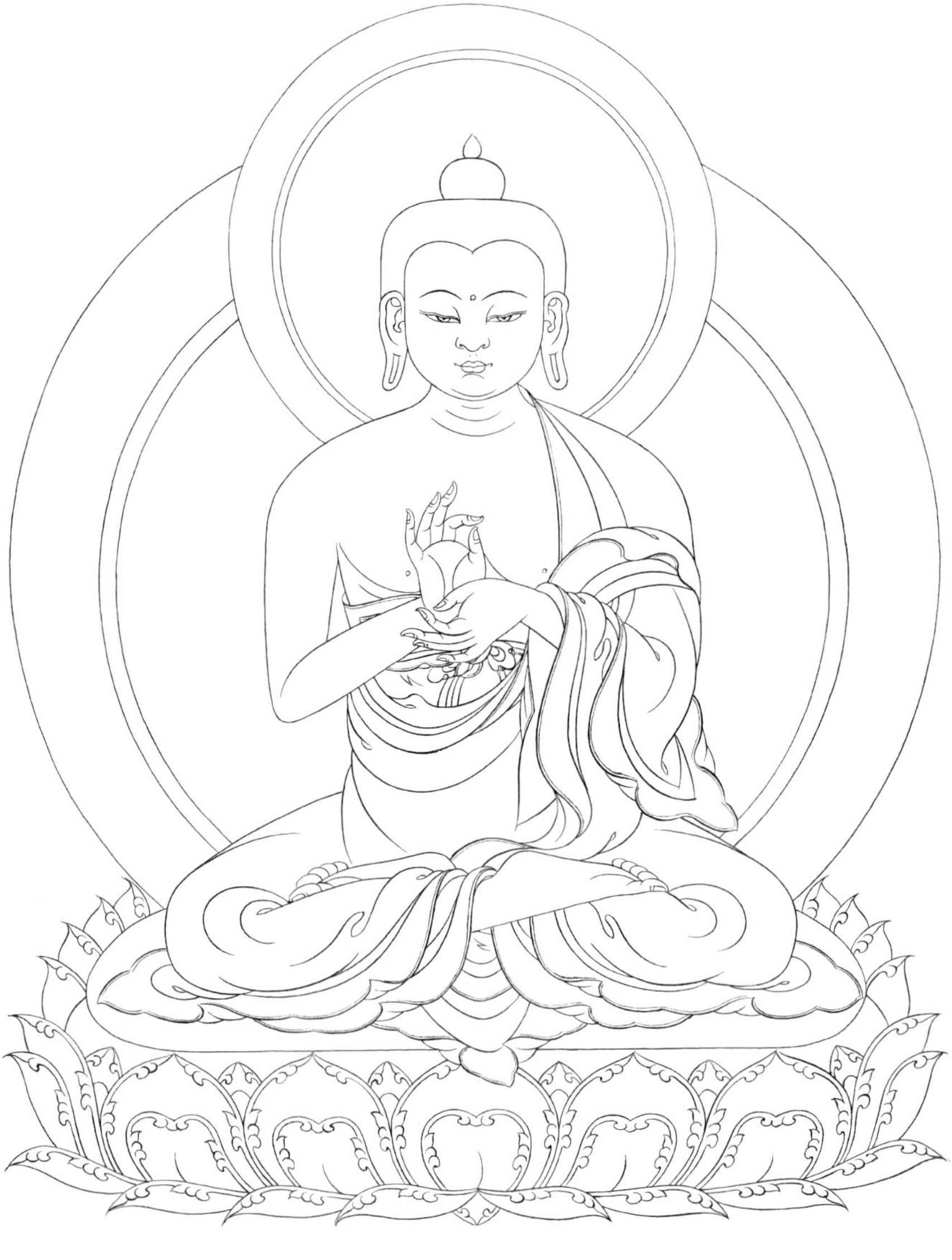

燃燈仏という名の仏は、日本ではほとんどその存在は知られていない。燃燈仏を本尊とする宗派はないし、この仏を祀った寺院もおそらくほとんどないであろう。本尊ではなく、脇侍《わきじ》やマンダラの仏としても登場しない。これはチベットでも同様である。右頁のその姿は、釈迦やその他の仏たちとまったく同じである。両手は説法印を示すが、これとまったく同じ姿の釈迦を描いた作品もある。

しかし、仏教の歴史の中で、この仏が重要な役割を果たした時代や地域があった。また、燃燈仏が行った「授記《じゅき》」は、大乗仏教や密教においてきわめて重要な意味を持つ。

燃燈仏の原語はサンスクリット語で「ディーパンカラ」(Dīpaṃkara)で、定光仏《じょうこうぶつ》という訳語が当てられることもある。ディーパは炎のことで、とくに神や仏にそなえられる灯明を表す語として、インドで広く用いられている。後半の「カラ」は「為す、作る」を意味し、複合語であるディーパンカラは灯明台や灯籠を表す普通名詞でもある。

燃燈仏が登場するのが「燃燈仏授記」という物語である。そのとき釈迦はスメーダ(あるいはメーダ)というバラモンの青年であった。きびしい修行者であったスメーダは、この世に燃燈仏という仏が現れ、しかも自分の住む町にやってくることを知り、その姿を見たいと願い、燃燈仏がやってくるのを待ち受けた。燃燈仏を迎えるために、人びとが町中を美しくしつらえているのであるが、遅れてやってきたスメーダには受け持つところがほとんどなく、唯一、泥でぬかるんだ道が残っていた。スメーダはそれを整備することでその誠意を表そうと考えたが、燃燈仏がやってくるのが早すぎて、それが間に合わない。思いあまったスメーダは、みずからの体をその泥の上に投じ、燃燈仏が泥によって汚れないようにとけなげさを見せた。燃燈仏はその姿に感じ入り、スメーダの将来を予見したところ、はるか将来にゴータマという仏になることを察知し、それをスメーダに告げた。これが授記である。

この物語は釈迦の前世の物語をおさめた文献であるジャータカに含まれる。ジャータカで一貫して賛美されているのは、主人公たちの布施《ふせ》である。それは、物品や金銭による布施だけではなく、自分の家族や財産、王であれば王国など、かけがえのないものである。その中で、自分の身体を布施する「捨身《しゃしん》」も、究極の布施として語られている。燃燈仏授記のスメーダもそれを実践したのである。

ここで紹介した燃燈仏授記はジャータカによるが、それ以外のさまざまな文献にもこのエピソードは含まれる。文献によっては、単に泥に体を投ずるというエピソードだけではなく、その前に、散華《さんげ》にまつわる物語が加わったものもある。散華とは高貴な人物などを賛嘆し敬意を表すため、花を撒くことである。スメーダも燃燈仏に散華するための花を買おうとするが、すべての花は王によって買い占められ、入手できない。そこに現れたのが花売りの娘プラクリティで、奇跡的に彼女から花を手に入れることができたスメーダが、それを燃燈仏に撒くと、花は空中にとどまり、燃燈仏を大いに喜ばせた。このときの花売りの娘が釈迦の妻となるヤショーダラの前世の姿であったことも明らかにされる。

これらのエピソードを含む一連の燃燈仏授記の物語を浮彫彫刻で表した作品が、ガンダーラ地方から多数出土している。ほぼ決まった構図で、中央に燃燈仏が立ち、その前で地面にひれ伏すスメーダがいる。スメーダは長い髪を自分の前に垂らしているが、これは泥に体を投ずるときに、長い髪をほどいて地面にひろげたことが文献に説かれているためである。修行者が長い髪をしているのはインドでは自然で、今でもそのような姿の行者を見ることができる。浮彫の中で、スメーダはこの他に三回登場する。ひとつは画面の向かって左で、花売りの娘から花を買うところ、二つめはそれと背中合わせに、燃燈仏に散華するところ、そして、空中に浮遊しながら合掌するところである。ひとつの作品に複数の場面を描く典型的な異時同図の手法が用いられている。

この燃燈仏授記の物語は、その作例数からガンダーラで大いに流行したことがわかるが、不思議なことにインド内部ではこれを表した作品は知られていない。ガンダーラでこの物語が流行したのは、この地方の仏教徒が釈迦への追慕の念を図像として表すときに、前世の物語という一種のフィクションを利用し、それが実際に起こった場所をガンダーラと考えたことや、もともとこの地方に「光を放つ仏」である燃燈仏そのものへの信仰があったことが指摘されている。

仏教史の中で燃燈仏とその授記の物語の持つ意義は大きい。燃燈仏のような釈迦以前の仏たちである過去仏が数多く現れ、さらに未来にも無数の仏の出現が待っているという多仏の世界が、大乗仏教や密教の仏陀観の基本となるからである。そこでは釈迦も数ある仏のひとりにすぎない。そして、これらの仏の連なりが永遠に続くために、現在の仏が次の仏の出現を予言する授記がなされるのである。

胎蔵大日如来《たいぞうだいにちにょらい》

大日如来は密教の仏である。仏の中の仏と言ってもよい。日本密教においては、大日如来こそが真の仏であり、それ以外の仏たちはもちろん、この宇宙のすべてが大日如来の顕れにすぎないと考える。しかし、このような大日如来のとらえ方は、インドやチベットの密教では必ずしもあてはまらない。大日如来が至高尊に位置づけられるのは、中期密教までにほぼ限られ、後期密教では新たに登場した仏にその地位を譲り、その他の仏たちと同等のレベルにまで引き下げられる。

大日如来のサンスクリット名は「ヴァイローチャナ」（Vairocana）で、「毘盧遮那《びるしゃな》」と漢訳されることもある。大乗経典の『華厳経《けごんきょう》』や『梵網《ぼんもう》経』などにこの仏はすでに現れ、宇宙全体の根源的な仏という地位が与えられている。奈良の東大寺の大仏もこの毘盧遮那（盧舎那仏）で、その圧倒的な大きさは、全宇宙に君臨するこの仏の存在感を、可能な限り表そうとした努力のあらわれである。密教ではさらに「大いなる」を意味する「マハー」（mahā）を加えて、「マハーヴァイローチャナ」（摩訶毘盧遮那）と呼ぶこともあるが、サンスクリット文献では単に「ヴァイローチャナ」であることの方が多く、両者に明確な区別は付けていない。

大日如来の尊容は、大日如来を説く経典によって若干異なる。代表的なものに、『大日経』に説かれる胎蔵大日、『真実摂経《しんじつしょう》』（初会《しょえ》の金剛頂経）に説かれる金剛界《こんごうかい》大日、そして『悪趣清浄《あくしゅしょうじょう》タントラ』などに説かれる一切智《いっさいち》大日の三つの形式がある。このうち、胎蔵大日は定《じょう》印を結ぶことを特徴とする。金剛界大日と一切智大日については、次項以下で述べる。

胎蔵大日はインドに比較的豊富な作例がある。とくにそれはインド東部のオリッサ州に集中して見られる。オリッサ州のカタックという地域には、密教の僧院跡がいくつも発掘されているが、そこから出土した尊像の特徴が日本に伝わった密教美術の作例とよく似ていることが注目されてきた。胎蔵大日如来もそのひとつで、カタックを代表するウダヤギリ、ラトナギリ、ラリタギリの三つの遺跡のいずれからも出土例がある。とくにウダヤギリからは仏塔の北面に置かれた胎蔵大日が有名である。またラトナギリからの出土例は、金剛法と金剛薩埵を両脇侍に従え、祠堂の本尊として祀られていたらしい。いずれも菩薩形《ぼさつぎょう》で、宝冠や装身具を身に付け、螺髪《らほつ》ではなく垂髪《すいはつ》である。

一方、ラリタギリからは、菩薩形ではなく、如来形《にょらいぎょう》を取る大日如来の作例が出土している。カタック地区では、菩薩形と如来形の胎蔵大日が併存していたことがわかる。おそらく胎蔵大日に菩薩形をあてはめようとする立場と、伝統的な仏の姿を取らせようとする二つの立場が拮抗していたのであろう。日本でも大日如来は完全な菩薩の姿ではなく、宝冠や装身具を身に付け、垂髪でありながらも、衣は菩薩のそれではなく、仏と同じ大衣をまとう。如来形と菩薩形というふたつの形式の過渡的な状態のイメージが伝えられたと考えられる。

チベットにも胎蔵大日は伝えられ、とくに前伝期と呼ばれる吐蕃《とばん》時代（七～九世紀）に人気を博したらしい。中央アジアのシルクロードの遺跡として名高い敦煌《とんこう》が、吐蕃によって支配されていた時期があるが、このときに作られたと推測される胎蔵大日の絹絵が、大英博物館に所蔵されている。胎蔵大日を中尊とし、その左右に四尊ずつの菩薩たちが縦に並んでいる。合計八尊からなるこれらの菩薩たちは、八大菩薩と呼ばれる。

同じように、八大菩薩を伴う胎蔵大日の作例が、敦煌の石窟のひとつ楡林窟《ゆりんくつ》にもあり（ただし、右辺の菩薩四尊は欠失）、さらに木製の仏龕《ぶつがん》も一例知られている。後者は胎蔵大日と八大菩薩以外にも四天王が含まれ、さらに灌頂《かんじょう》と思われる儀式を執り行うふたりの僧の姿も表されている。持ち運びに便利な仏龕であることから、灌頂の儀式の場に運ばれ、そこで用いられたことも予想される。

東チベットにおいても、ほぼ同時代の胎蔵大日と八大菩薩の作例が知られている。現在は青海省に含まれるチャムドゥンとビドという地域に、それぞれ一例ずつ報告されている。いずれも磨崖仏《まがいぶつ》である。この他に、現存はしないが、中央チベットのサムイェー僧院にも、かつては胎蔵大日と八大菩薩が安置されていたという記録もあり、チベットの広い範囲で、この組み合わせの仏のグループが人気を博していたと推測される。

胎蔵大日と呼ばれる形式でありながら、胎蔵マンダラそのものではなく、八大菩薩とともに表されるのは、胎蔵マンダラの成立に八大菩薩が深く関わっているからである。胎蔵マンダラを構成する十二大院は、菩薩の名を冠したものが多い。すなわち、文殊《もんじゅ》院、地蔵《じぞう》院、虚空蔵《こくうぞう》院、除蓋障《じょがいしょう》院がそれである。また、これらよりも重要な区画である蓮華《れんげ》院と金剛手《こんごうしゅ》院は、それぞれ観音と金剛手（もしくは金剛薩埵）を中心とする区画である。さらに、中尊の大日如来を中心に置いた中台八葉院には、観音《かんのん》、弥勒《みろく》、文殊、普賢《ふげん》を四隅の蓮弁に置く。これらの菩薩はいずれも八大菩薩に含まれ、胎蔵マンダラは八大菩薩を核として作り出されたマンダラであることがわかる。

八大菩薩を仏の周囲に配する形式は、インドに先駆的な作例がある。西インドのエローラ石窟である。そこには、如来（おそらく釈迦）を中尊とし、その左右に八大菩薩を四体ずつ一列に並べた形式と、壁面に正方形の区画を作り、その縦横の辺をそれぞれ三等分して九つの碁盤目に分け、その中心に如来を、周囲の八区画に八大菩薩を配するふたつのパターンがある。とくに後者は、その配置が胎蔵マンダラの十二大院の構造とも類似するところから、胎蔵マンダラの成立との関連が指摘されている。しかも興味深いことに、この形式の中央の如来は、すべて定印を結んでいる。定印を結ぶ仏と八大菩薩の組み合わせは、すでにここで確立していたのである。

金剛界大日如来《こんごうかいだいにちにょらい》

金剛界大日如来は金剛界マンダラの中尊の大日如来である。両手で胸の前で智拳《ちけん》印を結び、結跏趺坐《けっかふざ》で坐る。智拳印で金剛杵《こんごうしょ》を握ることもある。さらに、チベットの場合、顔の数が四つであることも重要な特徴である。

金剛界大日は『真実摂経』を典拠とする。この経典の冒頭では、釈迦をモデルにしたと考えられる一切義成就菩《いっさいぎじょうじゅぼ》薩《さつ》が、五相成身観《ごそうじょうじんかん》という独特の瞑想法を実修し、その結果として金剛界如来として成仏する。金剛界如来は、宇宙に遍満する如来たち（一切如来）から灌頂《かんじょう》を受け、「一切如来の獅子座に、一切の方角に顔を向けて」坐す。これが大日如来で、その四方には、一切如来の代表的な存在である阿閦《あしゅく》以下の四仏が坐り、さらに金剛界マンダラの残りの仏たちも出現して、マンダラ全体が姿を現す。

一切如来の獅子座に坐した大日如来が、一切の方角に顔を向けた状態を、具体的な形を取って表したのが四面である。ちょうど一切如来を四仏によって代表させたように、あらゆる方角に向いている顔を四つの面で表す。ちなみに、観音《かんのん》菩薩も『法華経』に「あらゆる方角に顔を持つ」とされるが、四つの面ではなく十一面となる。いくつにするかについてはいずれの経典にも記述はない。日本の場合、金剛界大日を四面で表すことはほとんどない。

胎蔵大日に比べて、チベットには金剛界大日の作例が豊富に残されている。これは、胎蔵マンダラがチベットではあまり流行せず、作例数が限られていたのに対し、金剛界マンダラは瑜伽《ゆが》タントラの代表的なマンダラで、それに続く無上瑜伽タントラの多くのマンダラのひな形のように位置づけられ、重視されたことが大きい。マンダラ全体が描かれるのに加え、マンダラから五仏を一尊ずつ取り出し、それぞれの仏を中心に、周囲に関連する諸尊も加えた絵画作品も流行した。これも胎蔵マンダラや胎蔵大日には見られない形式である。とくに、ネパール美術の影響を受けた十四、五世紀の中央チベットで多くの作品が作られた。

かねてより、チベットの金剛界マンダラとしてよく知られていたのが西チベットの作例である。チベットでは、吐《と》蕃《ばん》王朝時代に広がった仏教が、九世紀の吐蕃王朝の崩壊とともに一時的に衰退した後、十世紀以降にチベット各地で安定した政権が生まれたことで再興されていく。チベット仏教史は、この断絶期をはさんで前伝期と後伝期に二分するのが一般的であるが、後伝期は西チベットが再興のひとつの中心となる。なかでもラダックやスピティと呼ばれる地域は重要で、この時代に多くの寺院が建立された。ラダックのアルチ寺やスピティのタボ寺には、そのとき制作された金剛界マンダラやそれを構成する諸尊の壁画などが遺されている。とくに、アルチ寺三層堂にある複数の種類の金剛界マンダラはよく知られている。また、スピティのタボ寺の集会堂には、金剛界マンダラの諸尊が壁画と彫刻の両者で表され、建物全体が一種の立体マンダラを構成している。タボ寺の場合、中央に置かれた大日如来は四面ではなく、四体の大日如来を背中合わせに置く。四方を向くことになり、これも「一切の方角に顔を向けた」姿の表現方法のひとつである。

金剛界マンダラの壁画の作例は、これらよりも中央チベットに近いトゥンガル遺跡で、石窟の内部の壁画に描かれた二種の金剛界マンダラが一九九〇年代に発見されて話題になった（頼富他 1997）。また、中央チベットでは、ラサの南のギャンツェにあるペンコルチューデ寺院の巨大な塔ペンコル・チョルテン内部に、『真実摂経《しんじつしょうきょう》』に説かれる四十種類以上に及ぶ金剛界マンダラ群が描かれている（立川・正木編 1997）。十五世紀頃にチベットの仏教美術はひとつのピークを迎えるが、その時代の優れた作品である。ラダックでも少し遅れてチャチャプリ寺やサスポール石窟などに、金剛界マンダラやその諸尊の壁画の優品がある。

ところで、タボ寺に見られたように、大日如来を中心とした金剛界の仏たちを置くことで、寺院の内部はマンダラ的な空間となる。とくに五仏を安置した仏塔は、それ自体が一種のマンダラとして、仏の宇宙を地上に再現している。日本の密教寺院に見られる多宝塔《たほうとう》はその典型で、高野山の金剛三昧院《こんごうさんまいいん》多宝塔や、同じく和歌山県の根来寺《ねごろじ》多宝塔などがよく知られている。高野山の大塔も五仏を安置するが、胎蔵マンダラの要素も加えることで、金胎不二《こんたいふに》という日本密教の独特の思想をも反映させている。東寺《とうじ》の講堂も立体マンダラと呼ばれるが、五仏以外の五菩薩や五大明王を加えることで、さらに複雑な構造をとっている。

仏塔とマンダラとのつながりはインドにまでさかのぼることができる。オリッサのウダヤギリ遺跡の大塔には、金剛界マンダラの四仏が四方に置かれていたと考えられる（ただし、北方は不空成就ではなく胎蔵大日）。この時代に作られた小規模な奉献塔の多くには、四方に金剛界の四仏が刻まれるのが一般的で、四仏と仏塔との結びつきは、一般の仏教徒の間にも浸透していた。その伝統は、たとえばネパールのスヴァヤンブーナート仏塔や、インドネシアのボロブドゥールなど、アジア各地に受け継がれる。

仏の世界を建造物に投影するという発想は、密教以前の大乗仏教の時代からある。密教はそのような世界観をベースに、それを簡略化しマンダラという象徴的な図形に置き換えた。仏塔のような建造物は密教以前にも存在したし、そこではすでに仏教の宇宙観にもとづいた仏の配置が見られる。たとえば、わが国でも法隆寺金堂壁画（昭和二四年に焼損）に、薬師《やくし》、釈迦《しゃか》、阿弥陀《あみだ》、弥勒《みろく》の四つの浄土図が描かれていたし、興福寺五重塔にもこれらと同じ仏が脇侍とともに置かれている。浄土といえば、日本では西方の阿弥陀の極楽浄土のみが有名であるが、大乗仏教全体では、さまざまな仏国土とそこにとどまる仏たちがいたのである。

大乗経典では、このような壮大の仏の宇宙の全貌を人びとに示すことを神変《じんぺん》と呼ぶが、そこでは、神変をおこす中心的な仏は、必ず深い禅定に入り、三昧の境地から起きて、人びとに法を説く。胎蔵大日が禅定印を結んでいたことや、説法印から発展してできたと考えられる智拳印を金剛界大日が示すのも、このような神変の仏のイメージを受け継いだからであろう。

一切《いっさい》智《ち》大日《だいにち》如来《にょらい》

大日如来として紹介されるチベットのタンカや彫刻で、最も作例数が多いのは、胎蔵《たいぞう》大日でも金剛界《こんごうかい》大日でもなく、一切智大日と呼ばれる尊格である。これは、大日如来といえば金胎すなわち金剛界大日と胎蔵大日のいずれか、もしくは大乗仏教の華厳《けごん》の毘盧遮那《びるしゃな》にほぼ限定されているわが国の状況とは、大きく異なる点である。

一切智大日は、その名のとおり「すべての智慧を備えた」(sarvavid)という形容詞を冠した大日如来で、「普明《ふみょう》大日」と訳されることもある。この大日如来は『悪趣清浄《あくしゅしょうじょう》タントラ』に説かれるマンダラの主尊で、マンダラそのものも「一切智大日マンダラ」と一般に呼ばれている。『悪趣清浄タントラ』は『真実摂経《しんじつしょうきょう》』などと同じ瑜伽《ゆが》タントラに属する経典で、成立は『真実摂経』より若干遅れる。わが国には宋代に儀軌がわずかにもたらされたのみで、経典そのものは伝来していない。『真実摂経』の内容を敷衍した釈タントラともみなされているが、実際には両者にはそれほど密接な関係は見られない。

現在、『悪趣清浄タントラ』の名称を持つ経典には、内容の異なる二系統がある。これはチベット語への翻訳時期の違いにしたがって、旧訳本と新訳本とに区別される。このうち旧訳本はチベット語訳のみ残り、チベットでおもに伝承された。チベット仏教で『悪趣清浄タントラ』といえば、この旧訳本を指す。一方の新訳本は、サンスクリット写本が現存し、ネパール仏教で重視された。サンスクリット写本を伝えたのも、カトマンドゥ盆地在住の僧侶階級であるヴァジュラーチャーリヤたちである。

別系統でありながらも同じ名称を持つこの経典が、チベットやネパールで流行したのは、葬送儀礼と結びついたことによる。『悪趣清浄タントラ』という経典名に含まれる「悪趣」とは、輪廻《りんね》における悪い生まれ変わり、すなわち地獄、餓鬼《がき》、畜生《ちくしょう》、修羅《しゅら》の四つを指す。死者がこれらの悪趣に堕すことなく、逆に善趣、すなわちよい生まれ変わりの人か天(神)に再生できることを「悪趣清浄」と呼ぶのである。

チベットでは死者が出ると、一連の葬送儀礼が行われるが、死者の追善回向《えこう》のために、タンカや仏像、あるいはツアカリと呼ばれる小さな仏画が制作され、寺院に奉納される。死後ただちに作られるため、このようなタンカなどは「ギョクゴ」（急ぎの回向）と呼ばれる。死後から初七日までの間は、死者の次の生まれ変わりがまだ定まっていないと考えられたため、よき生まれ変わりが得られるように作られるのである。そのため、ここで作られるタンカは、とくに「ケータク」（よき転生のきざし）とも呼ばれ、死者の名で注文されるといわれる。

このときにタンカや仏像に選ばれる尊格やマンダラは、ラマ僧によって選定されるが、悪趣への輪廻を断ち、善趣に向かわせるために『悪趣清浄タントラ』の一切智大日マンダラが選ばれることが多い。その場合、マンダラそのものを描くほかに、主尊の一切智大日如来を描いたタンカや、マンダラに含まれる尊格をマンダラから取り出して、一切智大日の周囲に配した作品も多く見られる。現存する作品にもこのような形式のものを見ることができる。また一切智大日やそのマンダラを描いた作品には、きわめて豪華なものから木版画にいたるまで、さまざまな種類がある。追善という性格のため、貴族や高僧の死後に著名な仏画師に依頼して、財を惜しまず制作にあたった作品もあれば、木版を用いて大量生産されたものを購入して、納めたこともあったのであろう。

新訳本が流布したネパールでも、『悪趣清浄タントラ』は葬儀で重視された。同経には荼毘《だび》、すなわち死者の火葬の次第を説く箇所があり、実際にその記述や関連する注釈書、儀軌類を用いて、火葬が執り行われた。この儀礼は「護摩《ごま》」と呼ばれるが、本来、護摩はインド古来の献供の儀式で、密教に取り入れられた後も、基本的には供養の性格を維持している。『悪趣清浄タントラ』は護摩が荼毘と結びついた特異なケースである。護摩で護摩木や供物を投ずる火炉は、そのまま遺体を焼くための炉として用いられるが、その炉の底には悪趣清浄マンダラが描かれる。このマンダラは一切智大日のマンダラではないが、中尊の釈迦獅子は「悪趣清浄王」とも呼ばれ、大日如来と同体とみなされている。護摩炉に描かれるマンダラは、実際の尊格の姿ではなく、シンボルで尊格を代用する簡略なものであるが、中尊の位置には大日如来のシンボルである輪宝《りんぽう》が描かれる。

一切智大日如来の尊容は、旧訳本の『悪趣清浄タントラ』に「ほら貝やジャスミンの花や月のように［白く］、四面をそなえ、金剛の獅子座に坐し、禅定《ぜんじょう》の印を示し、あらゆる宝石で飾られているように描け」と記されている。身色が白、四面で定印を結び、獅子座の上で結跏趺坐《けっかふざ》をする菩薩形の大日如来であることがわかる。実際の作例に見られる一切智大日如来もこれにしたがうが、しばしばそのシンボルである輪宝を定印の上に載せる。身色が白で四面を有するという特徴は、金剛界大日と同じであるため、しばしば両者は混合される。また、画家自身が両者を同体とみなし、折衷的な図像を描くこともあったらしい。定印の上の輪宝にかわり、直立した金剛杵《こんごうしょ》を描く作品もあるが、これも金剛界大日如来が智拳印《ちけんいん》に金剛杵を握ることに関連するのであろう。

一切智大日如来のマンダラそのものも、基本的には三十七尊で構成され、金剛界マンダラと尊格数を一致させている。一方、大日如来の印である定印は、胎蔵大日如来が示した印である。マンダラの一切智大日の四方には、胎蔵系の四仏である宝幢《ほうどう》や開敷華王《かいふけおう》の名が見られ、胎蔵マンダラも参照してこのマンダラが作られたことがわかる。一切智大日如来の持つ金剛界大日と胎蔵大日の融合的な姿は、このようなマンダラの成立背景にも関連するのであろう。

阿閦如来《あしゅくにょらい》

阿閦（Akṣobhya）は聞き慣れない仏かもしれない。阿閦とは「動かざるもの」を意味し、無動如来、不動如来とも呼ばれる。不動は明王《みょうおう》の名として知られるが、その場合とは原語が異なる。いずれにしても、わが国では阿閦に対する固有の信仰はほとんどない。しかし、阿閦は大乗仏教の仏の中でもとくに古い歴史を持ち、この娑婆《しゃば》世界とは異なる別の仏国土の仏として重要な位置を占めてきた。このような仏を他方仏《たほうぶつ》あるいは他土仏というが、大乗仏教の他方仏としては阿弥陀仏が日本を含む東アジアでは圧倒的な信仰を集めた。阿弥陀の仏国土が西方の極楽浄土であるのに対し、阿閦のそれは東方の妙喜国《みょうきこく》と呼ばれた。

阿閦と妙喜国に対する信仰は、さまざまな大乗経典で言及されている。初期の般若経典類をはじめ、『維摩経《ゆいまきょう》』『法華経《ほけきょう》』『大般涅槃経《だいはつねはんぎょう》』などがそれである。いずれにおいても、東方に阿閦の妙喜国があり、そこがいかにすばらしいところであるか、人々がそれへのあこがれを抱き、そして実際に妙喜国の菩薩となって生まれ変わることなどが説かれている。

これらの経典の影響を受けて、阿閦とその仏国土のみを主題とする経典も現れた。『阿閦仏国経《あしゅくぶっこくきょう》』である。成立は紀元一世紀頃と考えられ、やはり初期の大乗経典のひとつに位置づけられている。

一方、阿弥陀《あみだ》と極楽浄土を説く経典にもさまざまなものがある。いわゆる浄土三部経がとくに有名であるが、それよりもはやい成立の経典に『大阿弥陀経』が知られている。おもしろいことに、この『大阿弥陀経』と『阿閦仏国経』はよく似た内容を説き、成立年代も近いと考えられているが、それぞれがもう一方にまったく言及していない。インドの中に、東方阿閦仏と西方阿弥陀仏という二大他方仏信仰があり、このうち阿弥陀と極楽浄土の信仰が、中央アジアや東アジアで突出した人気を博していったのである。

これに対し、インド内部では、特定の方角の仏に対する一方的な信仰は発達せず、四方の四仏、そしてそれに中央の仏を加えた五仏へと展開していく。これを受け継いだのが密教であり、五仏で構成された世界像ができあがる。それを絵画や彫刻などでイメージ化したのがマンダラである。

マンダラを含む密教の体系的な教えは、平安時代の初めに日本にもたらされた。このときに伝えられたいわゆる両界曼荼羅のうち、金剛界曼荼羅には金剛界五仏が、胎蔵曼荼羅（胎蔵界曼荼羅）には胎蔵五仏が描かれている。前者は大日、阿閦、宝生《ほうしょう》、阿弥陀、不空成就《ふくうじょうじゅ》で、後者は大日、宝幢《ほうどう》、開敷華王《かいふけおう》、阿弥陀、天鼓雷音《てんくらいおん》である。東方の仏は阿閦と宝幢と異なるのに対し、西方は阿弥陀で一貫している。いかに阿弥陀が重要な西方の仏であったかがよくわかる。

しかし、これはインド密教のその後の展開とは異なる。

インドでは時代が下るにつれて阿閦の重要性が増していく。中期密教を代表する経典『真実摂経《しんじつしょうきょう》』では、阿閦はまだ東方の仏にとどまっているが、阿閦や阿閦に関わる仏たちが、それ以外の仏とは別格のはたらきを示す。『真実摂経』の第二品「降三世品《ごうざんぜほん》」には、異教の神がみをつぎつぎと降伏させ、仏教（密教）へと改宗させる強力な仏が登場する。阿閦のすぐかたわらに控え、菩薩たちの上首にあたる金剛手《こんごうしゅ》である。金剛手は密教では金剛薩埵《さった》の名で呼ばれることも多い。

その中で、金剛手は忿怒《ふんぬ》の姿をとり、その圧倒的な威力によって大自在天《だいじざいてん》（シヴァといわれる）をはじめとするヒンドゥー教の神がみを制圧してしまう。三世の神がみを降伏させたことから、降三世明王とも呼ばれる。そして、その制圧の指示を発したのが阿閦なのである。

後期密教の時代になると、阿閦は中心の仏へと躍進する。かわって、それまで中央にいた大日は、阿閦のいた東に移る。後期密教ではさまざまな経典があらわれ、それらは父タントラと母タントラに二分されるが、父タントラの代表的な経典『秘密集会《ひみつしゅうえ》タントラ』では、阿閦が密教仏の性格を強め、阿閦金剛と呼ばれる仏となり、仏の世界の中心を占める。また、母タントラの経典類では、阿閦と同一の仏とされる忿怒尊ヘールカ（ヘーヴァジュラ）を中尊とするものが多い。ヘールカは金剛薩埵と同体視されることもあり、阿閦＝金剛薩埵＝ヘールカという図式を基本に、後期密教は展開していった。インドの後期密教は阿閦の時代であり、阿閦の仏教であったとさえ言うことができる。

このような地位の上昇を果たした阿閦が、伝統的な仏教と無関係に信仰されていたとは考えにくい。むしろ、阿閦に投影されるようなイメージがすでにあったからこそ、スムースに出世を遂げたと考えられる。そのイメージは、降《ごう》魔成道《まじょうどう》の釈迦《じゃか》である。成道、すなわち悟りを開く直前に、釈迦は魔衆の攻撃を受ける。これは武力による攻撃だけではなく、魔衆の女性たちによる性的な誘惑もあった。しかし、そのいずれにも動ぜず、易々とその攻撃を打ち破った釈迦は、ついに成道に至る。

その降魔成道の重要なエピソードに、地天による証言がある。魔衆の首領から、修行を積んできたことを証言する者を出せと迫られた釈迦は、静かに大地に触れる。すると大地から地天である女神が現れ、私が証人となりましょうと宣言し、釈迦の要請に応じる。そして、釈迦は自らの下に広がる大地を「動かざる大地の臍《ほぞ》」と呼び、それ以来、成道の場は「金剛宝座」とも呼ばれるようになる。金剛でできた大地に右手を触れる釈迦のイメージは、そのまま触《そく》地印《じいん》を示す阿閦の姿になるのである。

宝生如来《ほうしょうにょらい》

宝生は金剛界マンダラの五仏の中の南に位置する仏である。「宝生」（Ratnasaṃbhava）という名称は、「宝を生み出すもの」あるいは「宝を生み出すところ」を意味し、富や財宝とのつながりを示している。

密教では、仏をいくつかのグループに分類して、仏の世界全体を構築するようになる。このグループのことを「部族」（kula）と呼び、家族や一族のようなイメージで、仏たちをとらえている。中心となるのは如来で、その配偶尊である明妃《みょうひ》、彼らの「子ども」である菩薩たち、そして、彼らにしたがう護方神や天部の神がみがいる。中心となる仏は「部族主」（kuleśa）といい、それ以外の仏たちを「眷属尊」（parikara）ということもある。

最もシンプルな部族は三部からなり、仏《ぶつ》部、蓮華《れんげ》部、金剛《こんごう》部と呼ばれる。この三つは、その後、部族の数が増えてもほぼ継承される。仏部は釈迦《しゃか》あるいは大日などの仏で、蓮華部は観音《かんのん》、金剛部は金剛手《こんごうしゅ》の二菩薩をそれぞれ中心にすえる。阿閦《あしゅく》や金剛薩埵《こんごうさった》は金剛部に属し、金剛手にかわって、そのトップすなわち部族主になっていく。

三部から四部に発展する時、新たに加わるのは摩尼《まに》部という部族である。「摩尼」（maṇi）は「宝」を表す語であるが、宝生の「宝」に相当する「ラトナ」（ratna）とは別の言葉である。摩尼部の部族主は虚空蔵《こくうぞう》菩薩で、虚空蔵が手にする如意宝珠《にょいほうじゅ》（cintāmaṇi）にも「摩尼」の語が含まれている。

この四部を経て、密教の中で主流となるのは五部である。あらたに加えられるのは羯磨《かつま》部で、この五部が金剛界マンダラの五仏と対応し、五仏がそれぞれの部族主と見なされるようになる。すなわち、大日が仏部、阿閦が金剛部、宝生が宝部、阿弥陀《あみだ》が蓮華部、不空成就《ふくうじょうじゅ》が羯磨部である。四部のひとつであった摩尼部の名がここにないのは、部族の名称が「摩尼」から「宝」（ratna）にかわったからである。

金剛界五仏の一尊ではあるが、宝生はそれほど長い歴史を持つ仏ではない。五仏の前段階で、中央の仏を含まず四方の仏のみで構成された四仏の時代には、宝生ではなく宝幢《ほうどう》が一般的であった。『金光明経《こんこうみょうきょう》』や『観仏三昧海経《かんぶつさんまいかいきょう》』などの大乗経典の時代のことである。宝幢ではなく宝相《ほうそう》という訳語があてられることもあるが、いずれももとのサンスクリット語はRatnaketuである。「宝」のratnaは同じであるが、「輝き」や「しるし」を表すketuが名の後半にある。「宝のしるしを持つ者」という意味から、のぼりを表す「幢」のような訳語が当てられるようになったのであろう。ちなみに、ケートゥは彗星を指すこともあるが、これも彗星が「明るいしるし」であることによる。

宝幢や宝相がどのように宝生に置き換えられたのかは明らかではない。宝生が四仏のひとりに数えられるようになったのは、『真実摂経《しんじつしょうきょう》』においてと考えられているが、この経典が成立した背景に、宝生という名称を取り入れる何らかの思惑があったのであろう。ただし、宝生という名称の仏はそれ以前にはほとんど確認できず、宝生仏信仰のようなものがあったとは考えにくい。

その中で注目されるのは、「宝生」という語が仏国土の名称として『法華経《ほけきょう》』に登場することである。「授記品《じゅきほん》第六」に、いくつもの仏国土をあげた中のひとつに現れる。そこは、その名のとおり、宝で満ちあふれたユートピアで、国土はすべて平らかで、すばらしい楼閣に人びとが住んでいるという。「宝の生まれるところ」という宝生の本来の意味そのままの仏国土であり、仏の名よりも、仏国土の名称にふさわしい。

『真実摂経』以降、宝生という名はある程度は浸透するが、五仏や四仏の他の仏たちに比べると、その定着度は劣る。後期密教の代表的な経典のひとつである『秘密集会《ひみつしゅうえ》タントラ』では、宝生ではなく、伝統的な宝幢がその位置を占めているし、他にも宝幢が登場する文献がいくつもある。また、宝生に代わって宝主（Ratneśa）をあげる文献もある。「宝」という語のみはつねに用いられるが、後半に何を置くかで、試行錯誤をしていた様子がうかがわれる。

「宝幢」という名は、『真実摂経』においても完全に姿を消してしまったわけではない。金剛界マンダラでは宝生のまわりには四人の菩薩が置かれ、南の四親近菩薩を形成するが、その顔ぶれは金剛宝、金剛光、金剛幢、金剛笑である。第一、第三の菩薩の名称に、「宝幢」をふたつに分けた「宝」と「幢」を利用しているのである。

また第一の金剛宝菩薩は、虚空蔵菩薩と同体と考えられていたことが、経典の中の記述からわかる。摩尼部を代表する仏が依然として重要な位置を占めているのである。摩尼部をベースに、伝統的な「宝幢」の存在も意識しながら、宝生という新しく登場させた仏を中心に、仏たちのグループを作り出そうとしていた様子がうかがわれる。

宝相が示す印相は与願印《よがんいん》という。インドやネパール、チベットでは、この印は掌を見せて下に垂らすように描かれる。ちょうど、手の甲を見せながら地面に触れる触地印《そくじいん》を裏返したような形を取る。これに対し、日本の金剛界曼荼羅では、与願印は体の横に右手を水平に突き出すような形を取る。触地印や説法印は、降魔成道《ごうまじょうどう》や初説法の場面の印として広く知られていたが、与願印にはこのような特定の場面との結びつきはなかった。与願印を表すvaradaというのは「最上のもの」（vara）を「与える」（da）という意味であるが、そこから特定の手の形を連想するのは困難である。同じ名称であっても印の描き方が異なるのはこのためであろう。

無量光如来《むりょうこうにょらい》

無量光如来、無量寿《むりょうじゅ》如来、阿弥陀《あみだ》如来、弥陀如来。これらはいずれも同じ仏のことである。ただし、はじめのふたつの無量光と無量寿は原語では異なり、「アミターバ」(Amitābha)、「アミターユス」(Amitāyus)で、それぞれ無限の光を持つ仏、無限の寿命を持つ仏である。「アーバ」が光、「アーユス」が命を表し、いずれもその前に「はかりしれない」という修飾語「アミタ」が加えられている。

阿弥陀はこれらに共通する前半の「アミタ」の部分のみを音でうつした名称である。「アミタ」が「アミダ」になっているのは、この仏を説く経典が、インドからガンダーラ地方に伝わった時、その地方のことばであるガンダーラ語で、tがdに置き換わったためと考えられている。漢訳経典への翻訳者が用いたのが、この地方の言語で書かれた文献だったのである。

阿弥陀がさらに弥陀になったのは、漢訳されてからである。「阿」は語頭の母音であるため、しばしば脱落する。また三文字の名称よりも二文字の方が、人びとのあいだに定着しやすかったのであろう。本来、語頭の「阿」は、サンスクリット語やその流れを汲む言語においては、否定を表す接頭辞であり、これがあるから「はかりしれない」という意味を持つことができる。「阿」を持たない「弥陀」は、もとの意味から考えると、逆の「はかられたもの」になってしまうが、漢字文化圏では問題にならないのである。

チベットでは無量光と無量寿はそれぞれ別の名で翻訳され、尊容も異なる。ここでは無量光について紹介し、無量寿については次項で取りあげる。

無量光の名称にある光は、仏のような特別な存在としばしば結びつく。釈迦《しゃか》がそのような光を発する奇跡を示したことは、仏伝にしばしば現れるし、釈迦に成仏の預言を与えた有名な過去仏の燃燈仏《ねんとうぶつ》も、名前が光そのものである。ガンダーラからは、肩から光を発する燃燈仏を表したと考えられている彫刻も多数出土している。

密教の中心的な仏、大日如来も光と結びついた名である。原語のヴァイローチャナ(Vairocana)あるいはマハーヴアイローチャナ（Mahāvairocana）は、「光り輝く」という意味の動詞 ruc の派生語である。

ヴァイローチャナという名が、古くはアスラの王の名であったことは、これまでにも指摘されている。ヴェーダ文献にその用例があるが、さらにさかのぼると、アーリア人がインドに入る前のインド＝イラン時代にその信仰をたどることができる。そして、ヴァイローチャナが属していたアスラの神がみが、イランでは「光の神がみ」のグループに位置づけられ、もう一方の「闇の神がみ」のグループと対立しながら、人びとに安寧と幸福をもたらすと考えられていた。

サンスクリット語では、この他にも「テージャス」（tejas）が光を表す語として重要であるが、この語は光というよりも一種のエネルギーのようなものと考えられていた。ヒンドゥー教の神話では、神がみが怒りからテージャスを体から発し、それらが集まったところから最強の女神が出現するという物語もある。

光を表す語を含まなくても、光を放つ神としては、太陽神スーリヤや、それとつながりの深い暁の女神ウシャスが、インドではすでにヴェーダ文献に登場し、とくにスーリヤは独立した信仰の対象として、その後も長く人々のあいだに生き続ける。ヒンドゥー教の至高神のひとりヴィシュヌは、さまざまな神格を吸収してできあがった複雑な性格の神であるが、その中心にあるのは太陽神の一種であったと考えられている。

こうしてみると、インド世界においては光り輝く神や仏というものがつねに求められていたことがわかる。それは光や輝きを表す語彙の豊富さにおいても、よく現れている。インドの人びとやその源流となるアーリア人にとって、光は特別な存在であったのであろう。仏教の無量光は大乗仏教における、その「光の神」の代表なのである。

ところで、大乗仏教において光を発する仏と結びつく重要な考え方に「神変《じんぺん》」がある。仏が深い瞑想、すなわち三《さん》昧《まい》に入ると、その体から光が放射される。光は眉間の白毫《びゃくごう》から出ることが多いが、すべての毛穴から発せられたり、身体全体から光を放つこともある。あるいは説法とともに、その口から放射されるとも説かれる。いずれの場合も、その光は単に周囲を照らしたり、明るくしたりするだけではなく、宇宙全体に、その隅々にまで行きわたる。強力な不思議な光なのである。別の仏の世界でも同じようにそこに住む仏から光が発せられ、おたがいにそれぞれの世界の全貌がありありと見渡せるような効果もそなわっている。

この光に照らされると、いかなる者たちであっても、それは能力の劣ったものでも、障がいを持つものであっても、その光を浴びることで必ず仏として生まれ変わることができるようになる。その時、光を浴びる者たちには何の努力も必要ではなく、ただ仏の発する光に照らされることだけで、それが実現すると信じられていた。インド世界の「神の光」の持つ絶対的なパワーである。

このように、大乗仏教の救済観は、宇宙全体を舞台にしたきわめてスケールの大きな世界観を背景として持つが、そのうち西の方角にある仏とその国土がとくに重視され、人気を集めた。それが無量光と極楽浄土である。名称の「無量の光を持つもの」は、まさに「光の仏」そのもので、その代表に最もふさわしい。密教の時代になると、東西南北の四つの方角にそれぞれ固有の仏を対応させ、四方四仏ができあがるが、その中で西と無量光のつながりは、他の三方向と比べて圧倒時に強い。その場を他の仏に譲るのは、わずかにインド密教の最後に現れた『時輪《じりん》タントラ』くらいで、そこでも方角はかわっても、依然として無量光は四仏のひとりに数えられる。

無量寿如来《むりょうじゅにょらい》

無量寿は「無限の寿命を持つもの」で、「無限の光を持つもの」である無量光とあわせて紹介されることが多い。そこでは、はじめは無量光に対する信仰があり、それより遅れて無量寿が現れ、両者がひとつになって浄土教の阿弥《あみ》陀《だ》信仰が形成されたとされる。しかし、辛嶋による一連の研究（たとえば2014）では、事情はもっと複雑であったらしい。

辛嶋によると、もともとの名称は無量光を表す「アミターバ」（Amitābha）のみで、無量寿を表す「アミターユス」（Amitāyus）は、そこから派生的に現れた語形から作られた名称で、それに独立した仏という肉付けがなされた結果、無量寿ができあがったらしい。

もう少し詳しく紹介すると、「アミターバ」という名称がインドの初期の大乗経典に現れる時に、偈頌《げじゅ》（詩の形式の文章）の韻律の関係で、**amitābhu** や **amitāhu** と表記されることがあった。これが、ガンダーラ地方に伝わると **amitā'u** と発音され、語の後半部分がサンスクリット語の **āyus**（命）に対応するガンダーラ語 **ā'u** や **a'u** と理解され、そこからもとのサンスクリット語を逆に辿ったことで、**amitāyus** があたかも本来のこの仏の名称のようになったのである。

これは、これまでの阿弥陀如来の起源を無量光と無量寿の二種と考えてきた通説を覆す画期的な発見である。とりわけ、わが国の浄土教においては、たとえば親鸞《しんらん》の著した『正信偈《しょうしんげ》』の冒頭が「帰命《きみょう》無量寿如来」となっているように、無量光よりも無量寿をより重要な名称とする傾向が強いことを考えると、その意義は大きい。

このように、無量光に対して後発的にも位置づけられる無量寿が、インドでどれだけ明確に信仰されていたかは明らかではない。単独の無量寿を表したと考えられる彫刻や絵画は、インドにおいては皆無である。

インドの場合、無量光にせよ、無量寿にせよ、大乗仏教の浄土教にもとづくと断言できる作品そのものが存在しない。マトゥラー出土の仏像の足の断片に、「アミターバ」という銘文が刻まれていることが知られているが、足首より上は現存せず、銘文も仏の名称であるのか、単なる修飾語であるかは、議論が分かれている。

無量光と無量寿のいずれにしても、インドに残る作例は、密教の五仏のセットの一体として表されている場合にほぼ限られる。この形式の作例数は比較的豊富であるが、五仏をそれぞれ単独で表した作例はまれで、ほとんどが奉献塔の四方に置かれた四仏の一体か、光背《こうはい》や宝冠などに装飾的に表された五仏の一体である。

これらはいずれも定印《じょういん》を示した姿で表されている。無量光あるいは無量寿が定印を示すのは、その後のこの仏の印相として定着するが、『真実摂経《しんじつしょうきょう》』にもとづく金剛界マンダラの西の仏として、定印を示す姿で描かれたことが大きな影響力を持ったのであろう。わが国でも金剛界マンダラが伝えられた平安時代初期から、定印の阿弥陀のイメージは次第に広がりを見せ、浄土教が流行しても、来迎の阿弥陀が坐像を取る場合は、やはり定印を結ぶ。ただし、通常の定印と区別するため、来迎定印という名を与え、わずかに手の形も変えている。

一方、インドからチベットにこのイメージが伝わる過程で、いくつか大きな変化が起こる。ひとつは、定印を結ぶ手の上に鉢を載せた図像が出現したことである。さらに、同じような容器の中に樹木を入れた形式も生まれる。これとは別の重要な変化として、如来形と菩薩形の二形式が出現したこともあげられる。仏が如来の姿を取るのは当然であるが、菩薩のように、装身具を飾り、髪型も豪華に結い上げた姿で表されることもあるのである。そして、これらの違いが無量光と無量寿を区別するために適用される。無量光は如来形で定印に鉢を持ち、無量寿は菩薩形で樹木を入れた容器を定印の上に置く。

このうち、仏が菩薩形を取るのは、密教の大日如来にも一般的に見られる特徴で、おそらく、その他の仏たちもそれにならったのであろう。日本でも金剛界曼荼羅の阿弥陀が独立してできた紅玻璃《ぐはり》の阿弥陀や、天台系に伝わる常《じょう》行堂《ぎょうどう》の阿弥陀と呼ばれる形式では、菩薩形を取る。

定印に鉢を持つ形式は、インドの阿弥陀には見られなかったが、この形式そのものは釈迦の仏伝図の中に現れる。

獼猴奉蜜《みこうほうみつ》である。釈迦に対して樹木の蜜を布施《ふせ》した猿が、その功徳から人間に生まれ変わり、出家してついに阿羅漢《あらかん》に達した物語である。この場面はインドのパーラ朝で好んで取りあげられ、八相図《はっそうず》のひとつに必ず含まれていた。釈迦は坐像もしくは倚像で、いずれも定印を示し、そこに布施された蜜を入れた大きな鉢を持つ。釈迦の八相図は、パーラ朝の仏教の伝統を受け継いだネパールでも好んで描かれた。実際、ネパールにおいては、五仏や四仏のひとりとして阿弥陀を表す場合、つねに鉢を持つ。チベットの無量光が鉢を持つのは、ネパールの形式を踏襲したためと考えられる。

もうひとつ、インドで定印に鉢を持つ尊格に青頸観音《しょうぎょうかんのん》がいる。ヒンドゥー教のシヴァの神話を下敷きにしてできた観音像で、観音が手にするのは、この神話で生み出された不死の妙薬の甘露《かんろ》である。もともと、観音と阿弥陀は関係が深く、阿弥陀が脇侍《わきじ》を取る場合、必ず観音があげられる。阿弥陀が仏となる前の法蔵《ほうぞう》菩薩の時に使えていた仏を世自在王《せじざいおう》如来というが、この仏の名は観音の別の呼び名である観自在や観世音を彷彿とさせる。甘露を持った観音が、阿弥陀のイメージの変化に影響を与えたとしても、不思議ではない。

チベットの無量寿の持つ樹木も、これらの延長線上にあると考えられるが、詳細はよくわからない。望みのものを何でも生み出す如意樹を表したとも考えられるし、極楽浄土の不思議な宝樹を表したとも考えられる。いずれにしても、樹木の持つ生命力や永遠性が、無量寿という仏の性格によく合致しているのはたしかであろう。

不空成就如来《ふくうじょうじゅにょらい》

不空成就は金剛界五仏のひとりで、通常は北に位置する。右の掌を前に向けて、肘を立てた印、すなわち施無畏印《せむい》を示す。動物を乗りものとする場合はガルダに乗る。五仏の他の仏たちが、実在の動物に乗るのに対して、不空成就のみは想像上の動物である。ガルダはヒンドゥー教の神であるヴィシュヌの乗りものとしてとくに知られている。仏教ではガルダがヘビを食べると考えられていたことから、ヘビを煩悩の象徴とし、それを消滅させる役割を与えている。

不空成就という名称は、いかにも仏らしい意味合いを持った語に見える。「不空」は「空しからず」と読み下し、「迷うことがない、必ずうまくいく」という意味を持つ。不空のサンスクリット語は **amogha** で、「迷う」という意味の動詞語根 **muh** から作った派生語 **mogha** に、否定辞の **a** を語頭に加えて、「迷わない」という意味になる。逆に **mogha** は「失敗、不首尾、空しく終わること」などを表す。

もう一方の「成就」はそのまま現代でも用いられる語であるが、仏教用語としてはさらに特別な意味を持つ。原語は **siddhi** であるが、「成功する、成し遂げる」を意味する動詞 **sidh** の派生語で、「目的を達成すること」である。仏教における目的とは、言うまでもなく悟りであり、それを獲得したことになる。釈迦《しゃか》の本来の名がシッダールタであることはよく知られているが、「目的（アルタ）を成就した（シッダ）」という意味を持つのも、釈迦ならばこそであろう。

密教では **siddhi** は悟りの境地そのものを指す語としても用いられ、その場合は「悉地《しつじ》」と音をとって漢訳されることもある。悟りに至る過程で身に付ける超自然的な力、いわば超能力を指すこともある。

このような語の本来の意味を考えると、不空成就という名称は、数ある仏の中でも最も純粋な仏の名称で、とりわけ密教の仏の名としては理想的なように見えるが、実際はそうではない。

「不空」に相当する **amogha** を冠する名を持つ仏は、他にもいくつかある。最も有名なものは変化観音のひとりである不空羂索《ふくうけんさく》で、その場合、「空しからざる羂索を持つもの」となる。羂索というのは投げ縄のことで、それが空しからざる、すなわち、投げれば必ず命中するという特技を持った観音であることを表す。

この他、「空しからず見る者」(amoghadarśin)、「空しからず歩む者」(amoghavikrāmin)、「空しからず住する者」(amoghavihārin) などの名が、とくに過去仏の名として文献に現れる。

これらはいずれも「特定の動作が空しからざる者」を表し、正しき行いをする者たちであることを意味する。とくにはじめの「空しからず見る者」は「不空見」という菩薩の名としても用いられ、金剛界マンダラでは賢劫《げんごう》十六尊に含まれる。「空しからず見る者」すなわち「正しく見る者」とは、初期仏教から説かれてきた八正道《はっしょうどう》の第一「正見《しょうけん》」にも通じる名称である。『法華経《ほけきょう》』には「正しき者」(satpuruṣa) の特徴のひとつにも「空しからず見る者」があげられている。

不空成就もこれらと同じように作られた複合語のように見えるが、後半の「成就」はこれらといささか趣きが異なる。すでにそれは「悟りに到達したこと」や「特殊な能力を獲得したこと」を意味し、それに「不空」という形容詞がつくのは重複した印象を与える。「迷いなき悟り」と言っているようなものである。悟りに迷いがないのはあたりまえで、逆にその反対である「迷いある悟り」などと言ったら、矛盾した表現になる。それは、不空見の「正しき見解を有する者」の反対の「誤った見解を有する者」が成り立つことと比較するとよくわかる。

不空成就という仏の名称の不自然さは、この仏が五仏の中で、最も新しい仏であることと無関係ではないであろう。五仏、あるいは中心の仏を含まない四仏のグループは、密教経典やその先駆的な大乗経典にしばしば含まれる。しかし、その初期の段階では北方の仏は不空成就ではない。最も頻繁に現れたのは微妙音《みみょうおん》(Dundvisvara) で、『金光《こんこう》明経《みょうきょう》』や『観仏三昧海経《かんぶつさんまいかいきょう》』に登場する。『大日経』では天鼓雷音《てんくらいおん》の漢訳名が与えられているが、サンスクリット名は同じである。

北方の仏を不空成就と呼ぶようになったのは、おそらく『真実摂経《しんじつしょうきょう》』においてであろう。それよりもはやい成立の『不空羂索神変真言経《ふくうけんさくじんぺんしんごんきょう》』でも、北の仏に不空成就があげられているが、この経典はインドで原初的な形態のテキストが成立したあと、漢訳されるまでに増広が図られ、さらに漢訳者である菩提流志《ぼだいるし》（?～七二七）による付加部分も多く含まれることが明らかにされており、不空成就の初出文献とは見なしえない。

『真実摂経』以降は、五仏の中の北に位置する仏としてほぼ定着する。後期密教の中でも『真実摂経』とつながりの深い『秘密集会《ひみつしゅうえ》タントラ』においても、中央と東の仏の間で移動が見られるが、北の仏は不空成就をそのまま受け継いでいる。ただし『真実摂経』と『秘密集会タントラ』では、同じ不空成就でありながら、仏のシンボルである三《さん》昧耶形《まやぎょう》が、前者は羯磨杵《かつましょ》、後者は剣で、完全に同一の仏ではない。

インド密教のほぼ最後に位置する『時輪《じりん》タントラ』では、五仏と方角との対応が全面的に改められたため、不空成就の位置は東に変わるが、同一の仏であることには変わりがない。また、そこでの不空成就の三昧耶形は剣であることから、『秘密集会タントラ』の系統に属していることがわかる。

薬師如来
やくしにょらい

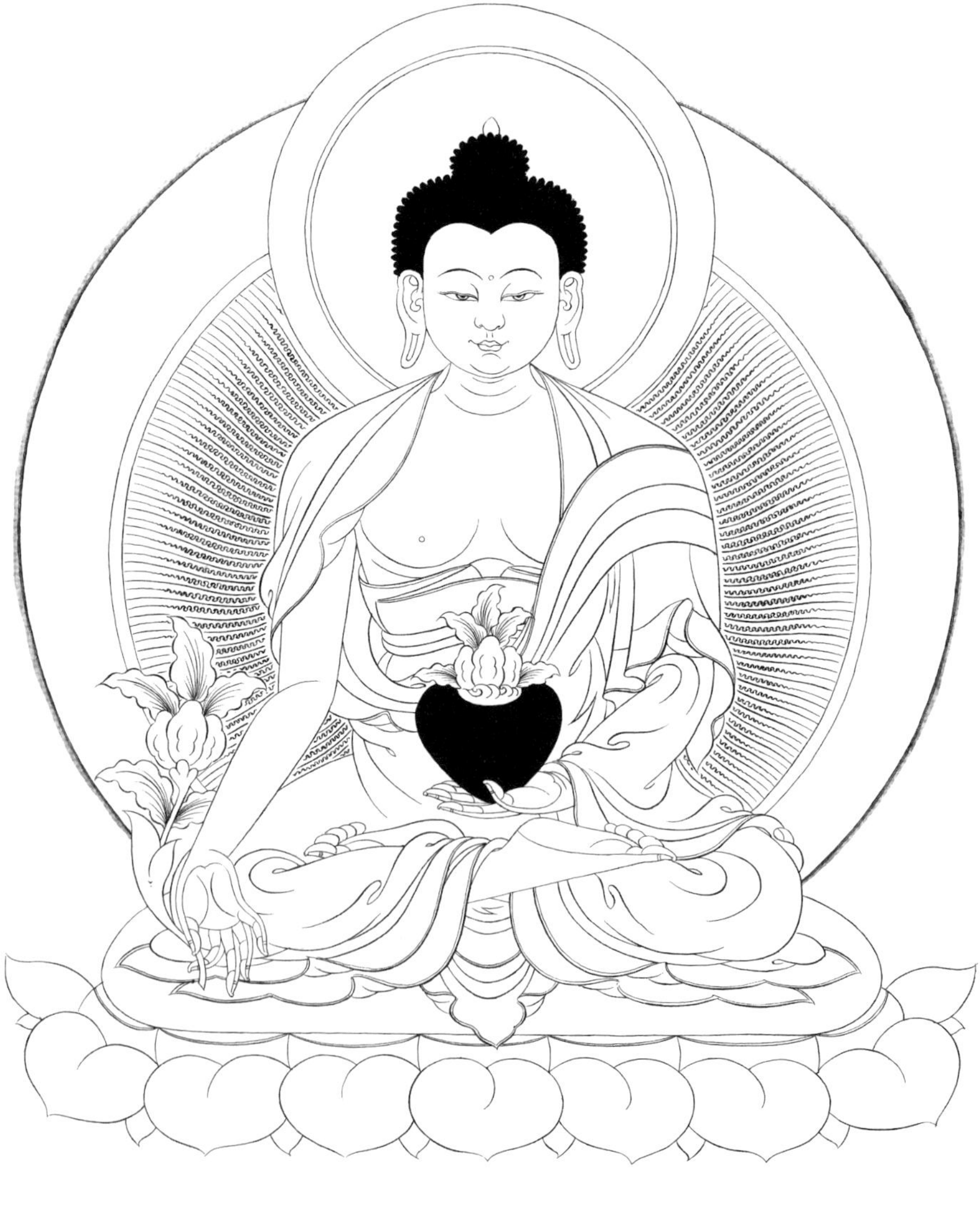

薬師如来は日本では絶大な人気を誇る仏である。寺院の本尊として祀られることも多い。仏教の開祖の釈迦《しゃか》も、密教の至高尊の大日も、人気の点でこの仏にはかなわない。唯一、阿弥陀《あみだ》がそれと肩を並べる程度であろう。

薬師如来の像は、日本に仏教が伝わった飛鳥《あすか》時代から連綿と作られてきた。その最初期の作例に法隆寺《ほうりゅうじ》の金堂《こんどう》像や、天平《てんぴょう》（あるいは白鳳《はくほう》）時代の薬師寺金堂の三尊像などの優作が知られている。法隆寺金堂の壁画にも薬師とその浄土である瑠璃《るり》光《こう》世界が描かれていたし、興福寺《こうふくじ》に伝わる国宝の仏頭は、かつて山田寺《やまだでら》にあったとされる丈六の薬師像の一部が今に伝えられたものである。

奈良時代の薬師如来は「薬師悔過《やくしけか》」と呼ばれる儀礼の本尊として作られることが多かった。悔過とは特定の仏を本尊として、懺悔や供養などを行い、さまざまな災厄から国家や天皇を守る一種の国家儀礼で、奈良の官寺を中心に大規模に実修された。悔過の本尊には観音《かんのん》、阿弥陀、文殊《もんじゅ》などが選ばれたが、薬師のことも多い。天平時代に聖武《しょうむ》天皇が日本中に国分寺《こくぶんじ》や国分尼寺《こくぶんにじ》を建立させたのも、このような仏教の力による国家安寧を目指したものであるが、その本尊も圧倒的多数は薬師であった。

平安時代になると、最澄《さいちょう》の開いた天台宗《てんだいしゅう》において、薬師信仰がさかんになる。天台宗の薬師は、比較的大きな頭部をもち、規則的に並んだ螺髪《らほつ》をつけるなど、独特の容貌を示すことが多い。専門の仏師によるものではなく、山中で鉈一本で刻まれた薬師像が、天台の薬師の原形であったためと説明される。

薬師の姿は一般には坐像で左の掌を膝頭に載せ、その上に薬壺《やっこ》を持つ。薬師という名にふさわしい持物であるが、これらの古い時代の薬師は、もともと薬壺を持っていなかったらしい。右手は施無畏《せむい》印で、左手は垂下させただけで、何も持物はない。現在、薬壺を持っている像も、後世に左手の持物として補ったものであることが多い。薬壺を持つようになったのは、平安時代中期の僧で、中国に渡って新しい仏教の様式を伝えた奝然《ちょうねん》によると言われている。

そもそも薬師とはいかなる仏なのであろうか。東方瑠璃光世界の仏国土の仏で、人びとを病苦から救済するなどの十二の大願を立て、成仏した仏とされる。十二大願の内容と利益などは、薬師を主尊とするいくつかの経典に記されているが、いずれも小部の経典である。インド起源であることはおそらくたしかであろうが、インドでどこまで知られていたかは不明である。娑婆《しゃば》世界とは異なる浄土の仏としては、阿弥陀の極楽浄土が有名であるが、それに比べて、薬師と瑠璃光世界はそこまでの広がりは持たず、密教の時代になると、東方の仏も阿閦が定着する。

　薬師の名はサンスクリット語ではBhaiṣajyaguruである。瑠璃光世界を表すvaidūryaprabhaをその後ろに加え、さらに王を意味するrājaが添えられると、薬師瑠璃光王如来となる。薬師如来は別名として医王如来とも呼ばれるが、もともとは「医者の王」という意味はない。サンスクリット語のbhaiṣajyaは薬草を意味するbhaiṣajaから作った形容詞で、「薬草に関する」という意味である。薬草を使いこなす師匠（guru）が薬師である。薬として用いられた植物の知識をそなえた人物ではあっても、医者そのものではない。また、この場合の薬草も、薬一般を指すサンスクリット語のoṣadīではない。特殊な薬草を使用して人びとの治病行為を行う特殊技能の持ち主といったイメージの名である。

　薬師の起源は明らかではないが、その出自を考える際に注目されるのが薬師の真言である。これは日本密教でも重要な真言のひとつで、薬師にお参りする一般の信者にも浸透している。それは「オン　コロコロ　センダリ　マトウギ　ソワカ」で、もとのサンスクリット語の意味は「オーム、取り払え、取り払え、チャンダーリーよ、マータンギーよ、スヴァーハー」となる。

　この中に含まれる薬師への呼びかけの語である「チャンダーラ」と「マータンガ」は、いずれもインド社会の下層民、いわゆる不可触民の集団を指す。このような名が薬師の真言に含まれるのは奇異な印象を受けるが、社会の底辺や周縁に生きる被差別民が、民間療法の専門家として人びとの治病行為に関わってきたことは、世界のさまざまな社会で報告されている。一種の呪術であるが、近代以前の社会において、呪術と医療はほとんど区別はなく、広い意味での治病行為であったのであろう。

チベットでも薬師は重要な仏のひとりで、人びとの信仰を集めてきたが、その比重は日本仏教の薬師ほどではない。チベットの薬師は左手に鉢を持ち、右手に薬草（ミロバランと言われる）をつまむ。右手が薬草そのものではなく、それから作られた丸薬であることもある。

チベットの薬師と日本の薬師は、左手に薬壺あるいは鉢を持つという類似のイメージをそなえる。もちろん、直接影響関係があったとは考えにくいが、両者が共通の起源を持つことが推測される。ただし、それはインドではなく、おそらく中国である。敦煌《とんこう》から見つかった初唐の絹絵に、右手に錫杖《しゃくじょう》、左手に鉢を持った薬師が描かれている。ただし、容器であることは一致するが、ここで描かれているのは錫杖とセットになった托鉢用の鉢である。薬師が錫杖と鉢を持つことの理由は明らかではないが、釈迦や仏弟子の持物としてはめずらしくない。

その後、敦煌を中心に薬師信仰が流行したことが、薬師像やその浄土を描いた壁画や絹絵がかなりの点数残されていることからわかる。また、少し時代が下った十三世紀ころの薬師像で、敦煌から比較的近いカラホトから、左手の鉢に薬草と思われる植物を満たした薬師の絵画が見つかっている。単なる仏の身の回りの持物であった托鉢用の鉢を、薬草を入れる容器に変えた図像が、敦煌かその近辺で生まれたのであろう。チベットと日本は別々のルートを辿りながら、結果としてよく似た特徴の薬師をそれぞれで作り出したのであろう。

持金剛仏《じこんごうぶつ》

持金剛は日本の密教ではほとんど知られていない仏であるが、チベットやネパールではきわめて重要な位置にある仏である。右手には金剛杵《こんごうしょ》、左手には金剛鈴《れい》を握り、その両手を胸の前で交叉させる。単独尊であることが多いが、女性のパートナーを抱擁する姿で表されることもある。女性の方は全裸に近い姿で、あきらかに性的な結合をしている状態である。

持金剛は仏の位にあり、しかも密教における最上位にある五仏よりも、さらに上位に置かれる。あらゆる仏をしのぐ地位にあり、すべての仏教の尊格をその膝下に置く。

このような強力な仏であるにもかかわらず、持金剛の姿は如来形ではなく菩薩形である。宝冠をいただく髪は肩まで垂れ、天衣と装身具がその身を飾る。体も直立させるのではなく、向かって右にやや傾けている。これも菩薩が体をややひねった状態で表されることと共通している。ただし、坐法は菩薩に一般的な遊戯坐《ゆげざ》や半跏趺坐《はんかふざ》ではなく、仏と同じ結跏趺坐《けっかふざ》である。

持金剛が如来形ではなく菩薩形を取るのは、持金剛に連なる仏たちのイメージが色濃く残っているためである。持金剛に連なる仏たちとは、金剛薩埵《さった》、金剛手、普賢《ふげん》の各菩薩である。これに、本来は外教の神であった帝釈天《たいしゃくてん》すなわちインドラを加えることもできる。彼らに共通するのは、金剛杵という持物である。持金剛という名称は、「金剛杵を保持する者」という意味で、そのまま持物が名称になっている。

持金剛に連なる仏たちの中で、最も起源の古いのはインドラである。古代インドの宗教文献『リグ・ヴェーダ』において、その活躍がくりかえし讃えられ、神がみの中で最も高い人気を有していたとされる。このインドラの武器が金剛杵で、これを用いて、水を秘匿し人々を苦しめる悪しき存在ブリトラを粉砕する。

仏教の仏の中でもともと金剛杵と強い結びつきを持っていたのは金剛手である。後世は菩薩のひとりとなり、仏の脇侍《わきじ》や八大菩薩の一員にもなるが、金剛手の本来の姿は夜叉《やしゃ》の王であった。比較的初期の仏典である阿含《あごん》経典には、菩薩ではなく夜叉の金剛手がしばしば登場する。そこでは仏につき従い、仏の護衛役を務める屈強な男性像として描かれている。

金剛手が造形化されるようになったのは、ガンダーラ地方と考えられているが、そこにはこのようなイメージが色濃く現れている。長い髪は肩まで伸び、さらに口ひげをたくわえ、上半身は裸で、腰にはテュロスと呼ばれる五分丈のパンツをはいている。手には金剛杵を持つが、その形態は後世の仏具としての金剛杵とは異なり、両端が少し開かれるような棍棒の形をした武器である。中心部分を握るほかに、手の上に直立させ、上端が肩の辺りにもたれかかるように持つこともある。

ガンダーラとならんで初期の金剛手像が残されているのがマトゥラーである。両側に脇侍を従えた三尊形式の礼拝像において、脇侍のひとりとして現れる。もう一方の脇侍は、蓮華《れんげ》を持った蓮華手（もしくは観音《かんのん》）に比定される。ここでの金剛手は、小さなダンベルのような形をした金剛杵を右手で握り、腰のあたりに構えている。

蓮華を手にする蓮華手（観音）と、金剛杵を握る金剛手が、仏の左右に位置するこの形式は、『大日経』で主流となる、仏のグループを仏部、蓮華部、金剛部の三つの部族に分ける三部の考え方の源流となるものである。蓮華手と金剛手の組み合わせは、エローラなどのマハーラーシュトラの石窟寺院や、オリッサのラトナギリやウダヤギリなどの、比較的初期に密教が流行した地域で広く見られ、密教の仏たちの世界を体系化しようとしたときに、重要な役割を果たしたことが推測される。

密教経典もこれに呼応して、『大日経』のあとで現れた『真実摂経《しんじつしょうきょう》』にいたり、金剛手はその地位を確固としたものにする。そこでは、金剛手を中心としたグループは金剛部を構成し、観音などを中心とした別のグループよりも、場合によっては重視されていたことがうかがわれる。『真実摂経』に説かれる金剛界マンダラは、四仏の回りを十六大菩薩が取り囲むが、その筆頭を金剛手がつとめる。さらに、金剛手は降三世《ごうざんぜ》明王《みょうおう》の異名を持ち、外教《げきょう》の神がみである大自在天たちを降伏させ、仏教の仏へと生まれ変わらせる。仏の護衛者として活躍したかつての金剛手の姿も彷彿とさせる。

『真実摂経』では金剛手が大乗仏教の代表的な菩薩のひとり、普賢と同体であることも強くアピールされている。大乗仏教の特定の菩薩が十六大菩薩のそれぞれの前身であることは等しく説かれているが、その中で普賢が選ばれたことは重要である。『華厳経《けごんきょう》』などでは普賢は数ある菩薩の中でも特に重要な存在で、とくに求道者や修行者としての菩薩の理想像のイメージをそなえていた。

『真実摂経』では金剛手は金剛薩埵の名も有する。この名称は菩薩の正式名称である菩提薩埵《ぼだいさった》の前半部分「菩提」を、「金剛」に置き換えてできている。金剛はもちろんインドラや金剛手の武器であったが、密教のさとりのシンボルにもなる。悟りを意味する菩提を、密教的な悟りを意味する金剛に置き換えただけなのである。菩薩そのもの、あるいは密教的な菩薩の理想像が、金剛薩埵という名称からは読み取れる。

金剛部の仏たちは、『真実摂経』以降の密教では、ついに仏の世界の頂点に上り詰める。その中心にいるのは阿閦《あしゅく》であるが、阿閦ではなく金剛手や金剛薩埵を上首とすることもあった。そして、菩薩ではなく仏として君臨するこの尊格に、持金剛という名称が新たに与えられたのである。両手に金剛杵と金剛鈴を握るのは金剛薩埵から受け継いだ特徴で、これを交叉させるのは、悟りの境地を表すとともに降三世明王とも共通する印である。さらに、その両腕で女性のパートナーを抱擁するのは、密教行者として最高レベルの実践を行っていることを示している。

菩薩

文殊菩薩《もんじゅぼさつ》

文殊は大乗仏教の代表的な菩薩である。人気の点では観音が菩薩の中では突出しているが、観音は複合的な信仰形態をもち、必ずしも菩薩の範疇におさまらないのに対し、文殊は菩薩の中の菩薩のような尊格である。

文殊という名はMañjuśrīのはじめの部分を音写した漢訳語である。全体を文殊師利《もんじゅしり》としたときの略語になる。文珠と書かれることもあるが、文殊が正しい。他には曼殊室利と表記されることもあるし、意味を取って妙吉祥《みょうきっしょう》という訳語もある。Mañjuが「美しい、妙なる」を意味し、śrīが「吉祥」にあたる。ここからもわかるように、Mañjuśrīというのは固有名詞と言うよりも、美しく吉祥な菩薩という形容詞であり、一種の尊称や綽名のようなものであったとも考えられる。他にも、菩薩には普賢《ふげん》が「普くすばらしい」という名であるように、このように命名された仏たちがいる。一般の菩薩と区別するために付けられた名前という印象を与える。

文殊の名称には他にも妙音（Mañjughoṣa）がある。前半は同じであるが、それが「音」の修飾語となり、「妙なる音声《おんじょう》を持つ者」となる。この場合の音声とは法を説く声であり、さらに言えば、大乗仏教の真髄である「空《くう》の思想」を説くことを指す。大乗仏教における文殊は、なによりもこの「空の思想」の説示者であることが重要で、仏に代わって人びとにそれを知らしめることを本務とし、その活躍ぶりは、「空の思想」を主題とする般若《はんにゃ》経典の中で、いきいきと描写されている。

文殊の登場する代表的な大乗仏教の経典としては、この他に『維摩経《ゆいま》』と『華厳経《けごん》』がある。このうち、『維摩経』では、病気にかかっていると伝えられた維摩居士（実は仮病）の見舞いの役割を、文殊は釈迦より命じられる。名だたる仏弟子たちが、維摩の舌鋒の鋭さにおそれをなして固辞したのに対し、文殊は釈迦の名代として維摩と堂々とわたりあい、大乗仏教の奥義をめぐる鮮やかな議論を維摩と交わす。

一方の『華厳経』では、同経の終わりに置かれる「入法界品《にゅうほっかいぼん》」において、大乗の教えを求める若き修行者である善財童子《ぜんざいどうじ》に対し、はじめに教えを与える菩薩として登場する。その後、善財童子は善知識を求めて遍歴の旅を続ける。

「入法界品」はこの善知識の説くさまざまな教えによって構成されるが、その全体の枠組みを形作っているのが文殊なのである。

これらに見られる文殊は、単なる菩薩のひとりではなく、大乗仏教の教えに精通し、その指導者的役割を果たす理想の菩薩であったことをよく示している。

チベット仏教で描かれる文殊の姿も、このような文殊のイメージや性格をよく表している。右手で振り上げる剣は智慧を象徴し、左手に握る蓮の花の上に載せているのは般若経の経典である。経典は巻物の形はなく、インドやネパールで一般的な直方体をしている。智慧を剣で表すのは、その切れ味の鋭さが、優れた智慧の持つイメージに通じるからであろう。「切れ者」とか「カミソリ〇〇」といった表現が日本語にもある。

しかし、インド美術に現れた文殊が、そのはじめからこのような姿で表されていたわけではない。

確実に文殊であると判断できる作品がインドで現れたのは、パーラ朝初期か、それよりも少し前のポスト＝グプタ時代であると考えられている。最初期の文殊は立像で表され、若々しい青年の姿をしているが、その手には剣も経典もない。右手は下に垂らした与願印《よがんいん》を示し、左手は睡蓮《すいれん》の茎を持つ。睡蓮は大地から茎を伸ばし、その先端に花を付けるが、文殊が握っているのは茎の中間あたりである。

このような菩薩の姿は、たとえばマハーラーシュトラの有名なエローラ石窟に数多く見られる菩薩像とよく似ている。ただし、そこでは植物は睡蓮ではなく蓮華《れんげ》であるのが一般的で、蓮華のみを握る観音《かんのん》と、蓮華の上に金剛杵《こんごうしょ》を載せる金剛手《こんごうしゅ》がいる。

最初期の文殊像が造られたのは、このマハーラーシュトラではなく、ガンジス川流域のビハールやベンガル地方と推測されるが、おそらくこのようなイメージを文殊にもあてはめたのであろう。その場合、植物の種類が蓮華から睡蓮に変えられたことに加え、文殊を特徴づける重要な要素を加えている。それは髪型と装身具である。

文殊の髪型は、全体を大きく束ねて丸く結った髻《もとどり》で、特殊な装身具としては独特の形をした首飾りがある。この首飾りは、中心の部分に筒状の飾りを付け、そこから円形のペンダントがつり下がり、さらに中心の飾りの左右には、勾玉《まがたま》のような形の飾りも垂れている。

これらはインドの少年の持つイメージからきていると言われ、とくにヒンドゥー教のスカンダ神と共通する。スカンダはカールティケーヤの名でも知られる人気の高い少年神で、シヴァとパールヴァティーの息子としても知られている。おそらく、スカンダの図像上の特徴を、仏教の同じような少年神である文殊に取り入れたのであろう。初期の密教経典のひとつ『文殊師利根本儀軌経《もんじゅしりこんぽんぎききょう》』（Mañjuśrīmūlakalpa）には、カールティケーヤ＝マンジュシュリー（Kārtikeya-mañjuśrī）という名称で文殊が呼ばれることがしばしばある。経典の作者が文殊とスカンダ（カールティケーヤ）を同じものととらえていたことがわかる。また、文殊のことをクマーラブータ（Kumārabhūta）と呼ぶ文献もあるが、この場合のクマーラもスカンダのことを指す（山下　1992）。

このような髪型と装身具のみで文殊の特徴を打ち出そうとしたのは、それほど長い間ではなかったようである。文殊の作例を時代を追ってみていくと、新しい要素が加えられていったことがわかる。それが経典である。左手に持った睡蓮の上に、経典が置かれた作品が次第に増えていく。ちょうどこれは、金剛手が蓮華の上に金剛杵を置くのと同じで、おそらくそれにならったものであろう。

このように、左手に持った植物の上に、その仏に関連の深いものを載せるスタイルは、さらに他の菩薩たちにも広がり、それが各尊を象徴するシンボルと見なされるようになる。文殊の場合はそれが経典だったのである。

四《し》臂《ひ》文《もん》殊《じゅ》菩《ぼ》薩《さつ》

四臂文殊は、前項の二臂の文殊の腕の数を四本に増やし、新たな持物に弓と矢を加えてできている。このような四臂文殊は、経典や儀軌類に説かれず、中国や日本の密教でもほとんど知られていない。インドの『サーダナマーラー』や、その影響を受けてチベットで成立した成就法文献にも含まれない。チベットの絵師による独自の形式と考えられる。新たに加えられた弓矢は、次に取り上げる法界語自在文殊《ほうかいごじざい》や、本書には含まれないが、ナーマサンギーティという異名を持つ文殊の持物に現れる。それらを参照してできあがったのであろう。

二臂をはじめとするこれらの文殊の持物に共通してみられる剣と経典は、前項でも述べたようにインドの文殊の図像にはじめからあったわけではない。このうち経典は、文殊と密接な関係のある大乗経典の般若経が持物に加えられたのであろうが、もう一方の剣はそこからは説明できない。大乗経典に登場する文殊が、剣を持つという記述もない。そもそも、剣のような武器を、大乗仏教の菩薩自体が持つこと自体、考えてみれば不思議である。いかにその智慧の鋭さを示すからといって、人を殺傷するような剣は、仏になるべく修行している菩薩には似つかわしくないはずである。

インドにも、立像の文殊とは別に、このように右手で剣を振り上げ、左手に経典を持つ坐像の文殊が残されている。立像には現れなかった剣を持つことや、左手は睡蓮《すいれん》のような植物をとらず、直接経典を握ることから、立像とは別系統の図像であったと考えられる。坐像の文殊はアラパチャナ文殊と呼ばれることもある。アラパチャナとは文殊の真言で、密教系の文殊であることを明示し、とくにチベット仏教ではこの名称がひろく知られている。

剣を持つことに加え、右手で剣を振り上げる文殊が、立像ではなく坐像であるのも不思議である。剣を実際に振るうのであれば、坐っていたのでは力が入らないであろう。坐るのではなく立って、しかもそれなりの構えが必要である。坐像の文殊が剣を振りかざすのは、剣を持つ図像としてはきわめて不自然なのである。

法《ほう》界《かい》語《ご》自《じ》在《ざい》文《もん》殊《じゅ》菩《ぼ》薩《さつ》

法界語自在文殊は密教の時代に新たに誕生した文殊である。密教仏にふさわしく、四面八臂をそなえ、マンダラの中央に位置する。マンダラの中尊であるということは、すべての仏の世界の頂点に位置し、当然、菩薩ではなく仏と見なされる。阿閦《あしゅく》をはじめとする四仏もこのマンダラには含まれるが、彼らよりも上位の仏となる。

法界語自在文殊のマンダラは、中期密教、もしくは後期密教の初期に成立した『文殊《もんじゅ》師《し》利《り》真言《しんごん》名経《みょうきょう》』(Mañjuśrīnāmasaṃgīti) という経典を典拠とする。その名称のとおり、文殊を主尊とする経典である。ただし、この経典には法界語自在マンダラそのものの具体的な記述は含まれない。実際にマンダラを描くときの情報源となったのは、マンジュシュリーキールティという人物によるマンダラ儀軌である。基本的な枠組みは金剛界マンダラを用いているようであるが、秘密集会《ひみつしゅうえ》マンダラの尊格も含まれ、さらに波羅蜜《はらみつ》や陀羅尼《だらに》などの仏教の教理や実践を名称とする仏たちなども新たに加えられることで、全体で二百尊を超える規模の大きなマンダラとなっている。当時知られていたマンダラを集大成するような意図もあって、生み出されたのであろう。

法界語自在マンダラは、それと密接な関係のある金剛界マンダラや秘密集会マンダラとともに、チベット仏教の再興期に西チベットで流行したことが、当時の遺品からわかる。西チベットを代表するラダックやタボの諸寺院や、それらよりも東に入ったところにあるフィヤン石窟などには、法界語自在マンダラの古例が現在に伝えられている。チベット仏教におけるマンダラの分類では、金剛界は瑜伽《ゆが》タントラ、秘密集会は無上瑜伽タントラ、そして法界語自在はそのいずれにもあてはまるとされるが、当時の仏教徒はこれら三つのマンダラをすべて同じグループのマンダラと見ていたようである。

法界語自在文殊の尊容は、伝統的な二臂の文殊の持物である剣と経典に加え、弓矢を持つ左右の二臂と、説法印を示す二臂をそなえる。説法印は法界の言語、すなわち仏の真理の言葉に自在であるというこの仏の名称に結びついた印で、次に紹介するマンジュヴァラ（マセン文殊）とも共通する。

マンジュヴァラ菩薩《ぼさつ》

マンジュヴァラは「すぐれた文殊《もんじゅ》」という意味で、密教の時代に現れた特別なタイプの文殊である。チベットでは「マセン文殊」（'Jam dbyang rma seng）という名で呼ばれることが一般的である。「マセン」は「マワ・センゲー」の略で、「マワ」が言葉、「センゲー」が獅子で、文殊が言葉に巧みなことと、獅子に乗るという両方の特徴をひとつにまとめている。法界語自在《ほうかいごじざい》文殊も、「法界の語に自在なるもの」で、いずれも文殊の持つ説法者としての性格が強調された名前である。

マンジュヴァラの尊容も、この特徴を具体的に表したものである。両手で示す説法印は、釈迦の初説法や舎衛城《しゃえじょう》の神変《じんぺん》など、法を説くときの印としてインドでは古くから知られていた。獅子は文殊が乗る動物として、中国や日本の文殊のイメージとしては、むしろ一般的である。ただし、獅子の乗り方は、中国や日本では馬に乗るように獅子にまたがって乗るが、インドやチベットでは、横向きの獅子の上に、遊戯《ゆげ》坐《ざ》で坐る。実際に獅子に乗るのであれば、またがった方が現実的であるが、獅子と文殊の両方の全身がよく見えるのは、インドやチベットの方であろう。獅子に乗ることのリアルさよりも、見栄えのよさを優先させた形式と言うこともできる。

マンジュヴァラが示す説法印からは、蓮華《れんげ》の茎が左右に一本ずつ伸び、その上には剣と経典が載っている。このふたつは、アラパチャナ文殊の持物と同じである。文殊のシンボルが、ここではともに蓮華の上に乗っている。左右の位置関係も同じである。

マンジュヴァラのこれらの特徴は、「すぐれた文殊」というその名称にふさわしく、文殊のイメージをそのまま具象化したように見える。説法に巧みな菩薩にして、般若《はんにゃ》の智慧を象徴する剣と経典をシンボルとして持つ。獅子はこの菩薩の持つ勇猛さを表すとともに、獅子吼《ししく》とも呼ばれる説法の声も象徴しているとも考えられるし、その力強さは、右手の持物である剣にも通じる。

しかし、インドの文殊やマンジュヴァラの作例を見てみると、はじめからこのような形式の像があったわけではないことがわかる。

坐像の文殊も、パーラ朝の初期の作品では立像と同じように、右手は与願印《よがんいん》を示し、左手は睡蓮《すいれん》のみを持つ。獅子に乗ることはなく、通常の蓮華座の上で遊戯坐で坐る。このような作品の中に、台座の左右に小さく獅子を表したものも散見される。獅子を台座の左右に置くのは、文殊に限らず、仏の台座にもしばしば見られる。日本の仏教美術では、大日如来が獅子に乗ることが知られているが、インドでは釈迦をはじめとするさまざまな仏の台座に、広く見られる表現である。獅子だけではなく、龍、有翼の獅子グリフォン、武人などを上下に重ねた複雑な装飾が、台座の背もたれ部分の左右に表されることもある。獅子座とは王権の象徴であり、仏を王者ととらえる仏教の伝統的な考え方がその背景にある。

ただし、文殊の場合、台座に表されたこれらの獅子とは別に、すでに述べたように、獅子そのものに坐る形式が現れる。蓮台が獅子に変わってしまうのである。

文殊が獅子に乗ることは、すでに述べたように、作品としてはインドに限らず、中国、日本あるいはチベットでも見られ、当然のように思われるが、意外なことにそれを説く大乗経典はない。密教の経典や儀軌などでは獅子に乗る文殊も説かれるが、これは実際に文殊の姿を瞑想したり、あるいは文殊の像を絵画や彫刻で表すための説明であり、そのような像がすでに存在していることを前提にしている。ひろく知られていた獅子に乗った文殊のイメージを、これらの文献は後追いしているだけなのであり、そもそも、文殊がなぜ獅子に乗らなければならないのか、その理由を明確に示す文献はどこにもない。

大乗経典に獅子に乗る文殊が登場しないことから、獅子に乗るタイプの文殊は中国で成立し、それがインドに逆にもたらされた可能性が指摘されている（田中 2009: 71）。この形式の最も有名な文殊は五台山《ごだいさん》文殊で、渡海《とかい》文殊とも呼ばれる。五台山が文殊の聖地であることは、インドでもよく知られていたらしい。インドの文殊に見られる乗りものとしての獅子は、この動物の本来のイメージからはほど遠く、むしろ唐獅子を連想させる。インドでは古くから獅子の造形はさかんで、たとえばアショーカ王柱などには、きわめて写実的な獅子が描かれていた。そのようなリアルな獅子とは明らかに異なるのも、想像上の獅子しか知らない中国を起源としたからと考えられる。

持物に関しても、マンジュヴァラを含むインドの坐像の文殊は、ある種の「ゆれ」を示す。右手で与願印を示し、左手は睡蓮を持った一般的な文殊に、立像と同様、睡蓮の上に経典を載せたタイプが現れる。ここまでは立像のパターンと同じであるが、坐像の場合、さらにさまざまなヴァリエーションを見せる。大きな変化は、両手で説法印を示すことである。その場合、印を変えただけで、左手のみに睡蓮、もしくは経典を載せた睡蓮を持つもの、両側にそれぞれ睡蓮を持つが経典を載せていないもの、そして両側の睡蓮にそれぞれ経典を載せたものの三つのタイプがある。おそらく、この順に変化していったのであろう。左右のバランスを意識させる説法印という印が、左右の持物にもバランスを求めたとも考えられる。ただし、インドでは、チベットで見られるような、右手に持つ睡蓮の上に剣を載せた作例は知られていない。おそらくこの変化は、チベットもしくはネパールで起こったのであろう。

このような文殊の持物の見せる「ゆれ」は、般若波羅蜜《はんにゃはらみつ》という女神でも見ることができる。般若波羅蜜というのは、名称そのものになっている大乗仏教の重要な概念を尊格化した女神であるが、文殊と同じように、両手で説法印を示し、両手に持った睡蓮を体の左右に延ばす。その中には、左の睡蓮にのみ経典を載せたものと、両側にそれぞれ載せたものがある。そして、チベットの般若波羅蜜になると、右手の持物が経典を載せた睡蓮から数珠に変わる（森 2015）。般若経典と密接に結びついたふたりの仏が、持物に関してもよく似た変化をたどっていったことがわかるのである。

四臂観音菩薩《しひかんのんぼさつ》

観音は絶大な人気を誇る仏である。それに匹敵する仏は、菩薩のグループにはもちろん、如来《にょらい》や女尊、明王《みょうおう》など他のグループにもおそらくいない。それは大乗仏教の伝播した地域であれば共通している。そればかりではなく、スリランカや東南アジアなどの上座部仏教が現在では主流となっている地域においても、かつて観音が信仰されていた時代があるし、それが現在まで続いている場合もある。キリスト教であれば、イエス・キリストとマリアの母子をあわせ持ったような存在となる。若々しい青年のイメージと、慈悲深い母親のイメージを観音はかねそなえているからである。

観音はこの名称以外にも、観世音《かんぜおん》や観自在《かんじざい》、さらに世自在などの名を持つ。光世音という名もある。サンスクリット語でも、Avalokitasvara、Avalokiteśvara、Lokeśvara がはじめの三つに順に対応している。観音の名称の成立や変遷については、辛嶋静志による近年の研究が注目される。それによると、比較的古い光世音という訳語は竺法護《じくほうご》（二三九～三一六）によるものであるが、Avalokitasvara の ava を光、lokita を世、svara を音と解釈したことによるらしい。本来、Avalokitasvara の Avalokita はひとつのことばで、「見られた、観察された」という意味なので、これは誤訳なのであるが、竺法護が用いたテキストがサンスクリット語ではなくガンダーラ語であったため、そこではじめの ava という部分が、「光」をあらわす abha と同じような語形を持つため混同され、のこりの lokita を「世」を表す loka と解釈したと推測されている。svara が「音」であるのは正しいのであるが、この語もガンダーラ語では smara（念）と同じ語形を持つため、さらにそれ以前は、Avalokitasmara が Avalokitasvara に変化したという。「念を観る」仏であったものが「声を観る」仏に置き換えられてしまったのである。

竺法護が作った光世音という名称からは、後の時代のものが「光」のかわりに正しく「観」を置いたが「世音」をそのままとしたため「観世音」ができ、さらにそこから一部を省略した結果、観音というよく知られた名称が生み出されることになる。

その後、Avalokitasvara の後半部分が、サンスクリットで神を指す語として一般的な īśvara（自在者、主宰神）と類似することから、Avalokiteśvara すなわち観自在という名称が現れる。このことは、この仏の名称を含む写本の年代から、古いものは Avalokitasvara、新しいものは Avalokiteśvara と変化することでも確認されている。唐代の玄奘《げんじょう》（六〇二〜六六四）は「観自在」という訳語を採用し、観世音や観音が誤訳であることを強調しているが、それは新しい段階の写本しか見ていないことによる一方的な見解なのである。

ところで、観音と言えば、その姿を自在に変えて、衆生を救済する仏としてよく知られている。それを説く最も基本的な経典が『法華経《ほけきょう》』である。大乗経典の中でも、おそらく歴史的に最も重要な位置を占めたのが『法華経』であるが、その成立はかなりの幅があり、観音の功徳を説く「普門品《ふもんぼん》」は、全体の中でも後の時代に成立したと考えられている。「普門品」はその後、『観音経』と名付けられ、独立した経典としても流布することになる。日本でも『観音経』を重視し、日々の読誦経典とする宗派があり、人々のあいだに浸透している。

「普門品」の前半は、さまざまな災厄に陥った人びとを観音が救済するという功徳が説かれる。災厄として大火、大水、猛獣、海難などで、これが八種あるため、八難から救う仏として信仰されたようである。実際に、その八難から観音が人びとを救済する姿を、浮彫や絵画で表した例が、インドにもチベットにもある。西インドのオーランガバードやカーンヘリーの石窟の壁面を飾る浮彫などが有名である。

「普門品」の後半は、観音が衆生の求めに応じて、さまざまに姿を変えることが説かれている。菩薩でありながら、如来の姿を取る「仏身」をはじめ、ヒンドゥー教の神である梵天《ぼんてん》や帝釈天《たいしゃくてん》、自在天、大自在天、毘沙門天《びしゃもんてん》もいるし、人間としても、婆羅門《ばらもん》、長者、宰官、比丘《びく》、居士《こじ》、さらには童男、童女にもなる。龍などの八部衆もあげられる。

これらのさまざまな姿は、「観音の変化身」として知られ、三十三を数えることから、「観音の三十三身」としても知られる。そして、自在に姿を変えるため、「変化観音」という用語も現れる。

注意しなければならないのは、「変化観音」といった場合、千手観音、十一面観音、馬頭《ばとう》観音などの、固有の名称を持った観音を指すこともある点である。このような○○観音というのは、おもに密教系の文献に説かれた観音で、『法華経』「普門品」の観音とは別である。しかし、中国や日本の伝統では、これらの密教系の観音を集めて、三十三という数に揃えることもあり、それを三十三観音と呼ぶこともあるので紛らわしい。ちなみに、三十三という数は帝釈天の都城のある忉利天《とうりてん》に住む神がみの数で、そこから忉利天は三十三天とも呼ばれることもある。

チベットで広く見られる四臂観音は、観音の基本的な形態と考えられているが、観音の三十三身にも、密教系の観音にも含まれない。腕の数が四本であるのは、多面多臂の仏を多く含む密教の時代になって、この仏が生まれたことを示唆しているが、この姿の観音を主役とするような密教経典は見あたらない。文献よりも作例が先にあったと推測される。

四臂観音は、主要な二臂を胸の前で合掌し、残りの二本の腕には、右手に数珠《じゅず》、左手に蓮華を持つ。菩薩に一般的な遊戯坐ではなく、結跏趺坐《けっかふざ》を取ることも特徴的である。これに似た姿の四臂観音が、インドのサールナートから出土しているが、そこでは左右に、同じように合掌する仏を伴っている。そもそも、礼拝の対象である仏教の仏が自ら合掌するのは異様で、このタイプの観音を除けば、千手観音の腕のひと組に合掌手が現れる程度である。合掌する三尊を並べたこの作品も、本来は別の神格、たとえばその地方の土着の神のようなものを表していたのかもしれない。

カサルパナ観音菩薩《かんのんぼさつ》

カサルパナ観音という名称は、日本人にとってなじみがない。中国においても同様で、漢訳名もなく、作例も伝わっていない。これに対し、インドではかなり広くその信仰が広まっていたらしい。仏教の仏たちの観想法をあつめた『サーダナマーラー』には、カサルパナ観音の成就法が六つおさめられている。これは、同一の仏の観想法の数としては、同書の中でも多い部類に属する。

カサルパナ観音はチベットでも信仰され、そこでは「カサルパニ観音」と、少し名称が異なっている。また、ネパールでもこの観音は知られており、ネパール仏教の観音を集めた「百八観音図像集」の中にも含まれている。そこでは「カサラパ観音」と、やはり少しくずれた名称で呼ばれていたようである。

カサルパナ観音という名称の正確な意味はわからない。チベットやネパールでも名称が一定ではないことから、信仰している人たちにとっても、その意味ははっきり理解されていなかった状況が浮かぶ。「カサルパナ」の「カ」(kha) は虚空《こくう》あるいは単なる穴を指すことがあり、「サルパナ」(sarpaṇa) は「動くこと」とくに「なめらかに進むこと」を意味する。これをつなげると「虚空を進むもの」や「空を飛行するもの」という意味になるが、とくにこの観音にそのような特殊な能力や、空を飛んだようなエピソードは知られていない。

『サーダナマーラー』に含まれるカサルパナ観音の成就法の中に、この「カサルパナ」という語を、村の名称としてあげているものがある（第十五番）。かりに村の名称であるとすれば、「カサルパナ村の観音」といった程度の意味となり、特別な意味をそこから読み取る必要はない。日本でも有名な観音像がその地域の名称を冠して呼ばれることも多い。浅草観音、大須《おおす》観音、壷坂観音などである。カサルパナ観音がチベットでもそのままの名称で呼ばれ、意味で翻訳されなかったのも、そのような命名であったことが知られていたためかもしれない。

カサルパナ観音の姿は、一般的な観音のそれと変わりはない。立像、坐像のいずれもあり、坐像であれば結跏趺坐《けっかふざ》をとる。右手は与願印《よがんいん》を示し、左手には蓮華《れんげ》を執る。特別な装身具や乗り物もない。観音には二臂像以外にも、四臂、六臂、十二臂あるいは千臂（千手）などの多臂像も知られているが、カサルパナ観音はいずれも二臂である。面数も同様で、十一面観音が日本でもよく知られているが、これも一面のみである。

左肩から右脇にかけて斜めにたすき掛けにした独特の装身具をつけるが、これは動物の毛皮で、羚羊《れいよう》（カモシカ）の皮から作られたものとされる。観音のような仏教の仏が、動物の毛皮を身につけるのは異様に見えるが、この装身具はカサルパナ観音に限らず、他の観音像にも登場する。羚羊の頭部や前足を残しているものも多い。

観音はその図像上の特徴のいくつかをシヴァと共有しているが、羚羊もそのひとつである。文献でも、不空羂索観《ふくうけんさくかん》音の尊容を説く『不空羂索神変真言経《じんぺんしんごんきょう》』には、観音像を大自在天すなわちシヴァのごとく作れという規定があり、羚羊の皮にも言及している。

ただし、羚羊の毛皮を身につけるのは、このような文献にもとづいたためとは必ずしも言えない。インドのパーラ朝期の観音像の多くは、羚羊の毛皮を身につけているが、それらがすべて不空羂索観音であったとは考えにくい。シヴァのイメージを共有して観音の像が形成された後に、そのような実際の作例を参考に、経典の作者が不空羂索観音の具体的な尊容を記述する際に、そのことに言及したと考える方が自然である。

『サーダナマーラー』に説かれるカサルパナ観音は、一面二臂の最も一般的な観音であるが、それに加えて四人の脇《わき》侍《じ》を伴うこともあげられている。すなわち、ターラー、ブリクティー、馬頭《ばとう》、善財童子《ぜんざいどうじ》である。ターラーとブリクティーは女尊で、残りの二尊は男尊である。ターラーは多羅菩薩、ブリクティーは毘倶胝観音という漢訳名でわが国にも伝わっている。馬頭はそのまま馬頭観音に相当するが、日本では観音と見なされているのに対し、インドでは忿怒《ふんぬ》形をとる脇侍に過ぎない。これらの三尊は胎蔵《たいぞう》マンダラ（日本では胎蔵界曼荼羅とも呼ばれる）の蓮華部院で、聖《しょう》観音のまわりの眷属尊の中に含まれる。マンダラの形成にこのような脇侍の存在が重要な役割を果たしたことが推測される。

一方、善財童子は『華厳経《けごんきょう》』「入法界品《にゅうほっかいぼん》」において、求道の旅を続ける少年で、五台山文殊や渡海文殊の名で知られる文殊五尊像の眷属尊の一人である。この形式で、中国や日本にも多くの作例がある。インドの善財童子も、中国・日本の善財童子も、わきに経典をはさみ、両手で合掌する姿は共通である。

これら四尊の脇侍をカサルパナ観音が伴うことが『サーダナマーラー』に説かれていることから、このような形式の観音をすべてカサルパナ観音と見なす研究者もいるが、それは行き過ぎであろう。

パーラ朝期のインドの観音像の全体像を見ると、脇侍を伴った作例が相当数にのぼるが、その組み合わせは一定ではない。ターラーとブリクティーの二女尊を伴う作例が最も多く、これが脇侍を伴う観音像の基本形と考えられる。馬頭と善財童子を伴う作例も若干あるが、これは時代や地域が限定的である。さらに、ターラーと馬頭の二尊のみ、あるいは善財童子を除いた三尊、馬頭のみ、あるいはターラーのみの一尊といった作品もある。要するに、これらの脇侍の中では女尊とくにターラーが重要で、それに馬頭を加えたり、馬頭のみとしたパターンなどが現れるのである。

一方、主尊の観音を見ると、二臂像だけではなく、四臂像、八臂像、十二臂像などにも脇侍は現れる。チベットにおいても、カサルパナ観音以外の不空羂索観音や千手観音などが、同じ四尊の脇侍を伴うことが、『五百尊図像集』のような白描集に見られる。これら四尊を伴うことは、カサルパナ観音であることの条件のひとつであるが、それは他の観音とも共有された特徴にすぎない。四脇侍を伴った一般的な二臂の観音に対し、たまたまそれがあったカサルパナという村の名称にちなみ「カサルパナ観音」といった名称が与えられ、それが人々のあいだに広まり、特別な観音の形式のひとつのようにとらえられるようになったと考えると理解しやすい。

千《せん》手《じゅ》千《せん》眼《げん》観《かん》音《のん》菩《ぼ》薩《さつ》

ヒンドゥー教の聖典として名高い『バガヴァッド・ギーター』は、バーラタ族の戦闘を前に、パーンドゥ五王子の一人アルジュナが、御者《ぎょしゃ》として彼に仕えるクリシュナから、神の教えを授かる物語である。その第十一章は、戦いに躊躇《ちゅうちょ》するアルジュナに対し、クリシュナがその本来の姿であるヴィシュヌとなって顕現する。

ヴィシュヌは自らの姿が「百態、千様なるわが形相」であり、「多様にして多彩、多形なる神的」なものと述べた上で、あらゆる神がみがその中に含まれることを説く。以下、ヴィシュヌは自らの姿の具体的なあり方を縷々述べていくが、そこに頻繁に現れるのは、口、眼、腕などの身体の部位が多いという特徴である。たとえば、第十六偈は「多くの腕、腹、口、眼を有し、一切方に向かって無限の形相を示す」とあり、第二十三偈には、「多口、多眼、多臂、多腿、多足にして多腹、多くの牙突き出でて」とある。そして、第十二偈では、「もし天に千の太陽の光輝」一斉に立ちのぼったとしたら、ヴィシュヌの姿に等しいであろうと、アルジュナに言わしめている（訳文は辻 1980による）。

ここに現れる千は具体的な数ではなく、無数、無限を表すシンボリックな数である。これはインドに限られたことではなく、おそらく世界中の神話や物語などに見られる共通のモチーフである。そこでは全体や完全性、さらには宇宙全体を示す数にもなる。

千手観音は、このような聖なる数、千と結びついた代表的な仏教の仏である。千手観音は腕の数が千であるだけではなく、正しくは「千手千眼観音」なので、眼も千ある。ただし、顔に千個の目をつけるわけにはいかないので、千ある腕の手のひらに、ひとつずつ目をつけることになる。眼は顔にあるという常識を覆した大胆な発想である。千の腕や眼は表すことができたが、本来であれば、『バガヴァッド・ギーター』のヴィシュヌのように、口や腹、足なども千に揃えたかったであろう。実際に、日本には千手千眼千足観音の作例もある。口や腹を千にしなかったのは、実際に表したとしても、グロテスクな姿になってしまい、仏としての威厳が損なわれてしまうのをおそれたのかもしれない。

チベットの千手観音は、ここでの図のように十一面千手で表されるのが一般的である。頭上の十一面は、下から順に三面、三面、三面、一面、一面となり、頭上に十一面を円環状に並べることが多い日本の十一面観音とは形式が異なる。インド国内では、マハーラーシュトラ州にあるカーンヘリー石窟に、チベットと同じ配列を示す十一面観音の作例があることが知られている。チベットの形式の源流にあたる。ただし、チベットでは頂上面に仏面、その下に忿《ふん》怒《ぬ》面（日本では暴悪大笑面《ぼうあくだいしょうめん》に相当）を置くが、カーンヘリーの作例は摩滅が進み、表情までは確認できない。

カーンヘリーの作例は十一面であるが千手ではない。二臂あるいは四臂で、体のまわりに扇を開くように、千の腕を広げた作例はインドには残されていない。チベットの千手観音の示すこのようなスタイルに近いのは、中央アジア、とくに敦煌《とんこう》にある千手観音である。そのほとんどは絵画で、石窟の壁画と、絹絵に多く見られる。これらは唐から宋にかけて制作されたもので、その数は敦煌莫高窟《ばっこうくつ》の四十余例を筆頭に、全体で七十例以上にのぼることが確認されている（濱田　2010: 41）。

いずれも正面を向いた姿で表され、体のまわりに同心円を描くように千の腕を広げる姿は、チベットの形式とまったく同じである。敦煌の場合、立像に加えて坐像もあるのに対し、チベットでは立像が一般的であるが、その違いを除けば、いずれも共通して正面性がきわめて強く、シンメトリカルなイメージを持つ。そして、その影響関係を考えた場合、作品の制作年代などから判断して、中央アジアからチベットというのが自然である。敦煌はチベットと関係が深く、八世紀から九世紀にかけてチベットの古代国家である吐蕃《とばん》の支配下にあったこともある。その時代を中心に、チベットは中央アジアの仏教美術から多くを学んだのであろう。あるいは、西夏《せいか》（十一～十三世紀）のような中央アジアにありながらチベット仏教の勢力範囲であった地域が、その間に介在した可能性もある。西夏の遺跡からは、後のチベット仏教美術の原形となるような作品がいくつも発見されている。

ただし、チベットの千手観音は、敦煌のそれとはいくつかの点で相違する。

最も重要な違いは、敦煌の千手観音の場合、原則として、円盤状の千の腕とは別に四十二本の腕を大きく描くのに対し、チベットの千手観音は八臂が一般的である点である。千手観音の四十二本の腕は、わが国の千手観音の一般的な形式となる四十二手の千手観音の原形にあたる。二十組四十手の腕と、中心となり胸の前で合掌する二臂を合わせて四十二手とし、脇の四十手がそれぞれ二五の世界の衆生を救済すると説明される。日本でも葛井寺《ふじいでら》や唐招提寺《とうしょうだいじ》の千手観音のように、千本の腕を実際に表す作例もあるが、ほとんどの千手観音がこの四十二手である。

チベットの八臂像は、インドの四臂観音に一般的な右手に与願印と数珠、左手に蓮華と水瓶《すいびょう》の組み合わせを含む。これに、胸の前で合掌する二手を加え、さらに輪宝《りんぽう》を持つ右手、弓矢を持つ左手を加えてできあがっている。このうち、弓矢はインドの仏像やヒンドゥー教の像にもしばしば見られる武器であるが、その場合は、右手に矢、左手に弓を持つのが一般的である。実際に弓に矢をつがえる時の持ち方がこれに当たり、観音がその両者を一本の手に持つのは異例である。装飾的な目的で、遅れて導入された持物であることが推測される。

また、インドにおいては八臂像の観音がほとんど知られていないことにも注意する必要がある。八臂像の観音が流行するのも中国の敦煌で、そこでは不空羂索観音の基本的な形式として、八臂像が選ばれることが多い。日本の不空羂索観音もこの流れを受け継ぐものである。

十一面の配列や持物の多くはインド、円盤状の千手や主要な腕の数が八臂であるのは中央アジアと、それぞれ異なる源流を持つチベットの千手観音は、チベットの仏教美術が、インドと中国という二大文化圏の影響の中で醸成されたという歴史的な状況を、われわれに強く意識させる。

獅子吼観音菩薩《ししくかんのんぼさつ》

獅子吼（siṃhanāda）とはライオンの吠える声を指すが、仏教では釈迦《しゃか》の説法を表す。百獣の王であるライオンは、インドにおいても王者のイメージとして広く浸透している。もともと、釈迦は王族のクシャトリアの出身であり、「人中の獅子」というように、獅子にたとえられることも多い。

しかし、獅子吼という名を持つこの観音に、説法する釈迦のイメージを読み取ることは容易ではない。むしろ、その特徴はヒンドゥー教の至高神シヴァを連想させる。

獅子吼観音は密教の観音の中でも、とくに異様な姿を持つ。体の右側には、蛇の絡みついた三叉戟《さんさげき》を立て、左側には蓮華の上に花を満たしたカパーラ（頭蓋骨でできた杯）を載せる。いずれも、シヴァが手にする特徴的な持物である。頭髪は観音に一般的な髪髻冠《ほっけいかん》という髪型ではなく、行者にしばしば見られる結った髪型であるが、これも苦行者のイメージをしばしば取るシヴァを彷彿とさせる。

その一方で、名称の一部でもある獅子を乗り物とするところは、通常、シヴァには見られない。ライオンはシヴァの妻となるドゥルガーが乗ることでよく知られているが、その場合、獅子は敵を殺戮する荒々しい姿をとるのが一般的である。むしろ、このようなおとなしい姿の獅子は、観音と並んで人気の高い菩薩、文殊《もんじゅ》の乗り物となることがある。

インドのパーラ朝には、獅子吼観音の作例がいくつか知られており、しかもそれらは作ゆきのすぐれた大規模像であることが多い。出土した地域にも広がりがあり、この仏の熱心な信者のグループが広範に存在していたことをうかがわせる。もともとは、シヴァに似た姿をしたローカルな神であったり、シヴァを信仰し、その姿を模倣した苦行者がいたのかもしれない。実際、観音信仰は、他の神や伝説上の人物を観音の一種として包摂することで、アジア各地で爆発的に広まっていった。インドにおいても、すでにそれははじまっていたことを獅子吼観音は示唆している。

不《ふ》空《くう》羂《けん》索《さく》観《かん》音《のん》菩《ぼ》薩《さつ》

不空羂索観音とは「空しからざる羂索を持つ観音」という意味である。数ある変化観音の中でも人気の高い観音のひとりで、わが国にも奈良時代に制作された東大寺二月堂の国宝の不空羂索観音をはじめ、多くの作例がある。

「空しからざる」というと、どちらかというとネガティヴな印象を与えるが、そうではない。すでに不空成就の項で紹介したように、「失敗しない」「必ずうまくいく」というニュアンスで、羂索がその役目を果たす。羂索は投げ縄のことなので、百発百中で相手をつかまえるのである。

ここから、不空羂索観音の説明として、ちょうど猟師が獲物を捕らえるように、あるいは、漁師が網で魚を捕獲するように、観音はわれわれ衆生をその羂索で救済してくれるという説明が導かれる。ほとんどの仏教辞典や仏像の入門書には、そのように書かれている。

しかし、観音がわれわれ衆生を猟師や漁師が獲物を捕らえるように、投げ縄を使うというのは、考えてみればおかしな話である。縄で捕らえられた後のわれわれは、いったいどのように扱われるのであろうか。縄で捕縛されるというのは、むしろ何か恐ろしいことが待っているような気配さえする。

羂索というのは、このような罪人を捕らえて引きたてる縄のイメージの方が正しい。羂索はサンスクリット語ではpāśaというが、これを手にする神は、通常、恐ろしい懲罰神である。古くはヴェーダの時代の最高神のひとりであったヴァルナが手にしていたことで知られる。ヴァルナは後世では西方を守る水の神という低い地位に甘んじることになるが、古代インドでは宇宙全体に司法の眼を行きわたらせ、悪しき者がいれば、たちまち羂索によって捕らえ、自らのところまで引き寄せ、懲罰を与える。

羂索を持つ神としては、ヤマ、すなわち閻魔《えんま》の方がなじみがあるであろう。冥界の王であるヤマが、死者の生前の行いから裁きを行うことは、現代でもなお死後の世界のイメージとして、人々の間に浸透している。

羂索を持つインドの神はこれら二神に限られない。神話において、戦闘に関わる多くの神がみが、重要な武器のひとつにしばしば羂索を持つ。これを投げれば必ず敵を捕らえ、自分の面前にまで敵を連れてくる魔法の武器である。ただし、羂索にはこのような捕縛の機能はあるが、とどめを刺すのは剣や三叉戟《さんさげき》のような別の武器である。あくまでも、敵を捕らえて連れてくることに特化した補助的な武器なのである。「蛇の羂索」(nāgapāśa)といって、蛇が羂索のように働く特別な羂索もあったらしい。

不空羂索観音に関する文献は、漢訳経典を中心に複数あるが、その中で特に重要なのが『不空羂索神変真言《じんぺんしんごん》経』である。サンスクリット語の原典も近年発見され、チベット語や漢訳もそろっている。とりわけ、菩提流志《ぼだいるし》による漢訳は、中国や日本の不空羂索観音の信仰の基盤となる経典として、重視された。ただし、現存するこれらの文献や、他の漢訳経典と比べてみると、この経典は時代とともに増広され、さらには菩提流志本人が創作したような部分もあったことが明らかにされている。

この経典に含まれる不空羂索観音についての説明も、このような段階的な成立を反映して複雑なものになっている。それぞれ異なる姿の不空羂索観音が十種類以上登場するのである。

これは、不空羂索観音にさまざまなタイプがあったことを示すというよりも、そもそもこの観音には決まった姿がなく、経典が増広されるとともに、つぎつぎと新たなイメージが作り出されたとみるべきであろう。このことは、比較的古い段階に成立したと考えられる部分で、不空羂索観音の尊容についての具体的な説明、たとえば面数や臂数などについての情報が見られず、単なる観音像としか説かれていない傾向があることにも符合する。

なかには「大自在天《だいじざいてん》の如し」という記述もある。大自在天はシヴァに相当するため、不空羂索観音の起源はシヴァであったという主張がこれまでにもなされてきた。三叉戟を持物としてあげる箇所があることも、このことの根拠に挙げられることが多い。

ちなみに、チベットではこの箇所の不空羂索観音の持物を重視して、ここでの図のように、右手に三叉戟を持った姿で不空羂索観音を描く。全体は三面四臂で、三叉戟は右手の第一手に持つ。右第二手は与願印《よがんいん》を示しながら蓮華を持ち、左第一手は施無畏印《せむいいん》、第二手は羂索を持つ。左肩から羚羊《れいよう》の皮を懸けるが、これはすでに四臂観音の項でも述べたように、観音に広く見られる特徴で、もともとその記述を含んでいたのが『不空羂索神変真言経』なのである。

しかし、羚羊の皮を身に付け、三叉戟を持つことと、「大自在天の如し」という記述だけから、不空羂索観音がシヴァから作られたというのは安易な発想であろう。それよりも、経典が形成されていった初期の段階では、観音の姿が確立していなかったことの持つ意味を、深く考えるべきであろう。

『不空羂索神変真言経』をはじめとして、この尊格を説く経典はいずれも陀羅尼《だらに》経典である。陀羅尼というのは、呪術的な語句で、それを唱えることでさまざまな願いが成就することを説く。息災や増益のような仏教的な祈願だけではなく、恋愛成就や怨敵退散、さらには毒蛇除けや流行病からの救済のような、現実的で具体的な願望成就が、陀羅尼経典の中心的な主題である。

このような陀羅尼を中心とした呪術に、仏像や神像のようなイコンは必ずしも必要ではない。イコンがなくても呪文さえあれば、その呪術がもたらす効果は期待できたであろう。もちろん、特定のイコンを前にして儀礼を行えば、さらに効果は期待できたかもしれない。しかし、その場合もはじめからその陀羅尼の尊格が完成されたイメージを持っていたと考える必要はない。『不空羂索神変真言経』の初期的段階では、尊容が具体的に説かれず、一般的な観音像であったのは、不空羂索観音の陀羅尼は確立していても、まだそのイコンは作られておらず、一般の観音像が用いられたことを示唆している。場合によっては、それがシヴァの像であってもよかったのであろう。「大自在天の如し」という記述は、そのような状況を反映した現実的な指示と考えられる。

弥勒菩薩《みろくぼさつ》

弥勒はマイトレーヤ（Maitreya）の音を写した訳語で、意味からは「慈氏《じし》」と訳されることもある。「マイトレーヤ」は「ミトラ」の派生語であるが、ミトラが慈悲を表すこともあり、そこからつけられたが、一般には弥勒の名の方が広く知られている。

古代インドのヴェーダ文献には、ミトラという名の神が登場する。契約をつかさどる神で、至高神のひとりとしても知られている。ミトラという名から弥勒をこの神と結びつける考え方もあるが、両者のあいだに明確なつながりはない。また、インドの西方のヘレニズム世界では、ミトラスという神を中心としたミトラス教が古代において流行し、その影響は地中海世界にまで及んだことが知られる。弥勒をこのミトラス教やその主神に関連付ける説もあるが、これも明確な根拠はない。インドの神や仏の起源を西方世界に求めることは、弥勒以外でもしばしば見られ、その多くは名称の一部が一致することなどにもとづくが、思いつきの域を出ないのが一般的である。多くの仏教学者にとってインドから西の世界は一種のブラックボックスで、ここに起源を求めるだけで、それを立証することはあまりない。

マイトレーヤの名は釈迦《しゃか》の弟子の一人としても、初期の仏典に現れる。著名なパーリ語聖典『スッタ・ニパータ』には、マイトレーヤのパーリ語表記である「メッテーヤ」（Metteya）に「ティッサ」（Tissa）がはじめに加えられた「ティッサ・メッテーヤ」が登場する。また、初期の漢訳経典のひとつ『賢愚経《げんぐきょう》』によると、将来、シャンカという転輪王《てんりんのう》が現れるすばらしい時代に、マイトレーヤという若きバラモンが、仏となって人びとを救うことを釈迦が説くと、弟子の中にいた同じ名前のマイトレーヤが、自らがその仏となることを宣言し、釈迦より授記《じゅき》が与えられるという。後に弥勒下生《げしょう》説話として整備される神話の原初的な物語となる。

弥勒下生説話、すなわち釈迦入滅後、五十六億七千万年（数え方によっては、それよりも短いこともある）を経て、この娑婆《しゃば》世界に弥勒が出現し、釈迦の救済にあずからなかった者たちを、三度の法会《ほうえ》において余すところなく救済してくれるという一種のユートピア思想は、アジア全域へと広がりを見せる。それは仏教を離れ、弥勒を中心とする信者の集団を生み出すこともある。その中には中国の白蓮教《びゃくれんきょう》のように、歴史の表舞台に登場した例もある。
弥勒が出現する世は、人びとの寿命は長く、世界は平和で、病気や災害もほとんどない理想的な時代である。それにあわせて、人びとの体の大きさも、われわれよりもずっと大きくなっている。彼らに法を説く弥勒も、当然巨大である。

ここに、弥勒が巨大仏として作られる根拠が求められる。日本で大仏と言えば、奈良の大仏の毘盧遮那《びるしゃな》仏（盧舎那仏）や、鎌倉の大仏の阿弥陀《あみだ》仏が有名なので、弥勒と大仏というつながりは一般的ではないが、古くは笠置山《かさぎやま》の磨崖の弥勒など、その伝承は日本にもある。

海外に目を転じると、弥勒が大仏となることはいわば常識で、たとえばタリバーンによって破壊されたバーミヤーンの大仏もそのひとつである。

これはチベットでも同様で、チベット各地の寺院にある巨大仏のほとんどは弥勒と考えてほぼまちがいない。ラダックのティクセ僧院の弥勒の大仏などは、観光ポスターなどを通じて、この地域のチベットの仏像の代表のような位置にある。

もうひとつ、チベットの弥勒の重要な特徴は、椅子に腰掛けた「倚像《いぞう》」という姿勢を取ることである。仏であれば蓮華坐に結跏趺坐《けっかふざ》、菩薩であれば蓮華坐に半跏坐や遊戯坐《ゆげざ》などが一般的であるなかで、倚像はいずれとも異なり、特別である。

ただし、弥勒が倚像を取るのはチベットだけではなく、中国の敦煌《とんこう》などではむしろ頻繁に見られる。敦煌石窟には、大乗経典に説かれる内容を大画面の壁画に描いたさまざまな変相図《へんそうず》が見られるが、その中にある「弥勒変相図」では、主役の弥勒は椅子に腰掛けるのが普通である。チベットの弥勒の直接の起源も、おそらくここにある。

また、敦煌に至るまでのいわゆるシルクロードの沿道には、これによく似た「交脚の弥勒」の像がある。とくに多くの作例を伝えるのがキジル石窟で、そこでは石窟の内部の壁で、入口の上部に、交脚の弥勒を中心とした弥勒説法図を描くことが好まれた。交脚と倚坐はよく似たポーズであるし、実際に敦煌の弥勒もチベットの弥勒も、倚坐とは言っても両足はO脚で開いて坐り、交脚を意識した坐り方であることがわかる。

これらの壁画の弥勒は、この世に出現する前の兜卒天《とそつてん》において説法を行う姿とされる。兜卒天は仏になるために生まれる前の菩薩たちが待機する場所として、仏教では他の天とは異なる特別の世界である。このような兜卒天とのつながりを最初に示したのは、言うまでもなく釈迦である。釈迦が浄飯王《じょうぼんのう》と摩耶夫人《まやぶにん》との子として地上に下りてくる前に、兜卒天の住人として、悟りを開く最後の生へと向かう準備をする。そして、いよいよ地上に降りる前には、兜卒天の住人たちである神がみに最後の説法を行う。

インドのアジャンター石窟の第十六窟には、このときの兜卒天上で説法を行う釈迦を描いた壁画があるが、その姿は後の倚坐を取る弥勒とうりふたつである。両手は説法印を示しているが、チベットの弥勒も同じように説法印をとる。地上に降りる前の弥勒はもちろん釈迦とは別の仏であるが、成道前の最後の生を送る兜卒天上の菩薩という点では、両者は同じ位置づけになる。

弥勒が両手で示す説法印からは、体の左右にそれぞれ蓮華が伸びている。そのうち、右手に持った蓮華の上には法輪を載せるが、これも説法を象徴する代表的なシンボルである。もう一方の左手の蓮華には水瓶《すいびょう》が載る。水瓶は弥勒の持物としてインドでもはやくから知られ、ガンダーラ美術が栄えたクシャーン朝（紀元前一世紀～三世紀）からグプタ朝、そしてパーラ朝に至るまで、途切れることなく現れる。この水瓶は軍持《ぐんじ》と呼ばれるが、インドでは広く修行者に見られる必携品で、弥勒がバラモンという聖職者階級の出自を持つことに由来する。

普賢菩薩《ふげんぼさつ》

普賢菩薩のサンスクリット語は「サマンタバドラ」(Samantabhadra) で、サマンタは「あまねく」、バドラは「すばらしい」を意味する。普賢はこのふたつの言葉をそのままつないだ名称で「まったく吉祥なる（菩薩）」になる。観音《かんのん》や弥勒《みろく》などに比べると、あまり個性を感じさせる名称ではないが、人気の点ではけっしてひけを取らず、とくに大乗仏教の二大経典『法華経《ほけきょう》』と『華厳経《けごんきょう》』で重要な役割を果たす。

このうち『法華経』は、経のほぼ巻末に置かれる「普賢菩薩勧発品《かんほつほん》」がこの菩薩を中心とした内容である。東方世界で崇められていたこの菩薩が、『法華経』の教えを説く釈迦のところに参上し、釈迦を讃嘆した後、『法華経』の教えを受持するものたちを守護することを宣言する。そして、彼らのために陀羅尼《だらに》を伝授する。この陀羅尼を唱えた者には、あらゆる幸福が訪れ、逆に『法華経』の教えを誹謗する者にはさまざまな災厄が降りかかることを説く。

普賢といえば、白象に乗った姿で知られ、チベットでも単独で表される場合には、右図のようにその姿で描かれる。象に乗ることも『法華経』の同品に述べられており、『法華経』を守り伝える人々が修行する場に、六本の牙を持った白象に乗って現れることが説かれる。実際の普賢の詳しい特徴は、『法華経』の「普賢勧発品」に加えて、この文献と密接な関係のある『観普賢菩薩行法経《かんふげんぼさつぎょうほうきょう》』（観普賢経）にもとづく。

このときの普賢の菩薩を表した作品が、わが国には数多く遺されている。絵画の場合、「普賢菩薩像」という名称の他に、「普賢菩薩影向像《ようごう》」と呼ばれることもある。影向とは神や仏が現実世界に出現する稀有なるできごとを表す独特の用語で、なかでもこのような普賢に対して用いられることが多い。東京国立博物館所蔵の国宝の画像がつとに知られているが、細見《ほそみ》美術館、出光《いでみつ》美術館、鳥取の豊乗寺《ぶじょうじ》がそれぞれ所蔵する作品などもその代表であろう。

これらの絵画作品において、いずれも象がむかって右から左に進むのは、普賢がとどまる妙喜《みょうき》国が東の仏国土であるため、釈迦のいるわれわれの娑婆《しゃば》世界がそれよりも西となり、東から西を画面上の右から左に移したためである。

『法華経』にもとづく普賢の図像には、「普賢菩薩十羅刹女《らせつにょ》」もある。『法華経』の「陀羅尼品」に説かれる十人の羅刹たちのグループが、普賢とともに描かれた作品で、雲に乗って悠然と進む普賢菩薩のまわりを、十人の羅刹女と鬼子母神が取り巻くように付き従っている。同じ「陀羅尼品」に説かれる毘沙門天《びしゃもんてん》と増長天《ぞうちょうてん》が、さらにそれに加わることも多い。十羅刹とこれら二天も、『法華経』を信奉し、護持するものたちを守護するために姿を現すと説かれる。

ここに描かれる普賢も、影向像と同様に白象に乗って描かれるが、「普賢勧発品」の記述のとおり、六本の牙をはやしている。六本の牙を持つ白象は、普賢よりもむしろ釈迦と結びつくことが知られている。釈迦が母親の摩耶夫人《まやぶにん》の体内に入る「託胎《たくたい》」において、兜卒天《とそつてん》から地上の母親のところまで降下するときにとった姿が、六牙の白象である。本来、この白象は釈迦本人が姿を変えたものであったが、この図像がインドから中国に伝わったときに、白象が釈迦の乗り物に変わる。象は単なる乗り物なので、釈迦を表した童子がその上に坐すことになる。雲に乗って白象にまたがった釈迦の姿は、空中を浮遊する白象に乗った普賢菩薩影向図や、十羅刹女たちをともなった普賢に通じるイメージである。

日本における普賢の作例で、もうひとつ重要な形式がある。普賢延命菩薩と呼ばれる普賢菩薩である。この形式の普賢は、前にあげた『観普賢経』と、『仏説一切如来心光明加持普賢菩薩延命金剛最勝陀羅尼経《ぶっせついっさいにょらいしんこうみょうかじふげんぼさつえんみょうこんごうさいしょうだらにきょう》』という長いタイトルの経典にもとづく。これらによると、普賢菩薩は五仏の宝冠をいただき、右手に金剛杵《こんごうしょ》、左手に金剛鈴《れい》を持つ。千葉の蓮華に坐し、その下には白象王が三頭いて、鼻には金剛杵を巻いて持つ。実際の作例は、普賢は二十臂を持って表されることが多いが、そこでも主要な二臂には金剛杵と金剛鈴を持つ。

密教の教理上は、普賢菩薩は次項で取り上げる金剛薩埵《さった》と同体と見なされる。両手に持つ金剛杵と金剛鈴は、そのまま金剛薩埵の持物である。また、金剛界マンダラでは、金剛薩埵は十六大菩薩の上首として、東方輪の阿閦《あしゅく》の前に坐すが、阿閦の乗り物もやはり象であり、金剛薩埵をはじめとする東方輪の四尊の菩薩が全員、象に乗ることもある。

そもそも、インドで象を乗り物とする代表的な神は、ヴェーダ時代から信仰されてきたインドラ、すなわち帝釈《たいしゃく》天《てん》である。象に乗ったインドラの坐像も古くから知られ、マハーラーシュトラ州のバージャー石窟には、紀元前一～二世紀頃と推定される大規模なレリーフのインドラも残る。そして、インドラの重要な武器で、後世のヒンドゥー図像学でもインドラの持物として定着しているのが金剛杵（ヴァジュラ）である。金剛薩埵やその同体である普賢菩薩が金剛杵を主要な持物とするのも、その流れを汲むのであるが、さらに乗り物の白象も受け継がれていることになる。

しかし、文献や図像の伝統では、白象と密接な関係を有する普賢であるが、インドでは白象に乗った普賢菩薩の作例は知られていない。一方、普賢十羅刹女や普賢延命菩薩も、日本以外の地域の作例は存在しない。同じ普賢像といっても、地域によって大きな違いがあるのである。象に乗った普賢がはじめて現れるのは中国で、とくに西域の石窟寺院からはじまったと考えられる。特に重要であるのが敦煌《とんこう》の壁画で、そこでは『法華経』の内容を大規模な画面で描いた「法華変相図」の中に、象に乗った普賢菩薩が現れる。日本の普賢菩薩影向図と同じ形式で、『法華経』の他の登場人物たちとともに描かれる。日本の普賢像の源流であると同時に、これがチベットにも伝わり、単独の普賢菩薩像として定着していったと考えられる。興味深いのは、そのほとんどがむかって右から左に進む構図で描かれ、この点でも後の中国や日本の図像と、チベットの普賢は同じルーツを持つことが推測される。

チベットの普賢菩薩が示す印と持物は一定ではなかったようで、前掲の普賢は説法印を示し、そこから体の両側に蓮華を伸ばす。この形式が広く見られるが、右手で与願印《よがんいん》、左手で施無畏印《せむいいん》を示すものもある。この場合、左手に持った蓮華の上には直立した金剛杵も描かれるが、金剛薩埵と普賢が同体であることにもとづくのであろう。持物を何も持たず、遊戯坐《ゆげざ》の脇侍《わきじ》として、獅子に乗る文殊《もんじゅ》と対になった例に、このような形式が多い。

金剛薩埵
こんごうさった

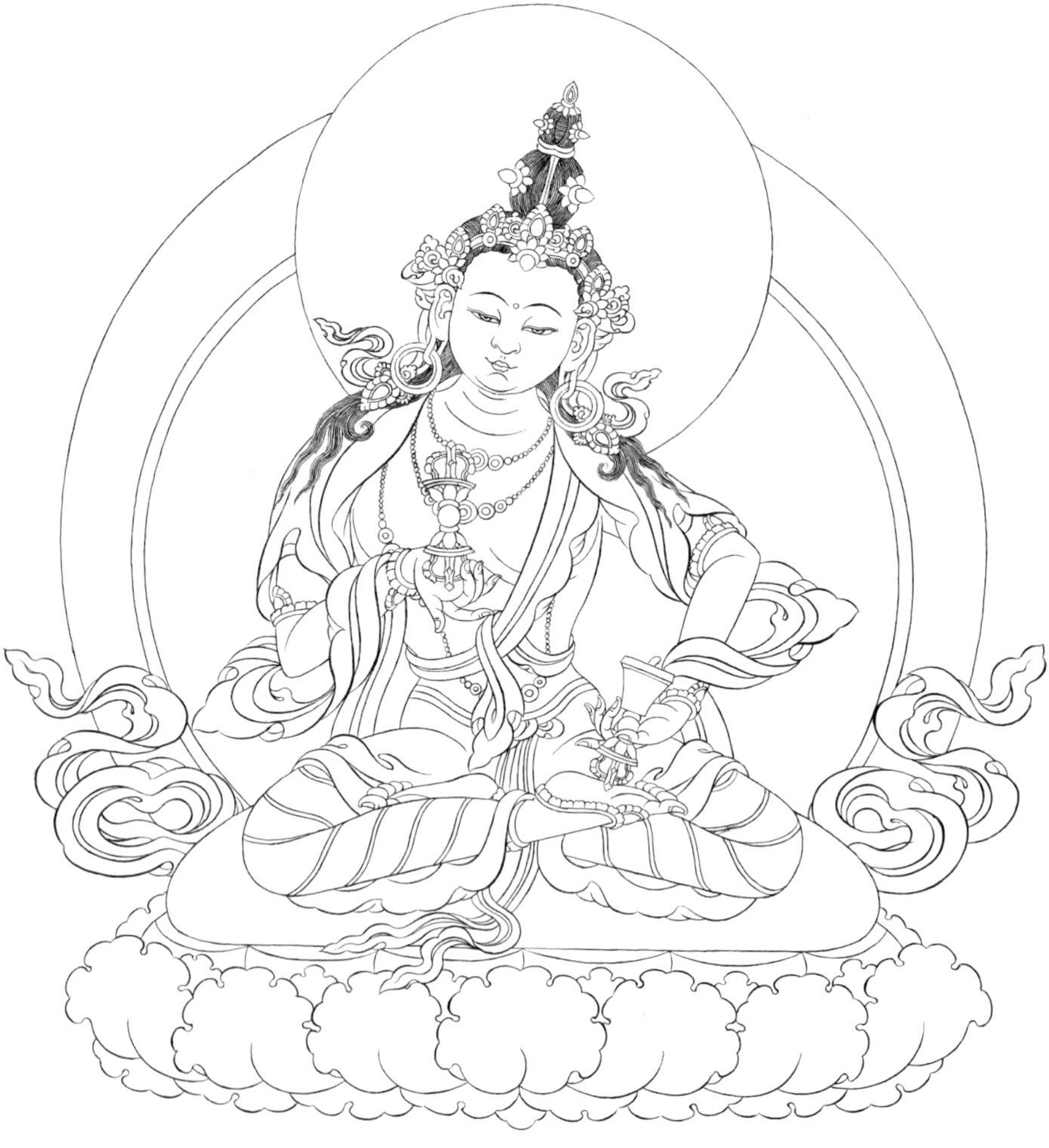

もし、仏の世界に下克上があったとしたら、最後の覇者となるのは金剛薩埵であろう。この仏の前身であった金剛手は、もとはヤクシャ（夜叉）の出自である。ヤクシャは民間信仰の神として、仏教徒のみならず、インドの民衆に広く信仰され、豊穣多産や招福除災などをもたらしてくれると考えられた。樹木と結びつくことも多く、サーンチーやバールフットなどの初期の仏教美術は、浮彫で表された彼らの姿を現在に伝えている。

ガンダーラ地方では、金剛手がヤクシャから仏教の守護神へと一歩前進した。釈迦の生涯を描いた仏伝図では、金《こん》剛杵《ごうしょ》を手にした偉丈夫の男性像として、金剛手がつねに釈迦に付き従っている。日本で密迹金剛力士《みっちゃくこんごうりきし》あるいは単に仁王《におう》と呼ばれることも多い忿怒形《ふんぬぎょう》の金剛手のルーツがここにある。

密教の時代になると、金剛手は金剛薩埵と呼ばれるようになり、さらに大乗仏教の重要な菩薩である普賢《ふげん》と同体視されるようになる。金剛手あるいは金剛薩埵の姿は、日本で両部の曼荼羅《まんだら》と呼ばれる胎蔵《たいぞう》マンダラと金剛界マンダラのいずれにも含まれる。右手に金剛杵、左手に金剛鈴を持って結跏趺坐《けっかふざ》で坐るその姿は、金剛薩埵の尊容として広く定着していく。単に菩薩であるにとどまらず、他の菩薩よりも格の高い菩薩、とくに金剛界マンダラでは、マンダラに含まれる十六尊の菩薩（十六大菩薩）の筆頭に金剛薩埵はあげられる。

中期密教ではそれでもまだ金剛薩埵は菩薩と見なされていたが、後期密教の時代になるとさらに躍進を遂げ、ついに仏と同格と見なされ、マンダラの主尊となることもある。そして、最終的には、すべての仏を統轄する持金剛《じこんごう》となって、金剛薩埵はついに仏たちの世界の頂点に到達する。チベットのニンマ派では、法身普賢《ほっしんふげん》という名称の仏を至高尊に位置づけるが、これも金剛薩埵が名称と姿を変えたもので、名称に普賢が現れるのは、金剛薩埵と普賢が同一の仏であることにもとづく。出世魚のように名前を変えながら、その姿もわずかずつ変化させながら、この仏は仏教の仏たちの世界の最下層から頂点へと、時間をかけて登りつめていったのである。

金剛薩埵という名称は、いかにもこの仏らしい名に見えるが、同時に、きわめて人工的な名称のようにも見える。

金剛は密教における最も重要な用語で、とくに『真実摂経《しんじつしょうきょう》』に代表される中期密教の経典では、仏の名称やさとりの境地などと結び付くことが多い。インドでは「密教」に相当する語は存在せず、「金剛乗」（vajrayāna）と呼ばれることが一般的であったこともこれに関連する。

名称の後半の「薩埵」は sattva の訳で、菩提薩埵《ぼだいさった》すなわち菩薩《ぼさつ》（bodhisattva）の後半と同じである。また、菩薩摩《ま》訶薩《かさつ》と二語を続けることもあるが、摩訶薩（mahāsattva）も同じ語を含む。金剛薩埵とは金剛乗すなわち密教の菩薩であるということを端的に表す語であったことが容易に想像される。

実際、金剛薩埵が重視されるようになると紹介した『真実摂経』においても、まだ仏の名として「金剛薩埵」は確立しておらず、該当する仏の名称は金剛手のままであることがほとんどである。「金剛薩埵」という語は登場するが、金剛手が出現するときに唱えられるマントラの一部である他は、真言行者、すなわち密教の修行者を指す語として用いられるにとどまる。とくに、この真言行者としての金剛薩埵は、『真実摂経』に先立つ『大日経』や、さらにそれよりも前に成立した『金剛手灌頂《かんじょう》タントラ』という経典においても認められる。『真実摂経』では、経典の中心的な仏である毘盧遮那《びるしゃな》（大日）如来を指して、金剛薩埵ということもあるが、これも密教独自の瞑想法を実践して、毘盧遮那として悟りを得たという実践者の側面を強調する文脈において用いられることが、すでに指摘されている（乾 2004: 415）。

菩薩や摩訶薩と同じ「薩埵」の語に、金剛乗の金剛を加えてできたこの名は、本来は密教の菩薩を指す普通名詞であり、それが金剛手を指す名称に取って代わっていったのである。

金剛薩埵の前身である金剛手は、「金剛を手にする者」で、そのまま右手に金剛杵を持つ姿をとる。これは、ガンダーラ美術における護衛者としての金剛手の流れを汲むものである。金剛杵の形態は異なるが、それが重要な持物であることにはかわりはない。パーラ朝の金剛手は、観音《かんのん》をはじめとする他の菩薩とあわせて、左手に蓮華を持つようになり、その上に金剛杵をしばしば置くようになる。ただ、いずれの場合も、持物は金剛杵のみである。金剛薩埵は右手にこの金剛杵を持つが、左手には金剛鈴を持つ。金剛鈴が加わっただけの変化ではあるが、その由来はよくわからない。他の菩薩からの流入は、金剛薩埵よりも前から信仰されていた仏で、金剛鈴を持つ者が見当たらないことから考えにくい。

おそらく、金剛薩埵が金剛鈴を持つのは、真言行者の持ち物として、金剛鈴がすでに定着していたためであろう。日本密教でも、あるいはチベットやネパールの仏教でも、密教の僧侶は必ず右手に金剛杵、左手に金剛鈴を持つ。これは、金剛薩埵が指す対象が、仏としての金剛薩埵以前に、普通名詞としての真言行者を指していたことと符合する。パーラ朝の仏像の中には、台座部分にこのような密教僧を表した作例が何例か知られている。仏ではなく明らかに僧侶の姿をした人物が、金剛薩埵と同じように、右手に金剛杵、左手に金剛鈴を持っている。

このような姿が仏のイメージとして金剛薩埵に与えられたのは、かなり早い段階であったことが推測される。インドからは金剛薩埵の作例が豊富で、中でもサールナート出土の金剛薩埵像は、八世紀から九世紀の作品と考えられる。『真実摂経』などの成立からそれほど時を経ずに、真言行者の姿をモデルに金剛薩埵像ができあがったのであろう。この作品を含め、金剛薩埵像は五仏（あるいは四仏）を飾る宝冠をいただくものも多い。五仏を集約し、とくにその智慧をすべて包摂することを意味し、金剛薩埵が最上位の仏となることも、そこではすでに意図されていたのであろう。それと同時に、真言密教の僧侶が、これと同じような宝冠をかぶって、さまざまな密教の実践を行ってきたことも知られている。たとえば、現代でもネパールのカトマンドゥでは、ヴァジュラーチャーリヤと呼ばれる密教僧が、五仏の宝冠をかぶることで金剛薩埵そのものと見なされる。すべての仏の中心的な存在でありながら、真言行者の代表であるという金剛薩埵の位置づけは、現代に至るまで受け継がれているのである。

観音菩薩《かんのんぼさつ》（八大菩薩《はちだいぼさつ》）

八大菩薩とは観音、弥勒《みろく》、金剛手《こんごうしゅ》、文殊《もんじゅ》、普賢《ふげん》、地蔵《じぞう》、虚空蔵《こくうぞう》、除蓋障《じょがいしょう》からなる菩薩のグループである。いずれも大乗仏教の時代からすでに信奉されてきた著名な菩薩たちで、密教においても、とくに初期から中期において重要な役割を果たした。『大日経』にもとづく胎蔵マンダラでは、マンダラを構成する十二大院のうち、六つまでが、これらの菩薩を中心とした仏たちで構成されている。蓮華部院が観音、金剛手院が金剛部といった組み合わせである。

八大菩薩は『大日経』以前の経典にも登場し、より原初的なマンダラを構成することがあきらかにされている。大乗仏教から密教へと仏教が姿を変えていく中で、伝統的な仏たちを素材に、いかに新しい仏の世界を作るかについて、当時の仏教徒が腐心していたかがうかがえる。このような方向は『大日経』で一つの到達点を示し、その後に現れた『真実摂経《しんじつしょうきょう》』では、まったく新しい発想でマンダラを構成していく。そこでは、まとまったグループとしての八大菩薩は、すでにその役目を終えている。

八大菩薩の筆頭に置かれるのは観音である。これは、菩薩のみならず、すべての仏の中でも観音が別格の人気を誇っていたことを反映している。観音は二臂以外にも、四臂、六臂、十二臂、さらには千手のような多臂の観音がいるし、十一面観音、如意輪《にょいりん》観音、不空羂索《ふくうけんさく》観音などのいわゆる変化《へんげ》観音もよく知られている。しかし、八大菩薩として描かれる観音は、二臂で左手に蓮華を持つ最もオーソドックスな姿をしている。これは、観音以外の八大菩薩が、文殊のような例外を除けば、いずれも二臂像以外がほとんど知られていないことに、観音が足並みをそろえたためであろう。インドの八大菩薩の作例でも、観音はつねに二臂の通常の姿で表される。八尊の菩薩に区別を与えるのは、それぞれが手にする持物にほぼ限られる。

しかし、観音の場合、持物以外の固有な特徴がすべて失われたわけではない。頭飾に置かれた阿弥陀《あみだ》の化仏と、左肩から斜めにかけられる羚羊《れいよう》の衣がそれである。いずれも他の七尊の菩薩には見られない特徴である。

金剛手菩薩（八大菩薩）
こんごうしゅぼさつ　はちだいぼさつ

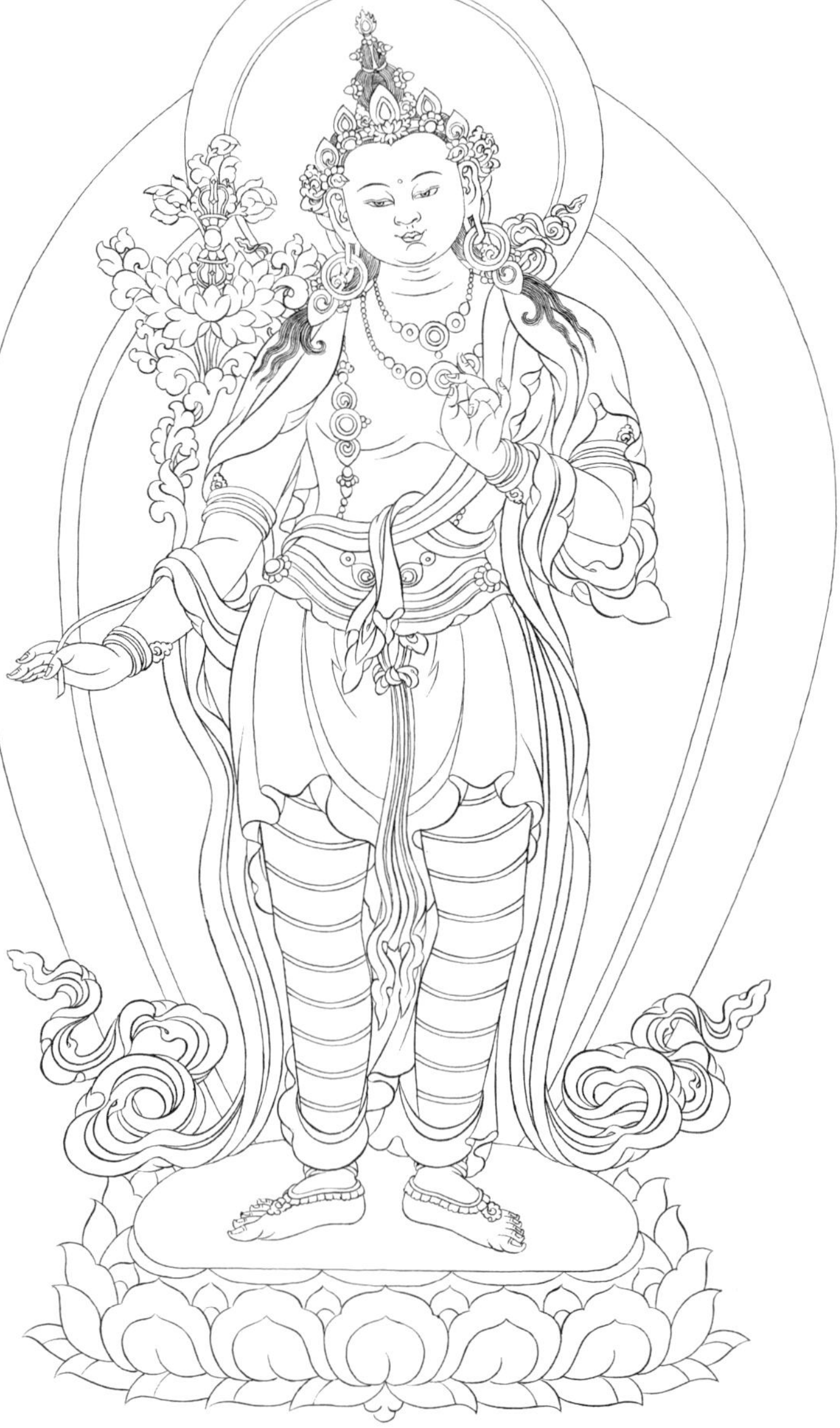

インドでは八大菩薩の作例がかなり広い範囲で確認されている。西インドのマハーラーシュトラ州にある有名な石窟寺院エローラもそのひとつである。エローラ石窟は東半分に仏教窟が集中し、全体で十二窟を数えるが、最終期に造営されたと考えられる十一窟と十二窟に、数例の八大菩薩のセットが現れる。その形式には二種類あり、祠堂の本尊の仏坐像の手前に、左右の壁に沿うように四体ずつ高浮彫で表されるタイプと、壁面に大きな正方形、もしくはや縦長の四角い区画を作り、その縦横をそれぞれ三等分して、井桁状に九区画を作り、中央を除く周囲に八大菩薩を並べるタイプである。後者の場合、中央には仏坐像を置くが、これが前者のタイプの祠堂の本尊に相当する。いずれのタイプにおいても、これらの仏は脇侍《わきじ》をともなうこともあるので、その場合、菩薩の数は十になるが、脇侍の菩薩と八大菩薩は明らかに区別されている。

それ以外の地域としては、東インドのオリッサ地方、そしてパーラ朝の版図であったベンガル・ビハール地方にも、八大菩薩の作例がある。オリッサでは、仏像の光背の左右に八尊を振り分け、縦に四体ずつ坐像を並べる例や、仏塔の四方に置かれた四仏に、それぞれ二体ずつの脇侍として表される例、そして八大菩薩をそれぞれ等身大の単独像で表す例がある。パーラ朝の作例では、仏を中心に、左右に四体ずつの坐像を横に並べ、九尊を一列とした浮彫作品が有名である。

金剛手はいずれの作例においても、金剛杵《こんごうしょ》とともに表されるが、その持ち方に地域性がある。エローラでは、蓮華の上に直立した金剛杵を載せ、蓮華の茎を握る。これは右図のチベットの場合と同じである。オリッサでも同様に金剛杵を載せた蓮華を持つが、金剛杵の向きは水平になる。パーラ朝の作例では、直接、金剛杵を持つ。ただし、八大菩薩のグループを構成しない単独の金剛手像も、パーラ朝では数多く制作されたが、そこでは、蓮華の上に金剛杵を直立させている。これらの特徴は、チベットの八大菩薩の金剛手の源流を考える際のポイントとなる。

弥勒菩薩《みろくぼさつ》（八大菩薩《はちだいぼさつ》）

八大菩薩の中の一尊として登場する弥勒は、上半身のみであれば、すでに取り上げた単独の弥勒の姿とまったく同じである。両手で胸の前で説法印を示し、それぞれの手から伸びる蓮華の上に、右には法輪、左には水瓶《すいびょう》（軍持《ぐんじ》）を載せる。単独像では、兜卒天《とそってん》上の菩薩にふさわしく倚像で表されていたが、八大菩薩の場合は、他の七菩薩と同じ立像である。チベットでは基本的に、観音《かんのん》を除く七尊は、持物の違いを除けば、まったく同じ姿で描かれている。

蓮華に載る法輪と水瓶のうち、弥勒の特徴としてより重要なのは、左側の水瓶である。古くはガンダーラ出土の弥勒像が手にし、インド内部でもマトゥラーやサールナートの弥勒がこれを受け継ぐ。もうひとつ、弥勒に固有な持物に龍華樹《りゅうげじゅ》がある。弥勒が悟りを開いたとき、ちょうど釈迦が菩提樹《ぼだいじゅ》の下で成道したように、龍華の木の下にいたという経典の記述にもとづく。ただし、菩提樹とは異なり、龍華は実在しない樹木であるため、その形態は一様ではない。多くの花を付けた紡錘《ぼうすい》型の植物で表されることが多いが、その形態も地域によってさまざまである。

水瓶をとるか、龍華をとるか、あるいはその両者を持つかで、弥勒にも地域性がある。エローラは龍華をもつ弥勒のみであるのに対し、オリッサでは龍華のみの場合と、龍華の上に水瓶を載せた両者が現れる。パーラ朝の作例では、龍華もしくは水瓶のみと、両者をともに表す三つのパターンがある。

これに加え、八大菩薩の配列にもいくつかの形式がある。とくに重要なのは、八大菩薩を左右に四体ずつ並べる場合、その筆頭、つまり仏に一番近い菩薩を誰にするかである。このうち、観音はつねにそのひとりとなるが、対となる菩薩に金剛手と弥勒のふたつのパターンがある。エローラは金剛手、パーラ朝の作例では弥勒、そしてオリッサにはその両方のパターンが現れる。チベットでは観音と金剛手の姿が対になっていることから、金剛手が筆頭となる流れを汲んでいると考えられる。

文殊菩薩《もんじゅぼさつ》（八大菩薩《はちだいぼさつ》）

文殊については、すでに四種類の文殊を取り上げているが、八大菩薩の中の一尊としての文殊は、このうち、四番目にあげたマセン文殊と基本的には同じ姿である。ただし、弥勒《みろく》と同様に、マセン文殊固有の獅子に乗るという特徴は失われ、他の菩薩たちと同じ立像である。ちょうど、弥勒が倚像ではなく立像であったことと軌を一にする。

弥勒とはこれ以外にも、胸の前で説法印を示し、その両手から左右に蓮華が伸びているという特徴も共通するが、その上に載せる持物で、弥勒と文殊の違いが現れ、文殊は右が剣、左が経典になる。

見方を変えれば、弥勒と文殊は、左右の蓮華の上に載せた持物を除けば、まったく同じ姿をとっていることになる。これは八大菩薩の配列を考える点でも重要で、チベットの八大菩薩においては、観音《かんのん》と金剛手《こんごうしゅ》がいずれも片手にのみ蓮華を持ち、しかもそれが左右逆になって、シンメトリーになっているという関係を示しているのに対し、弥勒と文殊は説法印という同じ印を示し、やはり図像的に密接な関係にある。観音と弥勒を筆頭とするパターンとは異なる系統に属することを示している。

しかも、文殊の場合は、剣と経典がいずれも文殊固有の持物として、インドでもはやくから定着していたのに対し、弥勒の持物にあった法輪は、インドの弥勒像にはまったく現れない。文殊にあわせて弥勒の像を説法印にしたときに、バランスを取るために、説法印や弥勒にふさわしい持物として法輪が導入されたと考えられる。

その一方で、文殊自身もインドでは固有の特徴として、髻を結った髪型や、胸に懸けた独特の形態をした首飾りがあったが、いずれも八大菩薩を形成するときに失われている。持物や印を除いて、他の菩薩と同じ姿に統一されたのである。これらの失われた特徴は、ヒンドゥー教の少年神であるスカンダにも見られたが、少年神という性格も八大菩薩の文殊には見いだし難い。

普賢菩薩《ふげんぼさつ》（八大菩薩《はちだいぼさつ》）

八大菩薩の八尊は、文献などでは八尊すべてが同等の扱いを受け、とくに位の上下などによる分類などはなされていないが、実際の作例ではそうではない。インドの八大菩薩の作例を見ると、たとえばエローラ石窟の祠堂にある左右に並ぶタイプの八尊や、パーラ朝出土の横一列に並ぶタイプも、中心の仏に近い場所は、つねに特定の四尊で占められている。四尊は観音《かんのん》、金剛手《こんごうしゅ》、弥勒《みろく》、文殊《もんじゅ》で、残りの四尊と明らかに区別されている。これらの四尊は、図像上の特徴が確立しており、すでに弥勒や金剛手の項で述べたように、一部の持物の特徴や位置などに変化があることを除けば、その優位性はよく守られている。

これに対し、残りの四尊は、文献に登場する名称にばらつきはないが、それぞれの図像上の特徴は一定ではない。実際の作例も、地域によって違いがある。通常、密教美術の研究は、文献上の記述をもとに、特定の作品がどの仏を表しているのかという同定作業をスタートとする。しかし、八大菩薩の後半の四尊は、その作業そのものがしばしば困難となる。

これはチベットの八大菩薩についても同様で、典拠となる文献は、インドから伝えられたものもチベットで新たに著されたものもあわせると、十種類ほどのパターンが確認できる。仏と持物の対応が一定ではないので、同定作業を進めるときにどの文献にもとづくかで、仏の名称そのものが変わってくるのである。

本書の八大菩薩の後半の四尊は、それぞれ特徴ある持物を持つ。いずれも右手もしくは左手に持った蓮華の上に載せて描かれる。これは、日輪《にちりん》と月輪《がちりん》、三つの宝珠、そして器に入った宝である。普賢が宝、地蔵《じぞう》が三つの宝珠、虚空蔵《こくうぞう》が日輪、除蓋障《じょがいしょう》が月輪を持つ。これに正確に一致する文献は知られていない。また、日輪と月輪は同じ円形を描くので、白描では区別が付かない。

地《じ》蔵《ぞう》菩《ぼ》薩《さつ》（八《はち》大《だい》菩《ぼ》薩《さつ》）

地蔵を知らない日本人は、おそらくほとんどいないであろう。道ばたの小さなお社《やしろ》に置かれた石の地蔵などが思い浮かぶはずである。右手に錫杖《しゃくじょう》を持ち、左手に宝珠を持った比丘《びく》形、すなわち僧侶の姿の地蔵をイメージする人もいるかもしれない。いずれにしても、独特の姿の仏で、他に類を見ないユニークな存在である。

しかし、このような地蔵はインドには存在しなかった。比丘形の地蔵が出現したのは中国で、しかも、中国においても特殊な姿の地蔵であると考えられていた。さらに、自然石をそのまま地蔵と見なしたり、わずかに凹凸を付けて人の姿を模したような地蔵は、道祖神《どうそじん》や塞《さい》ノ神《かみ》の性格をあわせ持った日本独特の地蔵信仰にもとづく。

地蔵はサンスクリット語の名称 **Kṣitigarbha** を持つので、インドで信仰されていたことは確実である。ただし、**Kṣiti** という語に地面という意味があることから、大地の女神プリティヴィー（Pṛthivī）をその起源とすると紹介されることがあるが、これは誤りである。そもそも、地蔵の名は男性名詞であるのに対し、プリティヴィーは女性名で、性が異なる。

地蔵の名はインドで成立した文献に含まれるが、単独の地蔵の像はインドではこれまで知られていない。地蔵が登場するのは八大菩薩の中の一尊としてのみである。そこでは、他の菩薩たちと同じ菩薩形をとり、中国や日本の比丘形の片鱗も見せない。

地蔵に固有の特徴をインドの作例から明確にすることは難しい。これはすでに普賢《ふげん》の項で述べたように、八大菩薩の中の主要な四尊以外の菩薩について、特徴が文献間で一致しないためである。八大菩薩と密接な関係があると考えられる『大日経』では、地蔵の持物として幢幡《どうばん》があげられ、しかも、インドの実際の作例に幢幡を持つ菩薩が登場することも、この尊の比定を難しくしている。別の文献では除蓋障《じょがいしょう》菩薩の持物に幢幡があげられているからである。

ところが、チベットの八大菩薩には幢幡を持った菩薩は登場しない。ここでは、宝珠を持つ菩薩を地蔵としたが、これは中国や中央アジアの地蔵の持物に、宝珠が広く見られることを考慮した。

虚空蔵菩薩《こくうぞうぼさつ》（八大菩薩《はちだいぼさつ》）

虚空蔵菩薩は日本密教では特別な役割を果たす。すなわち、若き日の空海《くうかい》が山林でのきびしい修行を経て、ついに修得したことで知られる「虚空蔵求聞持法《ぐもんじほう》」の本尊である。虚空蔵を表した単独の作品もあり、たとえば東京国立博物館所蔵の鎌倉期の傑作で、重要文化財にも指定されている「虚空蔵菩薩像」がよく知られている。山を背景にして虚空に浮かび、全身からあらゆる方向に光を発するその姿は、見るものに強烈な印象を与える。このような仏であればこそ、空海のような超人的な宗教者を生み出すことができたのであろう。

真言宗では大日如来をはじめとする五仏と、虚空蔵を同体とする考え方もある。五仏であるので虚空蔵も五大虚空蔵となり、それぞれが五仏に対応した特徴を持つ。神護寺《じんごじ》や東寺観智院《とうじかんちいん》の五大虚空蔵菩薩が有名である。観智院像は、五仏に対応する鳥獣座もそれぞれの虚空蔵の乗り物として与えられている。

日本の密教と異なり、インドやチベットの密教では、虚空蔵にこのような特別な役割を与えていない。八大菩薩の中では、重要な四尊には含まれず、それに準ずる他の三尊と同様に、尊容も安定しない。文献では剣を持つことが多いが、それ以外に宝珠を持物とすることもある。日本の虚空蔵も、胎蔵曼荼羅《たいぞうまんだら》の虚空蔵院の主尊である虚空蔵は、右手に剣を持ち、左手には宝珠を載せた蓮華を持つ。一方、求聞持法の本尊の虚空蔵も左手に宝珠を載せた蓮華を持つが、右手は与願印《よがんいん》を示す。虚空蔵は求聞持法や空海との関係で、修験道《しゅげんどう》においても重視された仏で、とくに北陸の修験に虚空蔵の作例が多い。右手で直立した剣を構え、胎蔵曼荼羅の虚空蔵をモデルにした作品であることがわかる。

虚空蔵はインドでは次第に別の名称の虚空庫《こくうこ》へとかわっていく。サンスクリット語も虚空蔵が Ākāśagarbha であるのに対し、虚空庫が Gaganagañja で、まったく異なる。後期密教では虚空庫が一般的になり、それはネパール仏教でも受け継がれていく。

除蓋障《じょがいしょう》菩薩《ぼさつ》（八大菩薩《はちだいぼさつ》）

除蓋障は八大菩薩の中でおそらく最もなじみのない仏であろう。一切除蓋障と呼ばれることもある。しかし、菩薩の名称としては比較的古くから知られ、三世紀後半に漢訳された最初期の陀羅尼《だらに》経典『微密持経《みみつじきょう》』に登場する「去蓋菩薩」が除蓋障に相当することが指摘されている（田中 2017: 80）。

チベットの除蓋障は月輪《がちりん》を持つことが多いようである。これは、日輪を持つ虚空蔵《こくうぞう》と対をなし、両者はほとんど同じ姿で描かれる。月輪を三日月、日輪を円で表して、違いを示すこともあるが、右図では月輪も円である。

除蓋障というのは変わった名称である。意味がわからないという「変わった名称」ではなく、むしろ意味があまりにはっきりしているため、菩薩の名としての不自然さを感じさせるのである。

除蓋障のサンスクリット語はNīvaraṇaviṣkambhinで、これに「一切」を表すsarvaを語頭に加えることもある。Nīvaraṇaviṣkambhinはふたつの部分からなり、nīvaraṇaは蓋障、viṣkambhinが除にあたる。

はじめのnīvaraṇaというのは重要な仏教の用語で、その場合は単に「蓋」という訳語が用いられる。蓋に五種あり、貪欲、瞋恚《しんに》（怒り）、怡眠《たいめん》（怠惰）、掉挙《じょうこ》（悪しき振る舞い）、疑である。いずれも、仏教の修行において、はじめに克服しなければならない煩悩のことである。「すべての蓋障」というのは、この五つを指し、「あらゆる蓋障」ということではない。蓋障を表すnīvaraṇaというのは仏教独特のサンスクリット語で、仏教以外の正規のサンスクリット語の文章にはほとんど現れない形である。ほぼ同じ意味のnivaraṇaという語と混同され、密教経典でも時代が下るとnīvaraṇaにかわってnivaraṇaが現れるようになる。

後半のviṣkambhinは「viṣkambhaを有するもの」の意であるが、viṣkambhaは本来は「支えるもの」で、とくに、つっかえ棒やかんぬきのような具体的なものを指す。蓋障が入ってこないように、かんぬきをかけて防御を固めるイメージである。煩悩やそれを克服する文脈で、つねにnīvaraṇaと結びついて用いられ、その用例は部派仏教や大乗仏教の文献に広く見られる。密教は伝統的な仏教用語を、そのまま菩薩の名称に利用したのである。

守護尊

秘密《ひみつ》 集会《しゅうえ》阿閦《あしゅく》 金剛《こんごう》

後期密教はチベットでは無上瑜伽《むじょうゆが》タントラと呼ばれ、さらに父《ふ》タントラ、母《も》タントラの二種、あるいはこれに不二《ふに》タントラが加わった三種に細分化される。このうち、父タントラの代表的な経典が『秘密集会タントラ』で、その主尊が秘密集会（Guhyasamāja、グヒヤサマージャ）である。ただし、この名称はあくまでも経典名であり、主尊の名称は阿閦金剛である。チベットでは両者をつなげて「秘密集会阿閦金剛」（gSang ba 'dus pa mi bskyod rdo rje）と呼ぶが、この名称は経典には登場しない。

『秘密集会タントラ』は後期密教に属すると言っても、成立はその中では最も早い段階であったと考えられている。おそらく、八世紀後半ころと考えられ、『真実摂経《しんじつしょうきょう》』からそれほど遅れない。後期密教の経典にはめずらしく漢訳もされている（訳者は宋代の施護《せご》）。また『真実摂経』は、十八会《じゅうはって》という金剛頂経関係の経典群に含まれ、その初会《しょえ》すなわち第一会の経典と見なされるが、『秘密集会タントラ』はその第十五会に相当すると考えられている。このことも、『真実摂経《しんじつしょうきょう》』と『秘密集会タントラ』が密接な関係を有していることを示している。

仏の構成に関して『真実摂経』と『秘密集会タントラ』の大きな違いは、基本的な部族の構成が『真実摂経』ではまだ四部であったのに対し、『秘密集会タントラ』では五部となっている点である。ただし、五部は『秘密集会タントラ』の発明ではなく、『真実摂経』でもすでにその片鱗が見られ、『真実摂経』の釈タントラ（註釈的な密教経典）とされる『金剛頂《こんごうちょう》タントラ』においては、五部がすでに支配的となっている。『秘密集会タントラ』はその流れを受け継いでいるのである。

しかし、『秘密集会タントラ』は単に部族の数をひとつ増やしただけではない。五部とは仏部、金剛部、宝部、蓮華部、羯磨《かつま》部であるが、それまで他の部族よりも優位にあった仏部が、その地位を金剛部に譲ることになる。金剛部が他の部族にはない特別な役割を果たすのは、すでに『真実摂経』の「降三世品《ごうざんぜほん》」でも認められたが、ついにその勢いは仏部をしのぐまでに至ったのである。

金剛部の主尊は阿閦である。これに、密教の最重要な用語である「金剛」を加えた阿閦金剛という名で、『秘密集会タントラ』に登場する。その姿は青黒く、三面六臂を有し、さらに明妃《みょうひ》すなわち配偶者に相当する女尊を伴うと説かれる。明妃は触金剛女《そくこんごうにょ》（Sparśavajrī）と呼ばれ、阿閦金剛と同じように六臂をそなえ、同じ持物を持つ。

阿閦金剛の持物は、主要な二臂で金剛杵《しょ》と金剛鈴《れい》を握り、これを交叉させながら明妃を抱く。残りの四臂は、右手に法輪と宝、左手に蓮華と剣である。このうち、はじめの金剛杵と金剛鈴の持ち方は、金剛薩埵の進化形とも言える持金剛と同じである。明妃を抱くところも共通する。阿閦金剛と呼ばれるのは、単なる修飾語として金剛という語を加えたのではなく、金剛部を代表する二人の仏、金剛薩埵《さった》と阿閦を統合してできた尊格であることを表している。

その他の持物も、この仏が他の仏たちを統括する立場にあることを示す。五部の仏たちのシンボルをすべて手中に収めているからである。すなわち、右手の法輪と宝は仏部と宝部、左手の蓮華と剣は蓮華部と羯磨部にそれぞれ対応する。この順番に持つことも、マンダラにおける四部の並び方を意識したものであろう。

腕の数に合わせて顔も三面あるが、このうち正面は体と同じ青、右面は白、左面は赤で、いずれも忿怒《ふんぬ》の形相を示すという。秘密集会は忿怒尊ではないが、その表情には柔和さよりも、人を畏怖されるけわしさをたたえている。チベットでもこれを意識させるように絵師たちは技巧を凝らす。

『秘密集会タントラ』そのものには、このような細部にわたる特徴は説かれていない。これは密教経典ではめずらしいことではなく、仏の具体的な容貌は口伝のような形で伝えられたのであろう。それを文章化して、注釈書や儀軌といった独立の文献にするのも密教の世界ではしばしば起こる。もっとも、基本的な聖典に対して注釈書や儀軌を著すのは、密教に限った話ではなく、むしろヴェーダ以来のインドのほとんどの宗教において、あらたな文献を生み出す伝統的なシステムである。密教においても、その初期の経典からこのような注釈書は多数著されてきたし、儀礼や仏の特徴などの情報を重視する密教の場合、儀礼のマニュアルである儀軌も、注釈書と同様に重視された。

『秘密集会タントラ』では、注釈書を著した後継者たちにちなんで名付けられた聖者流《しょうじゃりゅう》とジュニャーナパーダ流という二つの流派が優勢となる。聖者流は、大乗仏教の偉大な学匠で、中観《ちゅうがん》派の祖に位置づけられるナーガールジュナ（龍樹《りゅうじゅ》、二～三世紀）によってはじめられたとする。彼の著とされる『秘密集会タントラ』の実践法をまとめた『五次第』は、聖者流の最も重要な文献となる。中観派における龍樹の弟子でもあるチャンドラキールティ（月称、七世紀）が、聖者流の教えも受け継いだとされる。彼が著した『灯作明《とうさみょう》』は聖者流の権威ある注釈書として、後世に大きな影響力を持った。

聖者流のマンダラ儀軌書としてはナーガブッディの『マンダラ儀軌二十』が重要である。秘密集会阿閦金剛を中心とし、三十二尊で構成される秘密集会マンダラについて、その制作方法と、マンダラを用いて行われる灌頂《かんじょう》の作法が、偈頌《げじゅ》によって簡潔にまとめられている。マンダラの主尊の阿閦金剛の図像的な特徴は『五次第』において明示され、他の文献もこれにしたがう。

もう一方の流派であるジュニャーナパーダ流は、同じ経典にもとづきながら、聖者流とは異なるマンダラを伝える。ジュナーナパーダ（八世紀後半？）自身には限られた著作しかないため、マンダラについての記述は限定的であるが、彼の弟子であるディーパンカラバドラが『マンダラ儀軌四百五十』という文献を著し、さらにその弟子とされるラトナーカラシャーンティが同書に注釈書を著している。それによると、ジュニャーナパーダ流の秘密集会マンダラは、文殊金剛が中尊となり、十九尊で構成される。

インドでは聖者流よりもジュニャーナパーダ流の方が、この経典の流派としては優位にあったと考えられているが、チベットではゲルク派の開祖ツォンカパ（一三五七～一四一九）が中観派を教学の根幹にすえたこともあり、聖者流重視の姿勢を取り、その結果、聖者流の優位が確立する。チベットの秘密集会マンダラの作例も、聖者流の三十二尊マンダラが圧倒的に多い。

ヴァジュラバイラヴァ

ヴァジュラバイラヴァはチベット仏教でとくに人気の高い忿怒形《ふんぬぎょう》の仏である。ゲルク派の開祖ツォンカパの守護尊であったこともその人気の理由のひとつである。ヴァジュラバイラヴァは文殊《もんじゅ》が忿怒相を取った姿とも言われ、ツォンカパが文殊の化身と信じられていることもそれと関係する。

ヴァジュラバイラヴァは「金剛のバイラヴァ」という意味である。バイラヴァは「恐ろしい、畏怖すべき」という形容詞であるが、ヒンドゥー教の至高神のひとりシヴァの異名としてよく知られている。シヴァはさまざまな神話を持ち、その内容に合わせて姿を変えるが、バイラヴァもそのひとつで、殺戮者や破壊者として出現する。名称がそのまま神話の内容を表している。

ヴァジュラバイラヴァはその忿怒の姿をしたシヴァのイメージを引き継いでいるが、より複雑で怪異なものになっている。とくに強調されているのが、顔、腕、そして足の数の多さである。最もよく知られた姿の場合、九面三十四臂十六足を数える。

これだけの数の顔、腕、足を持ったその姿には圧倒されるが、単純に多さを競ってできたわけではないようである。顔の九という数は、中心の面を別格とすれば、その周囲の顔の数は八つとなる。これを基準として、腕の三十四臂も、主要な二臂とそれ以外の八臂が二セットで三十四臂となるし、足はそのまま八組で十六足となる。実際、チベットのヴァジュラバイラヴァの場合、主要な二臂を除く十六臂は、片側に八臂ずつ、前後に重ねるように描かれる。顔や足の数は、むしろ、この腕の数に合わせて増広されたとも考えられる。ヴァジュラバイラヴァの起源となった忿怒相のシヴァも八臂を取ることが多いし、その妻であるドゥルガーも、水牛の悪魔を殺す畏怖相であるマヒシャースラマルディニーとして表されるときは、八臂が基本であった。

ヴァジュラバイヴァの図像の特徴は、これらの腕などの多さに比例して複雑なものである。すべての腕は多様な武器を持つが、主要な二臂は右手でカルトリ、左手はカパーラを持つ。カルトリは肉を切り刻むための独特の形をした包丁で、半月形の刃の部分の上に、握りやすい柄の部分が垂直に付く。もう一方のカパーラは、頭蓋骨でできた半球形の容器で、髑髏杯《どくろはい》と言うこともある。このふたつはセットで持物に現れるのが一般的で、右手のカルトリで肉を切り刻み、左のカパーラには血があふれるように満たされる。もともとは、後期密教の母タントラ系の経典に登場するヘールカと総称される忿怒形の仏たちが手にする。あるいは、成就者と呼ばれる在野の密教行者の中にも、これらを持つ者がいる。黒魔術的な実践者にふさわしい持物なのである。

足の下にはさまざまな者たちが踏みつけられている。右側のはじめの足には人間が踏まれるが、それ以外はすべて動物で、左足はそれぞれ種類の異なる鳥たちである。さらにこれらの動物や鳥の下には、ブラフマンやガネーシャ、カールティケーヤなどのヒンドゥー教の神がみもいる。足の下に何かを踏むのは、インドでは民間信仰の神であるヤクシャが、自らの従者に支えられていることを示す表現が古くから見られ、ヒンドゥー教の神や仏教の仏でもそれは受け継がれるが、密教になると、敵対するヒンドゥー教の神に対して、かれらを制圧し、自らの優位を示すために、足で踏みつけるという屈辱的な意味を持つようになる。ヴァジュラバイラヴァの場合、動物や鳥に乗るのは、古代以来の乗り物としてこれらを見ていると考えられるが、それと同時に、ヒンドゥー教の神がみをさらにその下に置くことで、密教の仏の優位さもあわせて表現しているようである。

ヴァジュラバイラヴァのイメージから受ける奇怪な印象は、このような腕などの多さだけではない。むしろ、それをもしのぐのは、九つの顔の中心となる水牛の顔である。水牛の顔をした神という特徴が強烈であるため、ネパールではこの仏を「水牛のサンヴァラ」という意味の「マヒシャ・サンヴァラ」と呼ぶ。サンヴァラとは母タントラの仏の名で、ヘールカの一種である。ネパールで人気の高いサンヴァラが、水牛の顔を付けたと見なされたのであろう。

なぜ水牛の顔がこの仏の主要な顔になったのであろう。その背景には、水牛をめぐるインドの神がみがいる。最もはやくから水牛とのつながりを持った神はヤマである。ヤマは夜摩天とも表記されるが、閻魔《えんま》天あるいは閻魔だけの方がとおりがよい。地獄で裁きを行うあの閻魔様である。もともと、ヤマはヴェーダ聖典に登場し、死後の世界と結びついた神であった。ただし、そこは地獄ではなく、人々が死後必ず訪れる冥界である。ヤマはその後、他の方角の神がみとともに護方神（dikpāla）を形成するが、インドでは死後の世界は南方にあると信じられていた。この方位を守る神としてのヤマが水牛を乗り物とし、水牛とともに表されるのが一般的であった。

密教では、このヤマを意識してヤマーンタカという仏を作り出した。ヤマにアンタカという語を加えてできた名称である。アンタカとは「終わりをもたらす者」すなわち死を与える神でヤマの異名のひとつであった。同じような語をふたつ重ねることで、ヤマよりも強力な仏を生み出したのである。そして、それが「ヤマに死を与える者」と解釈されるようになり、ヒンドゥー教の神よりも優位に立とうとする密教仏の流れに合致することになったのである。

ヤマーンタカは大威徳《だいいとく》明王《みょうおう》として中国を経て日本密教にも伝えられ、五大明王のひとりにもなる。水牛を乗り物とするのは、ヤマゆずりで、さらに六面六臂六足をそなえる。多面多臂の仏は密教ではめずらしくないが、足が多いのはかなり特殊で、大威徳明王のことを六足尊と呼ぶこともある。

ヴァジュラバイラヴァはこのヤマーンタカの一種と見なされる。そして、それまで乗り物でしかなかった水牛を昇格させ、自分自身の主要な顔を水牛に置き換えたのである。

その一方で、はじめにもふれたようにヴァジュラバイラヴァや、その原形でもあるヤマーンタカは、文殊が忿怒の相を取ったとも考えられていた。そのため、九面の最上面は文殊の顔になっている。文殊自身は水牛との関係を持たないが、文殊がモデルとしたヒンドゥー教の神スカンダや、その母とも言われるマヒシャースラマルディニーが、水牛の悪魔を殺す神話で知られていたことを思い起こさせる。とくに後者は「水牛の悪魔を殺す神」という意味の名である。水牛の悪魔とヒンドゥー教の神がみとの長きにわたる抗争の歴史も、ヴァジュラバイラヴァを生み出した背景にあったのである。

クリシュナヤマーリ

クリシュナヤマーリは黒いヤマーリという意味である。次に登場するラクタヤマーリが赤いヤマーリで、両者を色で区別する。前の項目のヴァジュラバイラヴァとあわせて、チベットではヤマーンタカに相当する三種の仏として広く信仰された。後半の「アリ」は「敵」を意味する。ヤマの敵であるから、「ヤマに死をもたらす者」というヤマーンタカと同じような意味と見なされる。ヤマーンタカと呼ばないのは、もともとこの名で呼ばれる尊格は、マンダラでは門などの全体の周辺部に位置し、マンダラの護衛を担う仏にすぎなかったのに対し、ヤマーリやヴァジュラバイラヴァはマンダラの主尊ともなる高位の仏であったためであろう。

クリシュナヤマーリとラクタヤマーリは、単に体の色が異なるだけではない。図像的な特徴が両者で大きく異なる。クリシュナヤマーリは三面六臂、三面四臂、一面二臂など、面数と臂数にさまざまな形式がある。ヤマーンタカと同じ六面六臂六足の場合もある。これに対し、ラクタヤマーリは一面二臂以外はほとんどない。クリシュナヤマーリのこれらの図像で、チベットで最も流布したのは、三面六臂像である。その場合、持物は主要な二臂でカルトリとカパーラを持って明妃《みょうひ》を抱き、残りの右の二臂で剣と金剛杵《こんごうしょ》、左の二臂で輪と蓮華を持つ。明妃も六臂で、主尊と同じ持物を執り、その首に抱きつく。これらの特徴は、インドにおいてすでに確立していたことが、後期密教の文献から確認できる。

クリシュナヤマーリの特徴は、主要な二臂のカルトリとカパーラを除くと、三面六臂の秘密集会《ひみつしゅうえ》阿閦金剛《あしゅくこんごう》とよく似ている。体の色の黒もこの仏と共通で、クリシュナヤマーリを説く経典も同じ父タントラに属することから、その代表的な仏である秘密集会阿閦金剛のイメージを取り入れたのであろう。

クリシュナヤマーリの成就法を説く文献には、これらの持物とは別の組み合わせも見られる。たとえば、ラクタヤマーリにも見られる棍棒や、ヤマーンタカが持つことの多い鎚、あるいはこれらの仏の起源となるヤマが持つ羂索《けんさく》などが現れ、いろいろなパターンを試みていたことがうかがわれる。

ラクタヤマーリ

前項のクリシュナヤマーリが、文献の中ではさまざまな姿で説かれるのに対し、ラクタヤマーリ（赤ヤマーリ）は、ほぼ一貫して一面二臂である。その持物も、右手が棍棒、左手がカパーラを持つことで一致している。クリシュナヤマーリに対し、安定したイメージをそなえていたことがわかる。右手の棍棒は、人間の頭が先端に付き、左手のカパーラには血があふれているという記述も見られる。

このふたつの持物のうち、右手の棍棒はヤマ（夜摩、閻魔）も持ち、人間の頭が先端に付いているという特徴も、すでにそこに見られる。これは、ヤマの特徴を説くヒンドゥー教の文献にも、実際のヒンドゥー教寺院に安置されるヤマの像にも見られる。ラクタヤマーリはそれをそのまま右手の持物として受け継いだのである。

もう一方の左の持物は、ヤマの場合カパーラではなく羂索《けんさく》である。羂索を持つ左手はしばしば胸の前に置かれ、人差し指を突き立てる期剋印《きこくいん》という印を示すが、その位置のまま、持物をカパーラに置き換えたラクタヤマーリのイメージはできあがっている。ただし、ヤマは単独であるが、ラクタヤマーリは明妃《みょうひ》をともなう。明妃の左手にもカパーラが置かれる。

もうひとつ、ヤマの重要な特徴は水牛に乗ることである。これはクリシュナヤマーリにもラクタヤマーリにも共通して見られる。ヴァジュラバイラヴァの場合、乗り物ではなく、本人の頭部を水牛に置き換えていたが、水牛がこれら三尊とヤマをつなぐ共通のイメージであることにかわりはない。ラクタヤマーリはその中でも、ヤマのその他の特徴をもっとも色濃く受け継いだのである。

なお、ヤマの持つ人間の頭の付いた棒は、日本の閻魔《えんま》にも受け継がれ、「人頭幢《にんずどう》」と呼ばれる。閻魔自身がヤマと同様に右手に持つこともあれば、その配下にある泰山府君《たいざんふくん》が持つ場合や、閻魔庁の裁きの庭に、支柱のようなものの上に人間の頭部が載っていることもある。閻魔が裁きを行うときに、亡者が生前に犯した罪がこの頭部だけの口から告発されるという。

ヘーヴァジュラ

ヘーヴァジュラは、つぎに取りあげるサンヴァラ（チャクラサンヴァラ）とともに、後期密教の母《も》タントラを代表する仏である。ヘーヴァジュラを説く『ヘーヴァジュラ・タントラ』は、母タントラの密教経典の中では成立がはやく、サンスクリット語原典やチベット語訳テキストに加え、宋代（九六〇～一一二七）の護法《ごほう》による漢訳もある（『大《だい》悲空智金剛大教王儀軌経《ひくうちこんごうだいきょうおうぎききょう》』）。

チベット語訳テキストの奥付には、「三十二儀軌から取り出したふたつの儀軌からなる吉祥ヘーヴァジュラ・ダーキニー・ジャーラ・サンヴァラであるタントラ王」という名称もあげられている。「ダーキニー・ジャーラ」（ダーキニーの網）というのは、初期の母タントラ系の文献の名称としてしばしば見られるもので、ダーキニーたちのグループを指す。「三十二儀軌から取り出されたふたつの儀軌」というのも重要で、『ヘーヴァジュラ・タントラ』はしばしば「二儀軌」（dvikalpa）と呼ばれる。二儀軌を取り出した残りの三十儀軌の部分は現存せず、実在したかどうかも不明であるが、この経典が大部の母タントラ文献のごく一部でしかないという認識は、インドやチベットでは広く認められる。

『ヘーヴァジュラ・タントラ』の主尊がヘーヴァジュラであるが、経典そのものには、ヘーヴァジュラの具体的な特徴について、あまり詳しく説かれない。身色は青、髪の毛は黄褐色で逆立ち、五種の装身具で飾られる。十六歳の若者の身体をそなえ、虎皮裙《こひくん》を身に付け、忿怒《ふんぬ》の視線を放つ。持物は金剛杵《こんごうしょ》とカパーラである。ここにあげられているヘーヴァジュラの特徴は、後期密教の忿怒形を取った他の仏たちの姿と変わりはない。持物は金剛杵とカパーラの二つをあげるのみなので、おそらく二臂だったのであろう。女性のパートナーである明妃《みょうひ》については言及せず、かわって八人のダーキニーに囲まれ、横たわった死体の上に立つと述べる。

チベットで流行したヘーヴァジュラの姿は、このような記述と一致しない。それは、八面十六臂で、すべての手にはカパーラを持つ。十六本の腕は、主要な二臂を除いて、体の両側に扇を広げたようにきれいに並んでいる。主要な二臂は胸の前で交差させて、明妃を抱く。十六本のすべての腕には、血を満たしたカパーラを持つ。カパーラの血の中には動物や神がみが入っている。右側は動物で、順に象、馬、ロバ、牛、水牛（もしくはラクダ）、人、狼、フクロウである。反対側の左手には、ヒンドゥー教の神がみがカパーラの中にいる。地天、水天、風天、火天、月天、日天、夜摩《やま》天、クベーラ神である。

このような持物は、ヘーヴァジュラ以前の密教仏にはほとんど例がない。多面多臂でその手にさまざまな武器を持つことはめずらしくないが、すべての手にカパーラを持ち、その中に動物や神がみを入れるのは、ヘーヴァジュラがはじめてであろう。かなり人為的に構想されてできあがったイメージと考えられる。

カパーラそのものは、母タントラ系の仏にしばしば現れる。これは、母タントラの主要な仏たちの源流に位置するヘールカがもともと持っていたからである。ヘールカは母タントラ系の仏を指す総称とされるが、本来は特定の尊格で、一面二臂の姿を取るのが一般的である。右手には金剛杵もしくはカルトリを握り、左手には血の満ちたカパーラを持つ。『ヘーヴァジュラ・タントラ』が成立した段階では、このようなヘールカがそのままヘーヴァジュラの特徴となっていた。十六臂にする時に、左手の持物のカパーラをすべての手に持たせ、そこに動物や神がみも加えたのであろう。

もともとヘールカが持っていたカパーラには血が入っているだけで、動物や神がみはいなかった。通常、仏教の仏の図像にヒンドゥー教の神がみが登場する場合、足の下に踏まれ、敵対者や敗北者のイメージが強いが、ヘーヴァジュラの場合、神がみは皆、穏やかな表情で、安心してカパーラの中に入っているように見える。

また、他の仏で、ヒンドゥー教の神が征圧されたことを強調する場合、ヒンドゥー教の至高神であるシヴァやその眷属、あるいはヴィシュヌやブラフマーなどが選ばれる。ヒンドゥー教の最強者でさえ仏教の仏にはかなわないという意図が明白である。しかし、ヘーヴァジュラのカパーラの中の神がみは、地天をはじめ、いずれもそのような至高神ではない。その顔ぶれを見ると、はじめの四神が象徴する地、水、火、風は、世界を構成する四大元素（四大）で、続く月天と日天は、言うまでもなく月と太陽である。終わりから二人目の夜摩は冥界の王であるが、南の方角の護方神で、最後のクベーラは財宝神であるとともに北方の護方神となる。はじめの地天以下の四神も護方神のグループに含まれることもあり、全体で、世界を構成する神がみ、あるいは世界を護衛する神がみをすべて手中に収めているのがヘーヴァジュラということになる。

もう一方の動物たちについては、明確な意味を見出すことはできないが、牛、ロバ、水牛など、家畜が多くを占めていることは、現実世界の身近な動物をまとめたものと思われる。「ノアの方舟」に登場するような動物たちである。宇宙を構成する神がみや、生活の中に登場する動物を、すべて手にするというヘーヴァジュラは、宇宙をつかさどる神ということもできるが、それに一番近いイメージのヒンドゥー教の神はシヴァであろう。とくに舞踊の王を意味するナタラージャとしてのシヴァはその典型である。

シヴァの舞踊は宇宙の死や破滅をもたらすと説かれ、宇宙の再生や秩序の回復も表す。ヘーヴァジュラも踊りのポーズを取るが、片足をあげて一本足で立つその姿は、ナタラージャによく似ている。このポーズはヘーヴァジュラの原形であるヘールカも取るが、体の左右に広げた十六本の腕は、数ではそれには及ばないが、ヘールカよりもむしろナタラージャのシヴァが示す腕の形に通じる。しかも、文献には十六本の腕を持つナタラージャも説かれている。南インドのタミルナードゥ地方では、中世以降、ナタラージャ像が爆発的に流行したが、そのような作品を知っていた仏教徒が、それを参考にヘーヴァジュラの図像を考案したのかもしれない。

チャクラサンヴァラ

チャクラサンヴァラ、あるいは単にサンヴァラともいう。ヘーヴァジュラと並ぶ母《も》タントラの代表的な仏であるが、その成立はヘーヴァジュラよりも少し遅れる。サンヴァラが主尊として登場する「サンヴァラ・タントラ」はひとつの経典を指すのではなく、サンヴァラの名を冠する複数の経典の総称である。その中にある『ラグ・サンヴァラ・タントラ』が、チベットでは根本タントラと見なされてきたが、実際は『サンヴァラ・ウダヤ・タントラ』という経典の方が成立が古いことが指摘されている（Tsuda 1974）。

チャクラサンヴァラには一面二臂、三面六臂、四面十二臂などの複数のタイプがある。このうち、一面二臂のサンヴァラは、金剛杵《こんごうしょ》と金剛鈴を持って明妃《みょうひ》を抱く姿を取る。金剛薩埵《こんごうさった》や持金剛《じこんごう》と同じ持物であるが、坐像ではなく立像で、右足を伸ばし左足を少し曲げた展右《てんう》という姿勢を取る。チベットの「五百尊図像集」などには、このタイプのサンヴァラが含まれているが、あまり一般的ではない。

三面六臂像は『サンヴァラ・ウダヤ・タントラ』の第十三章に説かれる。六臂の内の主要な二臂が金剛杵と金剛鈴を持って明妃を抱くのは、二臂のタイプと同じである。残りの四臂のうち、右の第一手にはダマル太鼓と呼ばれる太鼓を持つ。これは頭蓋骨をふたつ接合して作った太鼓で、日本のでんでん太鼓のような形を取る。ヒンドゥー教の神シヴァがこれを手にすることでよく知られている。修行者であるシヴァが、ダマル太鼓の音に合わせて舞う姿で表される。

サンヴァラの場合、ダマル太鼓と対になる手にはカパーラを持ち、さらにその脇にはカトヴァーンガと呼ばれる杖をかかえる。カトヴァーンガの先端にも髑髏《どくろ》が飾られ、人間の頭部などがそれに連なっている。さらに首からは花輪のように生首をつないで作った首飾りをつける。このように、チャクラサンヴァラの全体は、死体や死のイメージで覆われていることになる。ただし、カパーラとカトヴァーンガは、サンヴァラに限らず、ヘールカ一般に見られ、ヘールカの一種であるサンヴァラが、その特徴を受け継いでいると見るべきであろう。

サンヴァラの残りの二臂は、上にあげた両手で象の生皮を持つ。象の足の部分をつかんでかかげるので、長い鼻をした象の頭部は、サンヴァラの腰の横に来ることになり、よく目立つ。

象の生皮をかかげるという特徴も、シヴァに由来する。シヴァに関する神話で、象の姿をとった悪魔を殺戮し、その勝利の印として、象の皮を衣のようにまとって凱旋する物語がある。シヴァ自身ではなく、その眷属が象を殺すこともあるが、生皮をまとうのはその場合もシヴァである。

チャクラサンヴァラの三つめのタイプ、すなわち四面十二臂は、この三面六臂にさらに顔と腕の数を増やしてできあがったと考えられる。このタイプのサンヴァラを説くのは、サンヴァラ系の経典ではなく、ルーイーパーダ（ルーイーパ）という密教行者による。チベットではルーイーパーダの説く六十二尊からなるサンヴァラのマンダラが流行し、ルーイーパ流のサンヴァラマンダラと呼ばれる。その中心になるのが、この四面十二臂のタイプで、チベットではマンダラはもちろん、マンダラの諸尊を取り出して、中尊のサンヴァラの周囲に規則的に配置したタンカも数多く制作された（森　2011）。ここでのサンヴァラも、この姿で描かれている。

十二臂に増広された腕には、右側に斧とカルトリと三叉戟《さんさげき》、左側は四臂像に見られたカトヴァーンガを直接握る他に、金剛の羂索《けんさく》と梵天《ぼんてん》の頭が新たに加わる。このうち、三叉戟と梵天の頭は、ダマル太鼓や象の生皮と同様、シヴァの持物としてよく知られている。とくに、三叉戟はシヴァを象徴する最も重要なシンボルとして、現在でもシヴァの寺院などでは、シヴァそのもののように扱われている。

もうひとつの梵天の頭という他に類を見ない特徴は、やはりシヴァの神話に由来する。これに関するいくつかの神話が知られているが、いずれも、シヴァの偉大さを認めない梵天がシヴァによって首をはねられるという設定になっている。梵天は、ヴェーダ文献においては宇宙の根本原理であるブラフマンに起源を持ち、それが神格化されてヒンドゥー教でも信仰され、とくに創造神と考えられてきた。しかし、新興の神であるシヴァが次第に力をつけ、宇宙の主宰神となったことで、その役割も梵天から奪ってしまったことを表す。ただし、梵天も首をはねられたままでは済まさず、シヴァの手に張り付き、結局、シヴァは十二年の修行の後にようやくそこから梵天をはがすことができ、梵天の首をはねた罪から解放される。ちなみに、単なる偶然かもしれないが、十二という数はサンヴァラの腕の数に一致する。

サンヴァラの身体的な特徴には、このようにダマル太鼓、象の生皮、三叉戟、梵天の首といった本来はシヴァが持っていた重要なシンボルが頻出する。腕の数を増やすたびに、その数も増えていく。持物以外にも、サンヴァラは頭に三日月を飾るが、これもシヴァの髪飾りとして広く知られているし、首からかけた人間の生首の輪や、蛇でできた装身具、青黒い身色など、いずれもシヴァに由来すると考えられる。シヴァの姿は、当時の人びとに広く知られていたはずである。たとえば、エローラ石窟には、象の生皮をかかげるシヴァも、梵天の首をはねるシヴァも、大きな浮彫彫刻として、今でも見ることができる。

シヴァに似た仏教の仏というこのようなイメージは、ヘーヴァジュラにも認められたが、サンヴァラではそれがより顕著になっている。サンヴァラは足の下にバイラヴァとカーララートリという夫婦の神を踏むが、バイラヴァはシヴァが畏怖相を取ったときの名称である。自らのイメージの源泉となる神を、わざわざ足の下に踏んでいるのである。このような矛盾したイメージが受け容れられたのは、インドではおそらくかなり限定的であったであろう。逆に、サンヴァラ像の持つ強烈なインパクトは、シヴァのイメージという先入観を持たないチベットにおいて、その浸透に大きく貢献したと考えられる。

ブッダカパーラ

ブッダカパーラとは仏の頭蓋骨という意味である。この仏の名を冠した『ブッダカパーラ・タントラ』という経典に説かれ、母《も》タントラ系に属する。ブッダカパーラという名称は、そのまま、この経典に説かれた状況から生まれたようで、世尊が女性の性器の中で三昧《さんまい》に入り、その頭蓋骨からこの経典が説かれたという設定になっている。世尊が女性器の中で三昧に入るということ自体、奇異に感じられるが、これは『秘密《ひみつ》集会《しゅうえ》タントラ』などにも見られ、無《む》上瑜伽《じょうゆが》タントラにおいてはめずらしいことではない。経を説く仏が三昧に入ることも、すでに大乗仏教において定型化され、密教もそれを受け継いだにすぎない。

『ブッダカパーラ・タントラ』のユニークなところは、涅槃《ねはん》に入った世尊が頭蓋骨になってしまい、そこから経文の声が発せられたところである。頭蓋骨を神聖視するのは、ヒンドゥー教のタントリズムにも見られ、シヴァ派のカーパーリカ派というグループが有名である。ブッダカパーラの出現を、この派と結び付ける研究者もいる。

頭蓋骨が経文を唱えるという奇妙な現象は、わが国でも古い伝承がある。平安時代に編纂された有名な説話集『今《こん》昔《じゃく》物語《ものがたり》集《しゅう》』には、紀伊半島の熊野の地で、『法華経《ほけきょう》』の行者が命果てて白骨になってもなお、その髑髏《どくろ》には香が残り、『法華経』を唱えつづけていたことを伝えている。頭蓋骨に呪術的な力があるという観念は、普遍的なものであったのかもしれない。

ブッダカパーラの尊容は、一面四臂で明妃《みょうひ》を抱き、四臂には右手がカルトリとダマル太鼓、左手にはカパーラとカトヴァーンガを持つ。明妃はチトラセーナーという名で、カルトリとカパーラを持った二臂で主尊を抱く。これらの特徴はヘールカの基本的なイメージをそのまま受け継ぐものである。

ブッダカパーラを中尊とするマンダラは、九尊からなるタイプと、二十五尊からなるタイプのふたつがある。前者はヘーヴァジュラの、後者はサンヴァラのマンダラにそれぞれ類似した構造で、この尊が母タントラの主要な二尊の影響下にあったことを示している。

ヨーガーンバラ

ヨーガーンバラは『チャトゥフピータ・タントラ』という母《も》タントラ系の経典に説かれる尊格である。この経典は中国や日本の密教にほとんど影響を与えなかったと考えられるが、母タントラ系の経典の中でも比較的初期に成立し、他の経典にしばしば引用されていることから、インド密教の歴史において重要な役割を果たしたと考えられる。

母タントラ系の密教では、修行者のパートナーである女性のヨーガ行者が重視される。彼女らとの性的な実践を行うことが、悟りに至る重要なステップと考えられたのである。これらの女性パートナーたちはダーキニーと呼ばれ、複数のダーキニーが集団を形成し、男性修行者たちとガナチャクラと呼ばれる秘密の集会を行った。『チャトゥフピータ・タントラ』は、このガナチャクラの原初的なスタイルを伝える文献としても知られている。

女性行者のダーキニーたちは尊格として扱われ、彼女らによって構成されるマンダラも経典では説かれる。『チャトゥフピータ・タントラ』にはダーキニーたちからなる二種類のマンダラが含まれ、ひとつはジュニャーナダーキニーを中尊とする十三尊マンダラ、もうひとつが、それをさらに五十七尊にまで拡大したマンダラである。いずれも本来はダーキニーだけのマンダラであったと考えられるが、中心のダーキニーの相手である男尊を主尊と見なすようになる。五十七尊の方のマンダラがそれで、このときの中尊の男尊がヨーガーンバラという名を持つ。十三尊マンダラの主尊には特定の名称が与えられていないが、後には経典名のチャトゥフピータの名を持つ尊格がそれと見なされた。

ヨーガーンバラは三面六臂を持ち、主要な二臂は金剛杵《こんごうしょ》と金剛鈴を持って胸の前で交叉させ、明妃《みょうひ》ジュニャーナダーキニーを抱く。さらに左右のひと組の手で弓矢を取り、残りの右手は明妃の乳房に当て、左手は蓮華の容器（実際はカパーラ）を持つ。明妃はカパーラとカトヴァーンガを高くかかげ、男尊との性的な結合の歓喜に酔いしれた姿を示す。

チャトゥフピータ

前項のヨーガーンバラでも述べたように、チャトゥフピータは『チャトゥフピータ・タントラ』に説かれる仏であるが、もともとは十三尊のダーキニーからなるジュニャーナダーキニーマンダラの中尊であるジュニャーナダーキニーのパートナーであったと考えられる。経典に説かれているのもこのマンダラで、インドではこの形式のマンダラが流布していたと考えられるが、男性の方を主尊とする他のマンダラにならい、チャトゥフピータという経典名そのものを名称とする男尊を導入したと考えられる。ただし、その時期は経典の成立よりもはるかに遅れる。十二世紀初頭の『ニシュパンナヨーガーヴァリー』や、インドで流布した成就法をまとめた『サーダナマーラー』にもヨーガーンバラは現れないことから、インドではなく、チベットやネパールで考案された可能性も高い。

このような背景を持つため、チャトゥフピータの尊容はヨーガーンバラによく似ている。おそらく、それを参考にして、若干の変更を加えたのであろう。三面六臂の坐像で、明妃《みょうひ》を抱くところはまったく同じで、持物も多くは共通する。唯一異なるのは、明妃の乳房に触れていた右手に、これにかわってほら貝を持たせたところのみである。

もともと主役であったジュニャーナダーキニーは、三面六臂を有していたが、チャトゥフピータに主尊の座を譲り、それにあわせて一面二臂にその数を減らしている。カトヴァーンガとカパーラのみが持物に残るが、これは母タントラ系の女尊に広く見られる一般的な持物である。残りの手には、もともとは右手に斧と金剛杵《こんごうしょ》、左手に金剛鈴と剣を持っていた。このうち、金剛杵と金剛鈴は、主尊の主要な二臂に受け継がれている。

その周囲の十二尊には、屍鬼を意味するヴェーターリーや、不可触民の名として知られるチャーンダリー、あるいはドゥルガーの眷属のひとりで、「醜い」という意味のゴーラーという名が含まれ、当時の母タントラの修行者たちが、ダーキニーたちをどのように見ていたかをよく表している。

マハーマーヤー

マハーマーヤーは「大いなる幻」を意味する。母タントラ系のヘールカの一種で、『マハーマーヤー・タントラ』を典拠とする。ただし、この経典はきわめて短く、おそらくその教えは口伝の部分も多く、そのうちいくつかの情報が注釈書や成就法の形で残されていると考えられる。代表的なものにラトナーカラシャーンティによる『グナヴァティー』と、ククリパによる『マハーマーヤーの成就法』などがある。後者は成就法を集成した『サーダナマーラー』に含まれている。

マハーマーヤーという名称で問題となるのは、この語が女性形で、本来は男性の尊格であるこの仏と性が一致しないことである。そのため、サンスクリット文献では「マハーマーヤーと呼ばれるヘールカ」や「マハーマーヤーを本質とするもの」と、男性形になるように語句を追加している。

この仏の名称にあえて女性名を用いたのは、この語に強いこだわりがあったためであろう。マハーマーヤーという語は、インドの女神崇拝の聖典『デーヴィーマーハートミヤ』（女神の偉大さという意味）に登場し、しかも同文献の最も重要な用語と考えられている。

この文献は、のちにドゥルガーと呼ばれるようになる女神が活躍する複数の神話で構成されているが、その基本的な枠組みとして、世界はマハーマーヤーによるものであるという考え方が示される。この場合のマハーマーヤーはウパニシャッド哲学における根本原理ブラフマン（梵）に似た存在を指すこともあれば、実際にわれわれの前に出現した人格神のこともある。『マハーマーヤー・タントラ』の作者は、このマハーマーヤーを知っていた可能性が高く、ヘールカの名にこの用語を取り入れたと考えられる。

マハーマーヤーは四臂を持ち、カパーラとカトヴァーンガを持つ主要な二臂で明妃《みょうひ》も抱き、残りの二臂に弓矢を持つ。明妃も同じ持物を持つため、二人は鏡写しのようになる。人の皮をはいで作った衣をまとうのも特徴で、体の左右に顔と手足をのぞかせている。

カーラチャクラ

カーラチャクラはインド密教史上、最強の仏である。仏を最強と呼ぶのは不謹慎かもしれないが、実際、インドの密教徒が総力をあげて生み出した最終秘密兵器のような仏である。その相手はムスリムであった。

カーラチャクラが現れたのは十一世紀半ばと考えられているが、当時のインド仏教はたびかさなるムスリムの攻撃にさらされていた。インドから仏教が滅びるのは、そのおよそ百五十年後とされる。インド仏教の総本山のような存在であったヴィクラマシーラ僧院が、ムスリムの軍勢によって完全に破壊された一二〇三年が、一般にインド仏教滅亡の年とされる。

カーラチャクラを説く『カーラチャクラ・タントラ』は、金剛手《こんごうしゅ》の化身とされるシャンバラ国の王スチャンドラが仏から聴聞し、人々に伝えたとされる。ただし、このタントラ経典は、現行の『カーラチャクラ・タントラ』ではなく、それよりもはるかに大部の根本タントラとされる。シャンバラ国はスチャンドラから七代の王が百年ずつ治めた後、七代目の王のさらに孫にあたるヤシャスが、根本タントラの縮小版である『ラグタントラ』(簡略なタントラ)を説いた。これが現在伝えられる『カーラチャクラ・タントラ』である。さらにこの経典は、『ヴィマラプラバー』(無垢光)と呼ばれる注釈書があり、権威ある書として伝えられている。作者はヤシャス王の子であるプンダーリカ王とされる。ムスリムの勃興を意識し、シャンバラの人々をひとつに糾合するための灌頂《かんじょう》の作法が説かれる。そのために準備されるカーラチャクラマンダラの解説も含まれる。カーラチャクラはこのマンダラの主尊である。

インド密教のほぼ最終段階に位置する『カーラチャクラ・タントラ』は、それまでに登場した密教経典のさまざまな要素をひとつに統合しているが、そのような意図はカーラチャクラの姿にも現れている。

この仏は四面二十四臂を持つが、しばしば四面十二臂とも説かれる。腕は二十四本あるが、それらは十二組にまとめられるのである。四面十二臂を持つ代表的な仏はチャクラサンヴァラで、おそらくこの尊のイメージを意識してカーラチャクラはできあがっている。二十四本の腕にはそれぞれ異なる持物を持つが、その中には、チャクラサンヴァラの十二臂の持物がすべて含まれる。また、ヴァジュラバイラヴァの三十四臂の持物と共通するものも多い。

二十四の腕は左右いずれも上から四本ずつ、青（実際は黒みを帯びた青）、赤、白の色をしており、その持物をあげると以下のようになる。右のはじめの四本は金剛杵《こんごうしょ》、剣、三叉戟《さんさげき》、カルトリ、次の四本は火の矢、金剛鉤《こう》、ダマル太鼓、金剛の鎚、最後の四本は輪、矢、剣、斧、左のはじめの四本は金剛鈴、楯、カトヴァーンガ、血で満たされたカパーラ、次の四本が弓、羂索《けんさく》、摩尼《まに》宝、蓮華、最後の四本がほら貝、鏡、金剛鎖《さ》、梵天《ぼんてん》の頭である。

左右のそれぞれはじめにあげられる金剛杵と金剛鈴を持つ手は、胸の前で交叉させて明妃《みょうひ》ヴィシュヴァマーターを抱くが、この特徴もサンヴァラをはじめとする無上瑜伽《むじょうゆが》タントラの仏たちに広く見られ、持金剛《じこんごう》や金剛薩埵《こんごうさった》などをその起源とする。

四面の色は中央は青、右が赤、左が白、後が黄色であるが、顔と胴体をつなぐ首の部分は三つからなり、青、赤、白と、四面のうちの黄色を除く三色となっている。これら三色は、腕の色とも一致するが、青は意《い》密、赤は口《く》密、白は身《しん》密を象徴する色で、三密を統合した姿であることを示す。それ以外の胴体の部分は中心の顔と同じ青色で、これもサンヴァラやヘーヴァジュラなどと同じ金剛部の仏たちと共通する。

カーラチャクラという名は、時を表すカーラと、輪を表すチャクラからなり、時輪《じりん》とも訳される。その名称は、この仏が時間のサイクルとつながりを有していることを表している。輪も円環の象徴で、周期的に繰り返される時間のサイクルと関係が深い。そのため、カーラチャクラのこれらの身体的な特徴は、時間の象徴として説明されることもある。

たとえば、四面は四つの大いなる時代区分（ユガ）に相当し、十二組の腕は一年を構成する十二の月に対応する。厳密には、ひと月を月の満ち欠けのそれぞれに分け、二十四という腕の数に一致させる。さらに二十四本の腕にあるすべての指には、三つずつの関節があるため、その総数は三百六十になり、これが一年の日数を表す。また、一日が三百六十の単位に分割されることもあり、この数にも対応するという。足は二本で普通の人間と変わらないが、これも一年の半分ずつを表し、また二十四本の腕が伸びる根本にある鎖骨は、左右に三つずつ、合計で六つを数え、これはインドの季節を象徴する。インドの場合、四季ではなく、雨期、乾期と組み合わせて、一年は六つの季節に分かれるからである。

　カーラチャクラの身体的な特徴のアナロジーのうち、ここに示したのはその一部にすぎない。経典やその注釈書では、さらに実践において行者の身体にみられるさまざまな要素との対応が詳細に説かれる。カーラチャクラの姿は、単にそれまでの仏たちの寄せ集めではなく、精緻な身体理論やコスモロジーを踏まえ、それとの対応関係を意識しながら作り上げた壮大なイメージの総体なのである。

　カーラチャクラの明妃ヴィシュヴァマーターは、身色は黄色で、四面八臂をそなえる。展右《てんう》を取る主尊の足の向きに合わせて、左右が逆になる展左《てんさ》のポーズで立ち、主要な二臂で相手の首に抱きつく。右手にはカルトリ、鉤、ダマル太鼓、カークシャカという植物で作った数珠、左手には短剣、羂索、蓮、宝を持つ。

　足の下の人物は、定石どおり、ヒンドゥー教の神がみで、右足の下が愛の神カーマ、左足の下がシヴァの異名とされるルドラである。カーマは赤い身色で、一面四臂、手には弓と五本の矢、羂索、鉤を持つ。五つの矢とはカーマ固有の持物で、射られた相手に愛欲を起こす矢である。ルドラも一面四臂で、三眼をそなえ、三叉戟、ダマル太鼓、カパーラ、カトヴァーンガを持物とする。この二人の神はいずれも妻にあたるラティとガウリーをそれぞれのかたわらにともなう。彼女らは哀れな顔で、カーラチャクラの足を持ち上げようとしている。少しでも衝撃を和らげようとしているのである。この形式は、日本の降三世明王《ごうざんぜみょうおう》にも見られ、足の下に踏まれた大自在天《だいじざいてん》のかたわらで、同じような姿の烏摩妃《うまひ》がいる。共通のモデルがあったのかもしれない。

護法尊

不動 ふどう

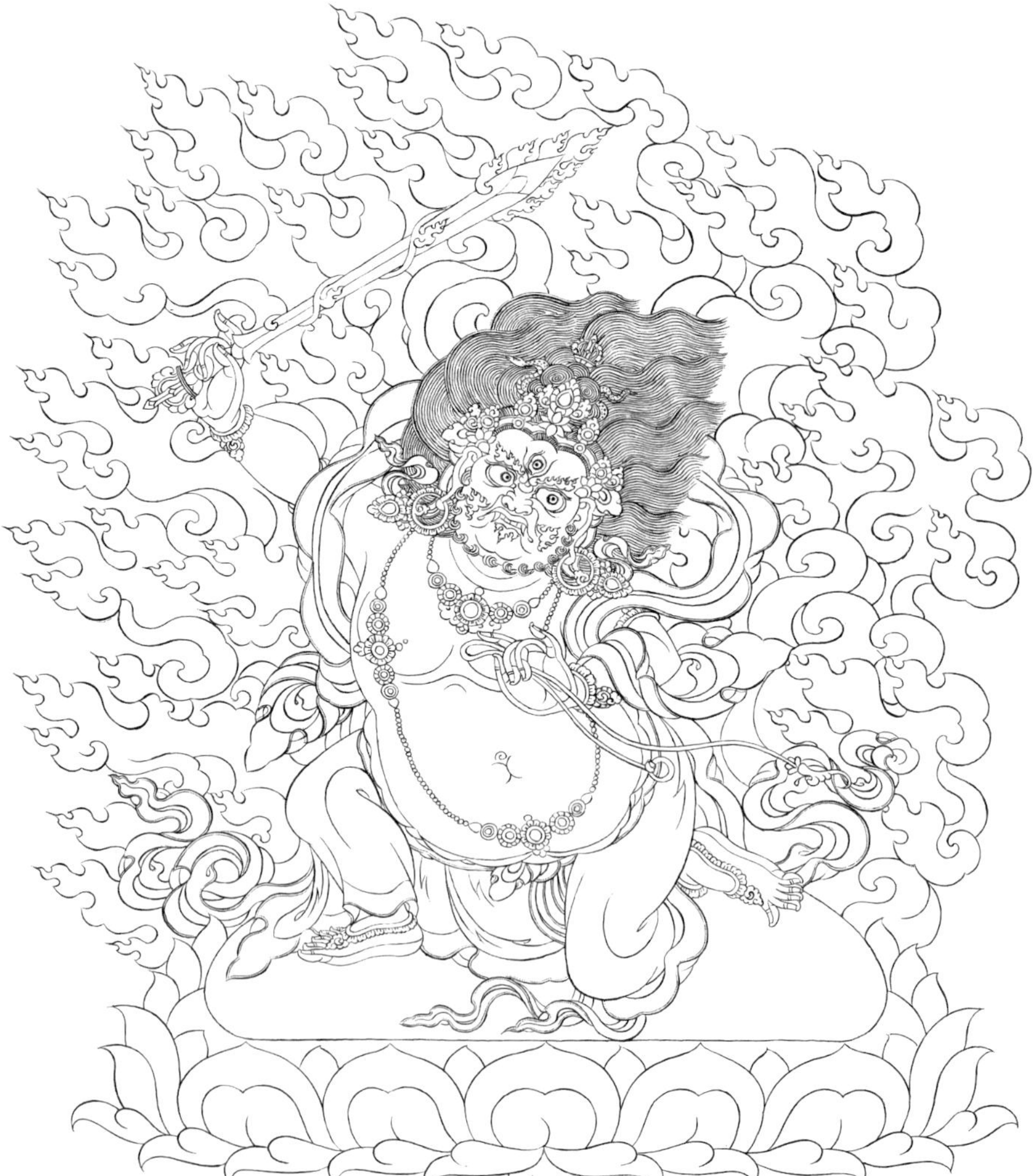

不動は日本密教では特別な存在である。明王《みょうおう》のひとりではあるが、その代表であるばかりでなく、他の仏たちよりもさらに上位に置かれることもある。大日如来が衆生を救済するために、あえて忿怒《ふんぬ》の形相を取ったと見なされたためである。真言宗においては、空海《くうかい》が不動に関する儀軌を請来し、護摩《ごま》を修するときの本尊としたことも重要である。天台宗においても、たとえば円珍《えんちん》（八一四〜八九二）が独自の不動信仰を持っていた。密教と密接な関係のある修験道《しゅげんどう》でも、不動を行者の守護者ととらえ信仰の中心にすえたことで、不動への人気はさらに拡大した。

日本の不動は図像の特徴が類型化していることも重要である。初期の不動は、空海が請来した両界曼荼羅の胎蔵幅に含まれる形式であることから、大師様《だいしよう》とも高雄曼荼羅《たかおまんだら》様とも呼ばれる。これに対し、平安時代中頃に現れたのが十九相観による不動像である。大師様にはない天地眼や上歯牙下唇などの独特な特徴をそなえ、これらを含む不動の姿全体を十九のプロセスで瞑想することからこの名称がある。十九相観の不動はその後、大師様をしのぐ人気を博し、不動の図像の主流となっていった。その中にさらに玄朝《げんちょう》様、円心《えんじん》様、良秀《りょうしゅう》様などの形式も生まれる。

天台宗でもはやくから独自の不動の形式を考案し、さらに円珍による黄不動《きふどう》のような異形の不動も出現させた。円珍が直接その姿を目の当たりにしたという感得と呼ばれる体験にもとづくため、黄不動のような像を感得像と呼ぶこともある。感得像は不動に限らないが、実際の作例としては不動がおそらく最も多い。個々の図像の特徴が明瞭であったため、逆にそれと一致しない像が現れたときの理由とされることもあったであろう。

日本の不動が絶大な人気を博していたのに対し、インドやチベットの密教では、不動への特別な信仰はほとんど見当たらない。不動の原語が「アチャラ」（Acala）と「チャンダマハーローシャナ」（Caṇḍamahāroṣaṇa）という二種があることは、仏像の解説書などにしばしば紹介されている。アチャラは「動かざるもの」で、そのまま不動に対応する名称である。もう一方のチャンダマハーローシャナは、「チャンダ」が「狂暴な、恐ろしい」という形容詞で、「マハーローシャナ」が「大いなる怒り」という名詞である。同じような意味をふたつ重ねて、「狂暴な怒れるもの」となる。チャンダの方は、その女性形のチャンディーがヒンドゥー教の恐ろしき女神ドゥルガーの異名や、それに類する女神の名に用いられることに注意すべきかもしれない。ただし、不動と女神信仰との間に、今のところ接点は見いだしえない。

アチャラとチャンダマハーローシャナというふたつの名称があることから、もとはこれらの名称を持つ別々の仏がいて、それがひとつになったという説もあるが、それも確認できない。意味からは、アチャラが不動に一致するが、日本に伝わる不動の真言の一部に、チャンダマハーローシャナの語が現れることから、日本の不動の原形となる仏がインドで信仰されていたときに、すでに両方の名称をそなえていたと考えられる。いずれも忿怒尊にふさわしい形容詞や抽象名詞であり、その特徴をいろいろな言葉で表現したと考えるのが自然である。

インドに残された不動の作例はきわめてわずかである。他の尊像の台座や脇に小さく表された不動と考えられる像もあるが、これらを加えても十にも満たない。いずれも右手に剣、左手に羂索《けんさく》を持ち、持物に関しては、日本の不動と一致している。むしろ、このふたつの持物を手にした忿怒尊を不動と比定した結果がその数字である。

両手の持物を除くと、日本の不動の持つさまざまな特徴はインドの不動にはほとんど現れない。とくに顕著な違いはその姿勢である。

インドの不動と思われる像は独特の姿勢を取る。右足の膝を曲げ、左足の膝は地面につけ、その足を後ろに蹴り上げるようなポーズで、駆けているように見える。不動、すなわち「動かざるもの」といいながら駆けているという、およそ名称と不釣り合いなポーズであるため、むしろその不一致が強調されることもある。日本にも「走り不動」と呼ばれ、今にも動き出しそうな不動の作例があり、そのユニークさが強調されることもあるが、それと同じ感覚であろう。

チベットの不動もこのインド版の「走り不動」の形式を受け継ぐ。忿怒尊にしばしば見られる展左、すなわち、右膝を軽く曲げ、左足を伸ばして立つ姿勢の不動もあるが、多くはこのタイプである。チベットでは比較的はやい時代に、僧院の入口の左右の壁に不動の姿を描くことが流行したようであるが、その場合もほとんど例外なく「走り不動」であった（大羽 2005）。ただし、インドの不動は比較的スリムな体型であったのに対し、チベットでは時代が下るほど重量化が進み、それと同時に短軀、鼓腹、短足といった特徴が顕著になる。これは、忿怒形の金剛手《こんごうしゅ》や馬頭《ばとう》などの同じような役割の仏にも共通して見られる傾向で、チベットの人々の忿怒尊に対するイメージの嗜好性が反映されている。

　ところで、インド以来のこの「走り不動」のポーズは、本当に走ることを意図したのであろうか。インドの仏教美術やヒンドゥー教の美術作品を見ても、実は走るためにこのような姿勢を取ったものは皆無である。ただしそれは、このポーズがそこに現れないということではない。むしろ広く見られるポーズであるが、それらはいずれも走るのではなく、飛来したり、浮遊するときに取る姿勢である。たとえば、仏伝図の中の誕生の場面で、釈迦が摩耶夫人《まやぶにん》の右脇から空中に飛び出したところや、獼猴奉蜜《みこうほうみつ》で昇天する猿が取る姿勢、あるいは、八難救済観音図で、危機に陥った人びとのところに飛来する観音にも、このポーズが現れる。ビハール州出土で、ニューデリー国立博物館所蔵のマーリーチー像の光背には、空中を浮遊する五仏が同じ姿勢で表される。

　仏伝図はともかく、仏や菩薩が意味もなく空中を飛んだり浮かんだりするわけはない。われわれ衆生を救うために、自由自在に空中を動き回り、いち早くそこに現れるためである。大乗仏教では菩薩の修行の階梯を十地といい、十の段階に分けるが、その第八地では、何の妨げもなく自由に移動できるこのような能力が、菩薩にそなわることが強調されている。この第八地のことを一般には「不動地」と呼ぶ。自由に移動できることを「不動」ととらえるためである。仏の不動と同じ名称であるのは偶然の一致かもしれないが、不動という名称とその独特のポーズがここに由来すると考えると、全体が合理的に説明できる。

金剛手《こんごうしゅ》（忿怒形《ふんぬぎょう》）

金剛手はすでに本書において何度も取りあげている。八大菩薩の中の一尊として独立した項目があるほか、金剛薩埵《こんごうさった》や持金剛《じこんごう》の項でも言及しているし、大乗仏教の菩薩である普賢《ふげん》の項にも含まれる。これは、金剛手が密教の時代になると金剛薩埵となり、さらに持金剛へと発展することや、普賢と金剛薩埵を同体視するためである。また、金剛手をその代表的な仏に位置づける金剛部についてもすでに紹介してきたが、五仏で金剛部に配当される阿閦《あしゅく》も、金剛手と密接な関係を持つ。

しかし、ここで取り上げる金剛手は、これらの仏たちとは異なる姿を持つ。八大菩薩や仏の脇侍《わきじ》として表される金剛手は菩薩形を取り、金剛杵《こんごうしょ》を右手に握るか、左手に持った睡蓮《すいれん》の上に置く。金剛薩埵になると、右手の金剛杵に加え、左手に金剛鈴を握る。右手は胸の前、左手は大腿部の上に置くことが多い。持金剛になると、その両手を胸の前で交差させて明妃《みょうひ》を抱いている。坐像の場合、結跏趺坐《けっかふざ》もしくは半跏で坐る。

ところが、チベットではこのような柔和な姿の金剛手とは別に、忿怒形の金剛手が出現した。しかも、それはチベット仏教でもとくに人気を博した仏のひとりとなる。十九世紀に開版され、チベットの尊像を網羅的に収録する「五百尊図像集」には、さまざまな金剛手が含まれている。その数は少なくとも十五にのぼり、単独の仏としては、釈迦、観音《かんのん》、文殊《もんじゅ》などと肩を並べる多さである。しかも、そのうち菩薩形の寂静相を取るのはわずかに二例で、残りはすべて忿怒形である。

右図はこのような忿怒形の金剛手の典型的な姿である。全身は恰幅のよい体軀で、一面二臂、右手を大きく振り上げて金剛杵を握り、左手は胸の前で相手を威嚇するような形を作る。これはサンスクリット語でタルジャニーと呼ばれるポーズで、期剋《きこく》印と訳されることもある。髪の毛は炎のように逆立つことから炎髪とも呼ばれる。それをティアラ形式の宝冠で留める。髪の毛の中からは蛇が姿を現すとともに、金剛杵の半分が突き出ている。

顔はチベットの忿怒尊に一般的な表現で、大きく丸く見開いた両眼に、額の中央の第三眼も加わる。眉毛や口ひげも髪の毛と同じく炎のように燃え立つ。威嚇する口からは上下に牙をのぞかせ、その奥には舌の形まで見える。でっぷりと太った体軀は鼓腹と表現されるもので、足は短く、これも含めて全身は短軀である。右膝をやや曲げて左足を伸ばす姿勢は展左といい、忿怒尊の取るポーズとしてすでにインドから広く好まれた。左右を逆にした展右もあるが、展右はサンヴァラやカーラチャクラのような無上瑜伽《むじょうゆが》タントラの位の高い仏たちが取るのが一般的で、それに対し、展左は馬頭《ばとう》（ハヤグリーヴァ）やヤマーンタカ、マハーカーラなどの護法尊的な役割の仏たちに多く見られる。

　腰には虎の皮で作った衣装（虎皮裙《こひくん》）を巻き、虎の顔や足の指や爪までも表現されている。首にはロープ状の飾りをかけるが、その先端には蛇の頭と尻尾が見える。蛇の装身具はこの他にも、臂釧《ひせん》や腕釧《わんせん》、さらに足首に巻いたアンクレットにも現れることがある。頭部の蛇の飾りと合わせて八種類あり、これを八大龍王と説明する文献もある。八大龍王をも飾りとする威風堂々とした忿怒の仏である。

「五百尊図像集」やチベット美術の作品集などを見ると、忿怒形の金剛手にはこの他にも一面四臂や一面六臂の多臂の形式がある。また単独像の他に明妃を抱くものもある。多臂であっても主要な右手で金剛杵を大きく振り上げることや、展左の姿勢で立つことはすべての作品に共通している。左手は一面二臂像を含め、期剋印を示すほかに、羂索《けんさく》や金剛鈴もしばしば見られる。四臂になると、一組の手を胸の前に置き、交差させるような独特のポーズを取る。これは降三世《ごうざんぜ》印や金剛吽迦羅《こんごううんから》印と呼ばれるもので、わが国にも伝わる降三世明王が取ることからこの名称がある。金剛吽迦羅も降三世明王の異名である。ただし、日本の降三世明王の場合、右手に金剛杵、左手に金剛鈴を握り、両手の小指を絡めて、人差し指を立てるが、チベットではすでに金剛杵は右手の第一臂に持っているので、交差させた左右の手には持物はない。

　こうしてみると、チベットの忿怒形の金剛手を他の仏たちから見分けるポイントは、右手で大きく振り上げた金剛杵と、短軀で鼓腹、展左の姿勢で立つところとなる。しかし、このような姿の金剛手は、インドではまったく知られていない。チベットではじめて出現した異形の金剛手ということになるかもしれない。チベット仏教美術が大きな影響を受けたネパールにおいても、古い時代にはほとんど現れない形式で、現存する作例も後代にチベットでこの形式が確立してから、逆にチベットから流入した結果と考えられる。

菩薩形の金剛手から忿怒形の金剛手が一気にできあがったとは考えにくい。その間をつなぐような作品があったはずである。

金剛手は『真実摂経《しんじつしょうきょう》』において、金剛薩埵や普賢と同体視されたことは前述の通りであるが、同経の「降三世品」では降三世明王となって、大自在天《だいじざいてん》をはじめとする外教《げきょう》の神がみを降伏させる。降三世明王とは忿怒形を取った金剛手なのである。

「降三世品」にもとづくマンダラは「金剛界降三世マンダラ」とも呼ばれるが、それを構成する仏たちはすべて忿怒形で表されることもある。チベットでも、ラダックのアルチ寺などに古い作例が残っているが、そこに描かれた金剛手（降三世明王）をはじめとする各尊は、すべて展左の姿勢で立ち、しかも比較的な豊満な体格をしている。ラダックを含むカシミール地方の仏教美術に、忿怒形の金剛手の発生が指摘されることもある（大羽　2004）。

ただし、すでにインド密教において、降三世明王の流れを汲む忿怒形の金剛手が信仰されていたことが文献で確認できる。ヴァジュラフーンカーラ（金剛吽迦羅）やブータダーマラと呼ばれる尊格である。彼らの尊容についての記述を見ると、炎髪、丸く大きく見開いた目、上下に突き出した牙、虎皮裙、八大龍王の装身具など、チベットの忿怒形の金剛手の基本的なイメージが、ほとんど出そろっている。

滑稽なまでに誇張された独特の体格は、チベットにおける忿怒尊のステレオタイプなイメージであるが、その起源はインド密教に求められる。チベットではそれに独自の雰囲気が与えられたにすぎない。

馬頭《ばとう》

一般に馬頭は日本では観音《かんのん》とされる。六観音の中の一尊として、六道輪廻《ろくどうりんね》の中の畜生道《ちくしょうどう》の救済者と位置づけられることもある。このため、とくに江戸時代以降、牛馬の守護神として信仰され、街道筋に祀られた素朴な馬頭の像も各地に残る。同じく馬からの発想で、競馬ファンの信仰の対象となっている有名な馬頭観音もいる。

馬頭と観音の結びつきは、すでにインドからはじまっている。インドではカサルパナ観音という特殊な観音が流行するが、この観音は四尊の脇侍《わきじ》を伴い、その中に馬頭も含まれる。馬頭以外の顔ぶれはターラー、ブリクティー、善財童子《ざいどうじ》である。

胎蔵マンダラの蓮華部院は、聖《しょう》観音を中心とした蓮華部の仏たちで構成されるが、そこには、これらの四尊のうち善財童子をのぞく三尊が含まれる。日本の胎蔵《たいぞう》曼荼羅の場合、ターラーは多羅菩薩とそのままの名前の菩薩として伝えられるが、ブリクティーも馬頭と同じように、毘倶胝《びくち》観音と観音の一種となる。その他にも蓮華部院には、不空《ふくう》羂索《けんさく》観音や如意輪《にょいりん》観音のような密教系の変化《へんげ》観音も含まれることから、馬頭やブリクティーも観音と見なされたのであろう。

馬頭のサンスクリット語は「ハヤグリーヴァ」(Hayagrīva) である。「ハヤ」が馬で、「グリーヴァ」が首である。「馬の首を持つもの」という意味である。首と頭は別の体の部位であるが、馬の場合、首の部分がそのまま頭部を含んでいるような構造なので、馬頭となるのであろう。

ハヤグリーヴァという語がヴィシュヌの異名のひとつであることは、しばしば指摘されている。ヴィシュヌは化身となってさまざまな姿で人びとの前に現れる。たとえば、亀の化身、野猪の化身、人獅子の化身などである。ハヤグリーヴァはこれらの化身に比べると知名度は低いが、いくつかの文献に説かれ、さらにその姿を表した彫刻や絵画も残る。ヒンドゥー教版の「馬頭」になるが、残念ながら仏教の馬頭の源流をそこに見出すことは困難である。というのも、ヴィシュヌの化身のハヤグリーヴァは、その語を素直に解釈して、頭部が馬の人物像とするからである。これに対して仏教の馬頭は、頭は人間と同じであるが、代わりに頭髪の中に馬の首をのぞかせている。「馬の首を持つもの」にはちがいないが、ヴィシュヌのハヤグリーヴァとはまったく発想が異なる。

インド東北部のパーラ朝の遺跡からは、馬頭の単独の作例はこれまで報告されていないが、上にあげたカサルパナ観音の作例は相当数あり、そこには四尊の脇侍も含まれる。馬頭以外の三尊は明確な特徴を持っているため容易に比定でき、消去法から、忿怒形の男尊の姿をした人物を馬頭と推定することができる。脇侍が四尊そろっていない観音にも、同じような忿怒尊が含まれることがあり、それもやはり馬頭と推測される。

しかし、これらの忿怒尊には、肝心の馬の頭がまったく表されていない。頭部が馬になっているものももちろんないし、髪の毛の中から馬の頭部を突き出しているものもいない。おそらくこれらの男性の忿怒尊を観音に加えた段階では、馬頭であるという意識はあっても、それが実際に馬の首や頭部をそなえているとは考えていなかったためであろう。

このような忿怒形の男性像は、文殊、金剛手、弥勒《みろく》などの他の菩薩像の脇侍にも登場する。観音との組み合わせをのぞき、彼らは文献の中ではまったく言及されないため、尊名の比定は困難であるが、このうち観音のみは馬頭を眷属尊にあげる文献があるので、馬頭とみなしているのである。そこに馬の頭部をつけたのは、名称にふさわしい特徴をあとから加えたためであろう。このような発想は、不空羂索観音などでも見られる。

馬頭が馬の首を髪の毛の中に置くのは、インドをのぞけばむしろ一般的である。中国でも敦煌《とんこう》の仏画に見られるし、日本では平安時代以降、多くの馬頭観音の作品が生み出された。広い意味ではインドに含まれるが、カシミール地方には、馬の首を頭頂に置いたブロンズ製の像もある。おそらく馬頭がインド東北部からその外に広がる前に、この形式は確立していたのであろう。将来、そのような馬頭の原形となるような作品が、パーラ朝の版図から見つかるかもしれない。

チベットでもこの形式の馬頭が受け継がれ、しかも、他のどの地域よりも流行した。インド起源の忿怒形の尊格の中では、金剛手やマハーカーラとならび高い人気を誇る。

チベットの馬頭にはさまざまな形式がある。最も一般的なのは、三面六臂像である。この形式の馬頭は「秘密成就馬頭」という名称で呼ばれる。身色は赤で、青黒い身色の忿怒尊が多いチベットではひときわ目立つ。赤は蓮華部を象徴する色で、ここにも観音との強い結びつきが見られる。六臂は右手に金剛杵、棍棒、剣を持ち、左手の第一手は期剋印《きこく》（タルジャニー）を示し、残りの二臂で短い槍と羂索を持つ。ただし、それ以外の持物もしばしば現れ、図像上の特徴は安定しない。

面数と臂数も、三面六臂以外に一面二臂、一面四臂、一面六臂などがある。髪の中の馬は、一頭だけのものもあるが、その多くが三頭である。これは三面のそれぞれが馬の頭を持ち、それをすべて表したためと考えられるが、一面の場合にも三つそろうことも多い。三面が基本的な形式として定着し、そこから一面のタイプを作ったのであろう。

チベットの馬頭にはしばしば翼のはえたタイプの作例がある。忿怒形の尊格が翼を持つのは、仏教のニンマ派や、チベット土着の宗教と言われるポン教の神がみに広く見られる。ただし、馬頭が翼を持つのはこのふたつの宗教に限らず、たとえば「五百尊図像集」には「ガルダの翼をつけたアティーシャ流の馬頭」が含まれる。十三世紀にインドからチベットに正統な仏教を伝え、大きな影響を与えたアティーシャ（九八二～一〇五四）が、このスタイルの馬頭をもたらしたとされるのである。

前掲の馬頭の図は、チベットにおいて多様な変化をとげた馬頭の中でも、とくに複雑な姿をしている。三段に重ねた九面の頭の上にガルダを載せ、さらに馬の首を載せる。腕は十八本でそれぞれ異なる持物を持ち、足も八本である。腕の背後に広げる翼は、頭部のガルダにも対応しているのであろう。忿怒尊の中でもとくに異形の姿を持つ馬頭が生み出されたのも、「馬の首を持つもの」という特徴以外が、もともと明確にされてこなかったためであろう。

ヴァジュラキーラ

キーラはチベットで広く見られる仏具で、チベット語ではプルブ（phur bu）もしくはプルパ（phur pa）という。仏具ではあるが、本来は呪術のための道具で、インドに起源がある。ヴァジュラキーラはこのキーラを仏として造形化したもので、チベットでは人気の高い忿怒《ふんぬ》尊のひとりである。ヴァジュラキーラを描いたタンカも多数残されている。ヴァジュラキーラを主尊とする経典が、チベット大蔵経のカンギュル部（仏説部）に含まれていることから、すでにその尊格に対する信仰がインドにあったことはたしかである。しかし、それを表した絵画や彫刻はインドからは見つかっていない。本格的に流行したのは、チベットに伝えられてからであろう。

ヴァジュラキーラへの信仰がインドでどれだけの広がりを持っていたかは定かではないが、キーラを用いた儀礼は、かなり古い時代にまでさかのぼることができる。

ヴェーダの補助文献で、儀礼についての解説を主題とする文献群にグリヒヤ・スートラがある。ヴェーダの祭式のうち、おもに家庭内で行われる儀礼がくわしく述べられている。このグリヒヤ・スートラにキーラを用いた呪術的な儀礼が登場する。それによると、キーラとは先端がとがった木製の小杭で、これを敷地の周囲の地面に打っておくと、使用人の逃亡を防ぐことができる、あるいは、外敵の侵入も防ぐことができるという。

キーラの素材はカディラと呼ばれる樹木で、和名はアセンヤクノキという。きわめて固く、水にも強い材質であるらしい。地面に打った後も、長期にわたってその効果が維持されたのであろう。

キーラは密教文献にも頻出する。漢訳経典では橛《けつ》と訳される。初期の密教文献には、橛を使った興味深い呪術が説かれている。それによると、特定の人物を調伏する時に、小麦粉などをこねて作った人形《ひとがた》に、所定のマントラを唱えながらキーラを突き刺す。あるいは、調伏以外にも、キーラを突き刺すことで、その人物を自在にコントロールすることができると説かれる。

密教儀礼の中でもとくに日本密教で重視された請雨法や止雨法でも、橛は用いられた。龍神が棲むという池の前に壇を作り、地面にキーラを打ち込むと、龍神を意のままに操ることができ、雨を降らせたり、やめさせたりできるという。

これらのキーラを用いた儀礼に共通するのは、キーラが強力な呪術的な力を持ち、それによって相手を固定し、意に従わせることが可能となること、さらには、相手の命を奪うことさえできるということである。もちろん、人形にキーラを突き刺すのは、そのまま相手を殺すというイメージに直結するが、それも剣などの一般的な武器ではなく、キーラという特別な道具を用いることが重要なポイントになる。

このような呪術は、日本でも「丑《うし》の刻参《こくまい》り」すなわち、わら人形に五寸釘を打つ場面を連想させる。人形に釘を打つというのは、相手を呪い殺す手段としては、誰にでも思いつく方法かもしれないが、わざわざ五寸釘を用いているのは、キーラの代用品として五寸釘が導入されたためであろう。

キーラに相当する漢訳語の橛は、日本密教では呪術というよりも、普段用いられる一般的な仏具のひとつとして理解されている。四橛とも呼ばれ、密教寺院の中で最も神聖な場所である大壇や護摩《ごま》壇の周囲を結界する時に用いられる。結界されたこれらの空間に、密教行者は仏を招き入れ、さまざまな儀礼を行う。結界は通常、五色の糸(五色線)をめぐらせて、その内部を特別な空間にするが、この五色線を固定するために、壇の四隅に置かれるのが四橛である。四本あるので、四橛となる。四橛を四隅に打ち、そこに五色の糸をわたすことで、外部からの外的の侵入を防ぐことができる。四橛は単に五色の糸を固定する道具ではなく、キーラの持っている本来の機能がそこでは期待されている。

このような結界の作法は、密教の歴史において一貫して伝えられていった。後期密教になると、結界すべき空間の周囲の十箇所に、特定の尊格と結びついたキーラを打つことが定着する。十箇所とは四方と四隅の八方向に上下を加えた数である。キーラと結びついた十の仏には、いろいろなパターンがあるが、代表的なものに「十忿怒尊」(daśakrodha) があげられる。東のヤマーンタカをはじめ、よく知られた十尊の忿怒尊がグループを構成し、結界の役割を果たす。

　このとき、十忿怒尊はいずれもキーラを手にし、実際に外敵にキーラを打ち込む。これは現実の世界では密教僧が行い、カディラ樹で作ったキーラや金属製のキーラが用いられる。ただし、そこでは外敵が殺されるのではなく、儀礼が終わるまで身動きできないようにするだけで、儀礼の終了時には解放される。

　キーラによる怨敵退散や結界の作法は、インドからチベットに忠実に伝えられ、インド以上に人々のあいだに広まった。たとえば、チベットの仏教僧院ではチャムと呼ばれる舞踊劇が年中儀礼のように行われるが、キーラ（プルブ）を用いて悪魔を降伏する演目が、そのクライマックスに演じられる。悪魔が小麦粉で作った人形であるのも、密教経典に直接由来する。

　もともと、キーラを打つのは十忿怒尊などの役割であったが、キーラそのものを仏としたヴァジュラキーラがそれを引き受けることになる。忿怒尊に一般的な多面多臂で、とくに三面六臂は十忿怒尊に共通する特徴である。主要な二臂で胸の前でキーラをはさむように持ち、残りの手は、いずれも金剛杵《こんごうしょ》を持つ右の二臂と、羂索《けんさく》を持ち期剋《きこく》印を示す左の第一手、カトヴァーンガを持つ第二手がある。

　この図像は、キーラを用いた儀礼をとくに重視したニンマ派によって考案されたと言われている。有翼の姿を取るのも、ニンマ派の忿怒尊に広く見られる形式である。

　ヴァジュラキーラを本尊とするマンダラもあり、マンダラを構成する主要な顔ぶれは、もともとキーラとのつながりを持っていた十忿怒尊たちである。十本の輻を持った「守護輪」（rakṣācakra）という車輪の上に乗るとされ、マンダラでも十の突起の付いた円盤の上に描く。このときの中尊のヴァジュラキーラは、ヴァジュラクマーラ（Vajrakumāra, rDo rje gshong nu）と呼ばれることもある。

四臂《しひ》マハーカーラ

マハーカーラは最もチベットらしいイメージを持った仏であろう。チベットらしいというのは正確ではないが、マハーカーラを見ると、いかにもチベットの仏という印象を受ける。やや肥満気味の青黒い体軀、褐色で炎のように逆立つ髪の毛、目は額の第三の目を含め丸くぎょろりと見開き、口を半開きにして牙をむく。眉毛や髭も燃えさかる炎のようである。多臂をそなえることも多く、そのほとんどの手には武器を持つが、中心となる両手は、例外はあるものの、胸の前に置かれ、右手にカルトリ、左手にカパーラを持つことが多い。

このような特徴は、他のインド起源の護法尊である馬頭《ばとう》や忿怒形《ふんぬぎょう》の金剛手《こんごうしゅ》などとも共通するが、むしろマハーカーラの特徴を、これらの他の仏たちが取り入れたと見るべきであろう。チベットの護法尊の基本的なイメージをはじめからそなえていたのがマハーカーラなのである。ただし、その成立はインドであったと考えられる

マハーカーラはインドの成就法文献『サーダナマーラー』に登場する。同書にはマハーカーラの成就法が八種含まれ、そこではチベットのマハーカーラの特徴にほぼ一致する記述がすでに現れる。

『サーダナマーラー』のマハーカーラには、一面二臂、一面四臂、一面六臂、さらに八面十六臂の四つのタイプがある。このうち、最後の八面十六臂は、おそらくサンヴァラやヘーヴァジュラのようなヘールカ系の仏たちのイメージに近づけようとしたのであろうが、チベットではほとんど継承されなかった。それを除く二臂、四臂、六臂のマハーカーラは、いずれもチベットで好まれた。なかでも、四臂像と六臂像の二つは、チベットのマハーカーラで最も作例数の多いタイプである。それぞれの手の持物は『サーダナマーラー』の記述にほぼ合致しており、基本的なイメージはすでにインドで確立していたことがわかる。

他にも、上述のような体格や表情、さらに体の各部に絡みつく蛇の装身具、腰に付ける虎皮裙《こひくん》、人間の生首を連ねた首飾り（人頭鬘《まん》）などの特徴も、インドの忿怒尊に定番である。

しかし、文献のなかでは確立していたこのようなイメージも、実際の作例としてはあまり多くは残されていない。

パーラ朝の時代に作られたと考えられるマハーカーラ像は、十例程度しか確認されておらず、しかもそのほとんどが一面二臂像と一面四臂像で、これに文献には現れない三面六臂像がわずかに加わる。三面六臂像の持物は、文献の一面六臂像と一致するようである。

マハーカーラはネパールでも流行したが、そこでも二臂像が中心である。ネパールのマハーカーラ像は直立した姿勢を取ることが、とくに時代が下るほど顕著となり、チベットのような坐像や、展左の像はわずかしかない。ネパールとチベットのマハーカーラはそれぞれ独自の展開を示す。

チベットのマハーカーラは、単に臂数にいくつかのパターンがあるだけではなく、同じ臂数でも持物や姿勢、あるいは眷属の違いなどから、いくつかのタイプが生み出された。たとえば「五百尊図像集」にはおよそ五十種類のマハーカーラが説かれている。この図像集には、そのタイトルにもある五百尊をさらに若干上回る仏が収録されているが、数の上だけでも、マハーカーラはそのおよそ十分の一を占めることになる。マハーカーラ以外に人気の高い仏には、観音《かんのん》、文殊《もんじゅ》、金剛手、ターラーなどがいるが、マハーカーラはそれらをおさえての堂々の一位である。

マハーカーラは「大いなる黒きもの」という意味であると説明されることが多い。しかし、単に「黒くて大きい」という漠然としたイメージしかなかったとは考えにくい。この名称はシヴァの異名とも、シヴァの眷属の名とも言われている。実際、四臂のマハーカーラは主要な二臂以外の手には剣と三叉戟《さんさげき》を持つが、このうち三叉戟はシヴァの最も重要なシンボルである。また六臂像にはダマル太鼓が持物に含まれるが、これもシヴァの持物としてよく知られていた。さらに、左右に大きく広げた両手には、象の生皮をかかげる。サンヴァラなどにも見られる特徴であるが、シヴァの神話に由来し、インドにおいてシヴァが造形化されるときに好まれたモチーフである。

しかし、単にシヴァのイメージを移し替えたのがマハーカーラであるとするだけでは不十分である。「カーラ」という語からは、むしろその女性形であるカーリーを想起させる。インド密教が生まれた背景には、シヴァやヴィシュヌのような男性神を中心とするヒンドゥー教だけではなく、デーヴィーと総称される女神への信仰も重要であったことがわかっている。

カーリーは夫であるシヴァをもしのぐ力をそなえ、彼女にはむかう者には必ず死をもたらす恐ろしき女神である。そのイメージは青黒く、人頭鬘を首にかけ、右手はカルトリを握り、左手には血のあふれたカパーラを持つ。このうち、青黒い身体は「カーラ」という語が黒や青黒を表すことを反映しているが、それと同時に、この名称はインドにおける死の神カーラともつながりを持つ。カーラにはもうひとつ「時」という意味もある。時こそが死をもたらし、誰もがそれを免れることができないのである。

マハーカーラすなわち「大いなるカーラ」が、このようなインドにおける死をもたらす神がみ、とくにカーリーのイメージを受け継ぎながらできたことは、チベットのマハーカーラにとっても重要である。たとえば、チベットではマハーカーラの妻はペルデンハモという女神であるとされるが、この名称はサンスクリット語の「シュリーデーヴィー」に相当し、ドゥルガーやカーリーをしばしば指す。また、四臂のマハーカーラのなかに、右手のカルトリに変えてココナツの実を持つことがあるが、ココナツはインドでは女神の供物として、現代でも女神の寺院や像の前にさかんに供えられる。中からあふれる果汁が、母乳のイメージに通じるのである。勇壮な忿怒形のマハーカーラにはおよそ不釣り合いな持物であるが、その源流が女神であることを、このような形で残しているのであろう。

六臂《ろっぴ》マハーカーラ

チベットのマハーカーラの中で、最も人気が高いのが六臂像である。六臂は忿怒《ふんぬ》尊によくある臂数で、十忿怒尊などがその代表であるが、その場合、臂数にあわせて顔も三面であることが一般的である。それに対し、マハーカーラの六臂像は一面である。

六臂の持物は、中心となる二臂でカルトリとカパーラを持ち、右の第一手は髑髏《どくろ》で作った数珠《じゅず》、第二手がダマル太鼓、左の第一手が三叉戟《さんさげき》のついたカトヴァーンガ杖、第二手が期剋《きこく》印を示しながら羂索《けんさく》を持つ。さらに左右の第一手は上にあげて、象皮を背中に広げる。四臂のマハーカーラとは主要な二臂以外の持物は共通せず、それぞれが別個に成立したと考えられる。この他にも、展左で立ち、その下に象頭のヒンドゥー神のガネーシャ（ガナパティ）を踏む点が、人間の死体に乗る四臂像とは異なる。腕の数と足の下の人物像の違いが、両者を見分けるポイントとなる。

六臂のマハーカーラは、日本に伝わる両界曼荼羅《りょうかいまんだら》の胎蔵幅にも見ることができる。曼荼羅の周囲を取り囲む外金《げこん》剛部院《ごうぶいん》に、同じマハーカーラ（摩訶迦羅《まかから》）の名で伝わる。ただし、両者で共通する持物は、両手でかかげる象皮のみで、面数も三面で異なる。

この他、明王《みょうおう》の中に、チベットのマハーカーラと類似の特徴を持つものがある。そのひとつは軍荼梨《ぐんだり》明王で、身体のあちこちに蛇の装身具を飾る。また、天台宗が五大明王のひとりに数える烏枢瑟摩《うすしま》明王の中には、髑髏の宝冠や持物の一部にマハーカーラと共通するものがある。日本に伝わる烏枢瑟摩明王にはいろいろなタイプがあったが、その中にはガネーシャを足の下に踏みつける図像も伝わっている。

ガネーシャは本来ガナの王を意味し、その領域は北にあると考えられていた。これらの明王は北を守る仏たちであり、ガネーシャを仮想の敵と見なしたのであろう。後期密教ではガネーシャを「障碍となる者」（ヴィグナ）と呼び、それを打破する忿怒尊としてヴィグナーンタカを生み出したが、これは軍荼梨明王に相当するアムリタクンダリンと同体である。チベットのマハーカーラはこれらの仏たちと同じルーツを持っていたと考えられる。

白《びゃく》色《しき》如《にょ》意《い》宝《ほう》珠《じゅ》マハーカーラ

白色マハーカーラというのはおかしな名前である。マハーカーラの本来の意味は「大いなる黒きもの」なので、「白い〈大いなる黒きもの〉」になってしまう。逆に言えば、チベットではマハーカーラが「黒いもの」であるという意識はほとんどなかったのであろう。マハーカーラのチベット名は、一般に「ゴンポ」(mGon po)で、そこには「黒い」という意味はない。本来、ゴンポは「主人」を指す言葉で、英語でもLordと訳されることもある。チベットでは白色マハーカーラは「ゴンカル」(mGon dkar 白いゴンポ)という名で、広く親しまれている。

白色マハーカーラは、さらに如意宝珠を手にすることから、白色如意宝珠マハーカーラというのが正式の名称である。如意宝珠とは、望みのものを何でももたらす魔法の宝玉で、サンスクリット語では「チンターマニ」(cintāmaṇi)という。インドでは理想の国王である転輪王《てんりんのう》が持つとされる七宝のひとつに数えられ、インド文化の広がりとともに、如意宝珠に対する信仰がアジア全域に広がった。

白色マハーカーラはこの如意宝珠の効験をもたらす仏で、単なる忿怒尊《ふんぬ》ではない。そのため、マハーカーラが本来持っていた忿怒尊のイメージ、たとえば髑髏《どくろ》の宝冠や蛇の装身具、展左の姿勢などは払拭されている。

主要な手に持っていたカルトリとカパーラはそのままであるが、カパーラには血ではなく宝珠が満たされ、カルトリは右の上の手に移される。かわりに如意宝珠をカパーラの近くに持つ。それ以外の持物は六臂像とほぼ同じであるが、左の第三手が羂索《けんさく》から金剛鉤《こう》にかわる。富や幸運を引き寄せるはたらきが期待されたのであろう。

足の下にガネーシャを踏むのも六臂像を踏襲するが、ここではガネーシャは夫婦となり、宝玉の入ったカパーラや、宝を口から吐き出すマングースを手にする。後者は本来は四天王のひとり多聞天《たもんてん》(毘沙門天)の持物として、やはり富を象徴する。

ゴンポ・ペルナクチェン

ゴンポ・ペルナクチェンは「黒い法衣を着たマハーカーラ」という意味である。マハーカーラの一種であるが、他のマハーカーラとは明らかに異なる容貌を持つ。極端に身長が低く、手足が短い。体に合わないような大振りの衣を身につけるため、全体がだぶつき、さらに背の低さが強調される。体に対して頭部が大きく、手のひらや足の甲なども不釣り合いなほど広い。末端肥大症のような姿である。爪を長く伸ばしているのも異様である。

ゴンポ・ペルナクチェンはカギュ派の流派のひとつカルマ派（カギュ・カルマ派）の重要な護法尊である。その由来は、カルマ派二世のカルマ・パクシ（一二〇四／六～一二八三）の前に出現したこの仏が、カルマ派の守護者となることを宣言したことによる（田中　2009：234）。その時の姿がこの奇異な容貌で、黒いマント状の法衣を羽織っていたことから、この名前を持つ。

カルマ派はカギュ派の最大勢力で、カギュ派の一派というよりも、カルマ派という独自の派であると自ら標榜している。チベットのいわゆる転生ラマ制度（活仏《かつぶつ》制度とも言う）を生み出したのもカルマ派で、二世のカルマ・パクシはまさにその第一号となった人物である。その権威を裏付ける役割も、このマハーカーラは担ったのであろう。

ただし、カルマ派よりも前から、この尊格はすでにニンマ派で信仰されていた可能性がある。ニンマ派が伝える埋蔵経典の中に、ゴンポ・ペルナクチェンを説く文献があるからである。他のマハーカーラには例のないチベット風の法衣を身に付けた異形の姿は、チベット土着の神がその原形であったことを示唆している。

また「五百尊図像集」にもこれとよく似た名称のマハーカーラが含まれる。そこでは「黒い法衣と銅のカルトリを持つマハーカーラ」と呼ばれている。基本的な特徴に大きな違いはないが、極端な短軀の身体はそこでは見られない。

特定の仏が出現して守護者となるというカルマ・パクシのエピソードは、日本密教の円珍《えんちん》（八一四～八九一）と黄《き》不動《ふどう》の説話などにも共通する内容である。黄不動が異形の不動であったように、特別な守護者となる仏は、その姿も特別であることが求められたのであろう。

クルキ・ゴンポ

クルキ・ゴンポはマハーカーラの一種であるが、サキャ派の守護尊であったことから、この派を中心に多くの作例が残されている。チベットだけではなく、歴史的にサキャ派と関係の深いモンゴル仏教でも流行した。一面二臂で、右手にカルトリ、左手にカパーラを持つところは、通常の二臂のマハーカーラと同じであるが、両腕の上に水平に棒状のものを載せている点が独特である。チベットの護法尊の中でこのような特徴を持つ尊格は他にはいないため、見分けがつきやすい。

　クルキ・ゴンポは「網のマハーカーラ」を意味する。網というのはサンスクリット語で「パンジャラ」(pañjara)に相当するが、これは普通名詞ではなく、『ヴァジュラパンジャラ・タントラ』(Vajrapañjaratantra)という経典を指す。同経に説かれるマハーカーラであることからこの名がついた。ただし、あくまでもチベットにおける通称であって、対応するサンスクリット語の名称は確認されていない。

　この「パンジャラ」に相当するチベット語が「クル」(gur)であるが、この語に「幔幕《まんまく》」という意味があることから、海外の出版物ではクルキ・ゴンポをlord of tent(幔幕の主)と英訳することが多かった。そして、幔幕を遊牧民のパオのようなテントと考えたため、チベットやモンゴルの遊牧民の守護神のような神を、その起源とする説もあった。しかしそれは誤りである。あくまでもインド起源の護法尊であり、チベットの土着神ではない。

『ヴァジュラパンジャラ・タントラ』は無上瑜伽《むじょうゆが》タントラの母タントラ系の経典である。クルキ・ゴンポはその第十五品に説かれるとされる。実際、そこには一面二臂のマハーカーラの観想法が含まれるが、そこで説かれるマハーカーラは、右手はカルトリ、左手はカパーラを持った通常の姿で、腕の上の持物は言及されていない。人頭の鬘を首にかけることや、短軀で鼓腹であることも説かれているが、いずれも一般のマハーカーラに共通する。

　この経典では、マハーカーラの特徴の説明に続いて、マハーカーラへの施食《せじき》の作法を説く。施食とは食事の供養で、サンスクリット語では「バリ」、チベット語では「トルマ」と呼ばれる。花や香、灯明などの供養は「プージャー」

と呼ばれ、これとは厳密に区別される。プージャーが神や仏を対象とするのに対し、バリは下級神や鬼神などに施される。ここでのマハーカーラは、仏たちと同様には扱われず、それよりも位の低い神ととらえられていたことがわかる。しかも、その供物は通常の食物ではなく、血や生肉、酒などがあげられている。前掲の図でクルキ・ゴンポの前に置かれている髑髏の容器に入っているのが、このおどろおどろしい供物に相当する。逆さにした髑髏の上にあるのはおそらく心臓で、その左右に飛び出しているのは目玉で、さらに耳、鼻、舌もある。クルキ・ゴンポを描いた彩画のタンカでも、そのほとんどにこのようなバリの供物が描かれている。

クルキ・ゴンポが両腕に載せる棒状のものはガンディー（gaṇḍī）と呼ばれる。仏の持物としては、これ以外の仏に現れることはないが、実は仏教徒にとってはめずらしいものではなく、むしろありふれた道具である。

ガンディーは古くはパーリ語の仏典などにも登場する。僧院の中で、比丘《びく》たちを招集する時に、このガンディーを叩いて鳴らすのである。ガンディーは木製であるのが一般的で、当番の比丘が肩に担いで、別の比丘が木製の槌のようなものでこれを叩く。律などによれば、ガンディーを鳴らすのは、比丘たちの食事、法要や葬儀などの行事、そして布薩《ふさつ》と呼ばれる会合である。布薩も宗教的な行事であるが、戒律の遵守を確認するために定期的に行われる僧院内の最も重要な集まりである。この他、危険が差し迫ったときにもガンディーを叩いて知らせるという規定もあり、非常ベルのような役割も果たしていたことがわかる。

マハーカーラがこのガンディーを持つようになった明白な理由は、残念ながらわからない。『ヴァジュラパンジャラ・タントラ』に登場するマハーカーラが、ガンディーを持つとは説かれていないことは、すでに述べたとおりである。インドからはガンディーを手にしたマハーカーラの像はこれまで見つかっていない。

マハーカーラとガンディーとの直接のつながりは見いだされないが、その中で注目されるのが食事との関係である。ガンディーが最も頻繁に用いられるのは食事の合図であるが、その場にいたのがマハーカーラであった。七世紀にインドを訪れた中国僧の義浄《ぎじょう》（六五三〜七一三）は、その紀行を綴った『南海寄帰内法伝《なんかいききないほうでん》』の中で、インドの僧院内の食堂《じきどう》にはマハーカーラが祀られていたことを伝えている。このマハーカーラがガンディーを持っていたとは書かれていないが、体の色は青黒く、短軀で鼓腹という特徴を持っていたという。また、マハーカーラが大自在天《だいじざいてん》すなわちシヴァの異名であることも述べられ、チベットの護法尊のマハーカーラのイメージに近い像を祀っていたことがわかる。

食堂に置かれた天部の神が、食事の合図を知らせるガンディーを手にするようになるのは、自然な流れであろう。また、食事に際して、この神に食事の一部を供えることも『内法伝』は述べている。それによると、食堂にはマハーカーラと並んで鬼子母神《きしもじん》も祀られていて、同様に食事が供えられていたという。鬼子母神も本来は人間の子どもを食べる鬼神であったが、仏法に帰依した後は、人びとの守り神となったことでよく知られている。『ヴァジュラパンジャラ・タントラ』で、マハーカーラに施食の儀礼を行うことを説くのも、このような「恐るべき神がみ」をなだめるための施食の作法を受け継いだのであろう。

密教の時代でも、僧院内で比丘たちが共同生活を送るためには、ガンディーはなくてはならない道具であった。それは現代のネパールやチベット、あるいはモンゴルなどの仏教寺院でも変わりはない。いずれにおいてもガンディーが日常的に用いられている。

ガンディーのようなありふれた道具も、大乗仏教や密教では、教理的な意味が与えられることがある。そのようなガンディーを説く文献によると、ガンディーの音は魔を退散させるはたらきがあるとされ、またガンディーは般若波《はんにゃは》羅蜜《らみつ》女神が姿を取ったもので、ガンディーの音は般若波羅蜜の音声となって一切衆生を守るという。ガンディーの持つこのような破魔や衆生救済も、クルキ・ゴンポに期待されていたと考えられる。

婆羅門《ばらもん》の姿《すがた》をしたマハーカーラ

「バラモンの姿のゴンポ（マハーカーラ）」は、その名の通りの姿をしたマハーカーラである。この場合のバラモンは、インドの聖職者カーストを指し、神の名の梵天《ぼんてん》のことではない。長い髪の毛を幾重にも結っているのは、インドの修行者に特有の髪型であるし、眉毛やあごひげを長く伸ばしているのも、長い間、苦行を続けてきたしるしである。彩色画の場合、いずれも白髪で、老齢の苦行者であることを示す。体の色はインドの人にふさわしく褐色である。

右手に持つのは、人間の大腿骨《だいたいこつ》から作った笛で、カンリンと呼ばれる。チベットではおもにニンマ派の行者が持つことで知られるが、本来はインドの修行者、とくに成就者と呼ばれる霊能力を持つ行者たちが持っていた。かれらは僧院に属せず、単独、もしくは女性の修行のパートナーをともなって人々の間で活動していた。左手に持つのは血のあふれたカパーラで、さらに、大きな壺や先端に鉤《かぎ》のついた戟《げき》を脇に抱える。

この形式のマハーカーラは、サキャ派の守護尊としてとくにこの宗派で重視された。リシュラというダーキニーからニエン翻訳官（十一世紀？）に『秘密集会《ひみつしゅうえ》タントラ』の教えが伝えられ、マハーカーラもその教えの守護神として与えられた。そのときのマハーカーラはバラモンの姿をとって彼を守護し、さらにその死後は、ナムカウパを経て、サキャ派の祖師と目されるサチェン・クンガニンポ（一〇九二～一一五八）に伝えられたという（https://www.himalayanart.org/items/69432 の J. Watt の解説による）。ナムカウパからクンガニンポが『秘密集会タントラ』とマハーカーラの教えをセットで学んだことは、十八世紀のトゥカンによる『一切宗義』にも記されている（立川　1974）。

このような伝承を持つ特別なマハーカーラであるが、その具体的なイメージは、インドで成立した八十四成就者たちの特徴を適宜、取捨してできたと考えられる。老人のヨーガ行者の特徴はサラハから、カンリンを吹く仕草と、褐色の肌はカーンハから、おそらくそれぞれ取り入れた。褐色の肌はカーンハの師であるヴィルーパにも共通するが、さらにヴィルーパは左手にカパーラも持つ。ヴィルーパとカーンハが、サキャ派のインドにおける伝説の祖師に位置づけられているのも、偶然ではないであろう。

持国天《じこくてん》（四天王《してんのう》）

四天王は世界の東西南北の四方を守る神がみである。インドで成立し、古くからの造像例もあるが、そこでは貴人風で、日本で一般的な武将の姿ではない。四天王が甲冑を身につけるようになったのは中国に伝えられてからで、とくに中央アジアの敦煌《とんこう》からは、武将姿の四天王が数多く伝えられている。単独の作例のみならず、千手観音などの眷属としても頻繁に描かれる。チベットの四天王もこの中国の影響下にある。ただし、甲冑は多分に装飾的で、その下には中国の貴族が身につける衣をまとっている。はなやかなフリルのひだが袖《そで》や裙《くん》に付いている。

四天王のうち、東方にいるのが持国天である。チベットの寺院では、入口の左右に四天王を壁画や塑像《そぞう》で置くのが一般的で、東と南、西と北の二尊ずつの組み合わせで、左右に割り振られる。

持国天の名称はドゥリタラーシュトラ（Dhṛtarāṣṭra）である。ラーシュトラが王国を意味し、ドゥリタは「保持する」という動詞dhṛの派生語である。ちなみに、この名は『マハーバーラタ』の重要な登場人物の名としても現れるが、直接の影響関係はないようである。「王国の保持者」は王を指す普通名詞にもなる。

四天王は初期の仏教文献であるパーリ語仏典において、すでに揃って現れる。そこでは、それぞれが特定の下級神のグループを率いる王になっている。持国天はガンダルヴァと呼ばれる音楽神の王である。持国天が琵琶《びわ》を手にしているのは、このガンダルヴァの王であることに由来する。また、東の方角と結びつけられるのは、ガンダルヴァと関係の深い神である帝釈天《たいしゃくてん》が、東の護方神であることと関連するのであろう。

四天王のあいだで全体的なイメージは共通しているが、細部でそれぞれ個性を持つ。たとえば持国天の場合、独特の形の兜をかぶる。鉢を伏せたような半球形で、同じような形式の兜は、敦煌の持国天にも見られる。ただし、敦煌では持国天は琵琶ではなく弓矢を持つことが一般的である。チベットの持国天が手にする琵琶は、千手観音の眷属である摩睺羅伽《まごらが》が手にする琵琶によく似ている。このようなイメージを参考にして、音楽神のガンダルヴァの王にふさわしく、その手に琵琶を持たせたのであろう。

増長天《ぞうちょうてん》（四天王《してんのう》）

南方の四天王は増長天である。サンスクリット語では「ヴィルーダカ」(Virūḍhaka)、パーリ語では「ヴィルーラ」(Virūḷha)で、「成長したもの、増大したもの」を意味する。

持国天がガンダルヴァの王であったのに対し、増長天はクンバーンダと呼ばれる神がみの王である。この名は一般にはほとんどなじみがないが、インドではよく知られていたようで、パーリ語仏典では下級神を列挙する時にしばしば言及されている。四天王の残りの二天はナーガ(龍)とヤクシャ(夜叉)という比較的よく知られた下級神のグループを率いる王であるが、クンバーンダもこれらと同様に重要な神がみであったと考えられる。

クンバーンダは「瓶のような大きな陰嚢を持つもの」という意味に解釈される。かなりグロテスクなイメージを持つ名称であるが、実際にその姿を表した彫刻や絵画は存在しないと思われる。人間の精気を吸い取って生きるとも言われる。増長天の本来の意味である「成長する、増大する」というのも、クンバーンダのこのようなイメージを反映しているのであろう。漢訳では「鳩槃荼《くばんだ》」とその音を取って表記される。

チベットの増長天は剣を持つことを特徴とする。右手で剣を構え、左手にはその鞘《さや》を持つ。日本の四天王でも、増長天は剣を持つ。その両者の源流と目される敦煌《とんこう》の増長天も剣を持つことから、それが忠実に伝えられたのであろう。

一般にはあまり知られていないクンバーンダであるが、八部衆や二十八部衆に含まれることもある。注目されるのは、このような眷属神としてのクンバーンダも、剣を持って表されることがある点である。もっとも、クンバーンダそのものがどのような姿をしていたのかは、制作者たちもよくわかっていなかったであろう。チベットの増長天は頭に不思議な形をした生き物の頭部を、冠のようにかぶっているが、おそらくこれもクンバーンダを意識したものであろう。実在しない想像上の生き物に、なんとか姿を与えようとしたのである。

広目天《こうもくてん》（四天王《してんのう》）

南の方角を守る広目天は、サンスクリット語では「ヴィルーパークシャ」（Virūpākṣa）、パーリ語では「ヴィルーパーカ」（Virūpakka）である。ヴィルーパは「さまざまな姿、彩り」の意味で、アクシャが目を意味する。したがって、「広目」というのは「広い目」ではなく、「さまざまな形や色に変わる目」をしたものとなる。四天王の名称以外にも、神や悪魔などの呼び名として、叙事詩などに頻繁に用いられる。三つ目を持つシヴァの異名にもなる。

仏教ではこの名の神を西方の守護神として、ナーガ（龍）の王に位置づけた。ナーガは仏典にもしばしば登場し、釈迦の生涯のさまざまな場面でその活動を助ける。天龍八部衆と言われるように、仏教の典型的な護方神となり、また千手観音の眷属である二十八部衆の中にも登場する。四天王を四方に配置する時に、従来からすでに仏教に取り込まれていたナーガにも、グループとして動員をかけたのである。

ナーガが西方の広目天と結びついたのは、広目天そのものよりも、別の神の存在があったと考えられる。別の神とはヴァルナである。ヴァルナはすでに『リグ・ヴェーダ』に登場する至高神のひとりであったが、ヒンドゥー教では西方の護方神へと地位を低下させている。ヴァルナは水天とも漢訳されるように、護方神の場合、水の神と見なされるのが一般的である。そのヴァルナが手にするのがナーガである。ナーガが水を司るのは、日本の龍神信仰にも見られるように、インド以来の彼らの基本的な役割である。広目天が右手にナーガを握るのは、ヴァルナにならったのであろう。

もう一方の左手には塔を持つが、これは広目天や西の方角との直接的なつながりは見いだせない。塔を持つ四天王は、日本では北方の多聞天《たもんてん》（毘沙門天）であり、その源流にある中国においても同じである。多聞天の持つ塔を何らかの意図で広目天の手に移した可能性もあるが、その理由はわからない。

多聞天《たもんてん》（四天王《してんのう》）

四天王は単独でもバランスよく立っているように見えるが、実際の寺院では二体ずつセットで壁画や彫刻になっていることが多い。そのため、持国天《じこくてん》と増長天《ぞうちょうてん》、広目天《こうもくてん》と多聞天の二尊を、左右に並べてもおかしくないように工夫がなされている。いずれもわずかに体をひねっているが、その傾け方は、二体ずつでそれぞれ逆向きになっていて、一方向に偏らないように配慮されている。また持物も左右の手の描き方を工夫して、ぶつかったり、単調にならないように計算されている。体に身に付けているものにも気をつかっているようで、首にかけるショールのようなものは、二体のうちの一体は布、もう一体は動物の毛皮に、また沓《くつ》も一体はシンプルな形であるのに対し、もう一体はマカラ（想像上の海の怪物）らしき装飾が施されている。頭の飾りや髪型は、一体ずつでそれぞれ異なり、さらに個性的である。

多聞天は四天王の中では最もよく知られている神である。クベーラ（Kubera）というのがサンスクリット語の名で、パーリ語も同じである。クベーラはつぎにあげる毘沙門天《びしゃもんてん》（Vaiśravaṇa）と同一視され、いずれの名でも、はやくから仏教の護方神として信仰を集めていた。一世紀頃の著名な仏教遺跡サーンチーには、クベーラの銘文を持つ貴人の像があり、ヤクシャ（夜叉）の王であることも同じ銘文に書かれている。

ヤクシャと多聞天のつながりは、おそらく四天王の他の三天と、それに対応する神がみとの関係に比べて、圧倒的に強い。ヤクシャは典型的な民間信仰の神で、仏典に登場する機会も多い。そこでは、仏教や釈迦自身を守る役割を演じることが一般的であるが、実際は現世利益の神として、仏教という枠組みを超えて信仰されていた。樹神としての性格もあわせ持つことも多く、生命力や豊饒をもたらす神でもあった。その首領がクベーラだったのである。

多聞天が左手に持つ動物はマングースで、インドでは財宝神ジャンバラが持つことで知られている。その口からは宝石がこぼれ出ている。同じモチーフは、次項の毘沙門天などにも登場する。

毘沙門天《びしゃもんてん》

毘沙門天は四天王の中の北方を守る多聞天《たもんてん》と同じ天と考えられている。サンスクリット語は「ヴァイシュラヴァナ」(Vaiśravaṇa) もしくは「ヴァイシュラマナ」(Vaiśramaṇa) で、毘沙門天は後者を翻訳したものである。ヴァイが「毘」で、シュラマナが「沙門」である。沙門は仏教の修行僧を指す用語であるが、ここではそのような意味はない。一方、ヴァイシュラヴァナは「よく聞き分ける者」と解釈できることから、多聞天という訳語になる。いずれも名称の由来は明らかではない。クベーラは北方に棲むと考えられていたヤクシャたちの王として、インドでは古くから知られていたが、その漢訳語の倶毘羅《くびら》などは、日本ではほとんど広がらなかった。

毘沙門天はこの北方の護世神が単独で信仰される時に、好んで用いられた訳語である。日本では江戸時代に七福神が成立したことで、その中の一尊としても人びとに親しまれていった。本来は北方を守る神なので、甲冑を身につけた勇壮な姿のままであるが、財宝神や福神と見なされる。それはもともとインドの人びとが、クベーラやヤクシャなどの北方と結びついた神がみに対していだいていた共通の認識であった。ちなみに、インドの世界観では北方の国土はクルと呼ばれ、財宝に満ちあふれたユートピアであると信じられていた。

チベットでも毘沙門天は単独で信仰される。そこでは福神としての性格はさらに顕著になっている。でっぷりした体格を持ち、獅子の上に悠然と坐る。右図には見られないが、背景に豪華な宮殿が描かれることもある。右手には宝幢《ほうどう》、左手には宝を吐き出すマングースを持っている。このふたつの特徴は、四天王の中の多聞天にも見られた。毘沙門天と多聞天の違いは、多聞天が甲冑を着けるのに対し、毘沙門天は俗人の姿であることと、毘沙門天が獅子に乗ることである。ただし、作例によっては、毘沙門天も甲冑を身につけることがあり、福神と武将神との間を揺れていることがわかる。

左手に持つマングースは、口から次々と宝珠を吐き出し、その宝が台座の前に供物のように積み上げられている。多聞天のところでもふれたが、もともとはインドの財宝神ジャンバラが持っていた特徴である。次項で取りあげるジャンバラもチベットに伝えられ、同じようにマングースを持つ。右手の持物は毘沙門とは異なり、乗り物の獅子も現れないが、それをのぞけば、毘沙門天とジャンバラはほとんど同一のイメージでできあがっている。多聞天と毘沙門天も、持物をはじめ多くの共通点があり、これら三尊が財宝神系の仏たちとして、密接な関係があることがわかる。

この他、マハーカーラの一種である白色如意宝珠《びゃくしきにょいほうじゅ》マハーカーラも、足の下に踏まれた二頭のガネーシャが、同じように宝を吐き出すマングースを手にしている。ガネーシャはヒンドゥー教の代表的な財宝神であり、その眷属のガナたちも、北方に棲むと信じられていた。財宝神のイメージは仏教の枠組みを超えて広がりを持つのである。

毘沙門天のもうひとつの持物である宝幢は、多聞天も同じように手にするが、吹き流しやのぼりのようなものである。サンスクリット語ではドゥヴァジャ（dhvaja）で、幢幡《どうばん》とも訳される。類似のものに旗（patāka）があるが、これとは区別される。幢幡は堂内の荘厳として、日本の仏教寺院でもよく見られる。チベットの仏教寺院でも同様で、おめでたいシンボルとして八種の吉祥印（八吉祥）のひとつにもあげられる。

しかし、幢幡はもともとこのような財や幸福をもたらすものであったわけではない。幢幡とは何よりも戦争の際に掲げられる旗印のようなものであった。自らの軍勢の勇猛さをアピールし、敵に対する威嚇となる、きわめて軍事的な性格を持ったモニュメントであった。そして、その威力が一種の呪術的な力としてとらえられ、幢幡そのものがそのような力を帯びていると信じられた。

パーリ語の文献のひとつ『サンユッタ・ニカーヤ』（相応部経典）には、このような幢幡の力を説いた経典が含まれる。神がみの王である帝釈天《たいしゃくてん》の幢幡には、敵を打ち破り、味方を鼓舞する強烈なパワーがあることが語られるのである。そしてそれは、帝釈天の仲間である他の神がみの幢幡にもあると説かれる。当時の人びとが幢幡に戦勝を祈願したことがよくわかる。

密教になると、この内容をベースに、幢幡を讃える陀羅尼《だらに》が現れ、独立した経典になる。この陀羅尼は幢頂荘厳《どうちょうしょうごん》陀羅尼と呼ばれ、チベットやネパールで大いに流行した。陀羅尼の内容は、戦勝祈願を中心とするが、実際は除災や招福などのあらゆる現世利益的な効果が期待され、さかんに唱えられてきた。チベットではとくにこの陀羅尼を印した護符が大量に印刷され、いたるところに掲げられた。

毘沙門天が幢幡を持つことの背景には、このような幢幡そのものに対する人びとの信仰があったことが推測される。しかし、インドには幢幡を持った毘沙門天の作例は知られていない。特定の持物を持たないことは、多聞天やその他の四天王でも共通し、インドでは個々の四天王を持物によって区別するという意識がなかったようである。

幢幡を持つ四天王の最も古い例は、中国の敦煌《とんこう》やホータンで見つかっている。そこでは毘沙門天を単独で描いた作品がかなりの数、残されている。それらは仁王立ちのように直立し、右手で幢幡の柄を握り、幢幡は高々と掲げられ、風にたなびいている。左手で持つこともある。毘沙門天自身は甲冑を着けた勇壮な姿で、福神の性格が与えられる前の、四天王の一員であった段階の姿をまだ維持しているのである。左手の持物はチベットの毘沙門天とは異なり、マングースではなく塔である。毘沙門天や多聞天が左手に塔を持つのは、日本では一般的で、チベットではそれを富の象徴でジャンバラの持物であったマングースに置き換えたのである。敦煌の毘沙門天でも、その横に立つガンダルヴァがマングースと思われる動物を手にする作例があり、すでにその要素が登場していたことも予想される。

日本には兜跋《とばつ》毘沙門天とよばれる特異な毘沙門天のタイプが知られ、東寺《とうじ》の国宝像をはじめ、多くの作例が遺る。都城を守る屈強な戦闘神であることが知られている。足の下に地天と二人の鬼神を置くことを特徴とするが、これもその原形は敦煌にある。ただし、兜跋毘沙門天という名称は現れず、単に毘沙門天とだけ記されている。チベットにはこのタイプの毘沙門天は伝わらず、福神の性格を強める方向で、この神への信仰を発達させていったのである。

ジャンバラ

ジャンバラは代表的な仏教の財宝神である。インドに起源があり、インド各地に作例が残されているが、歴史はそれほど古くはなく、とくに密教の時代に急速に流行したと考えられる。チベットでもその人気は高く、右のようなふくよかな体格で、ゆったりと遊戯坐《ゆげざ》で坐る二臂の男性像が一般的である。この他に、二臂で展右の姿勢を取る忿怒《ふんぬ》形のタイプや、三面六臂のタイプなどもチベットでは現れた。「五百尊図像集」などの図像集にはこれらを含む数種類のジャンバラが収められている。

このうち、最も作例数の多いはじめのタイプの場合、身色は財宝神にふさわしく黄色で、右手には果実、左手にはマングースを持つ。マングースは宝石を口にくわえているが、前項の毘沙門天《びしゃもんてん》の持っていたマングースのように、口からいくつもの宝玉がこぼれ落ちているものや、それがジャンバラの前に山積みになっていることもある。

財宝神がマングースを持つのは、本書ではこの他にも毘沙門天や多聞天《たもんてん》、さらには白色如意宝珠《びゃくしきにょいほうじゅ》マハーカーラの足の下のガネーシャなどにも見られたが、その初出はジャンバラである。すでにインドにおいて、宝石を口から吐き出すマングースを左手に持つジャンバラがさかんに作られていた。その他の仏たちは、このイメージを取り入れて、財宝神という自らの性格を確立していったのである。その点で、チベットの財宝神の原形はジャンバラであり、強い影響力を持って、そのイメージを他の仏に浸透させていったのである。

インドでは、もともと仏教の財宝神にジャンバラの姿は見られない。初期の仏教の時代から、人びとに富や豊饒をもたらしたのはヤクシャやナーガたちであった。ヤクシャの王であったクベーラ（多聞天）が、四天王の中で北方を守る神でありながら、ヤクシャの王とも見なされ、はやくから造形化されていたことは、クベーラの項でも述べているが、そこでのクベーラの姿は貴人風の男性像で、スタイルもよく、ジャンバラのような肥満体ではなかった。

はやくから知られたインドの財宝神として、西アジアを起源とする夫婦の神がいる。男性をパーンチカー、女性をハーリーティーという。パーンチカーは半支迦などと音写されるが、一般にはほとんど知られていない。これに対し、ハーリーティーは鬼子母神《きしもじん》の名で、その改心の物語がわが国でも広く親しまれている。訶梨帝母《かりていも》と音写されることもある。現在ではおもに日蓮宗（法華宗）系の寺院に多く見られるが、これは『法華経《ほけきょう》』の「陀羅尼品《だらにほん》」の中で、鬼子母神が『法華経』の護持者を守護することが説かれ、それを踏まえて、鬼子母神を寺院内に祀ることが多いためである。同じく『法華経』の「陀羅尼品」に説かれる十羅刹女《らせつにょ》とあわせて祀られることも広く行われている。

パーンチカーとハーリーティーは、西アジアで信仰されていたファローとアルドクショーという、やはり夫婦の財宝の神とも結びつけられる。男性神であるファローが右手に槍を持つことがあり、このイメージが毘沙門天がしばしば手にする戟（あるいは幢幡《どうばん》）の図像の成立に関与した可能性も指摘されている。ファローが頭部に鳥の羽をつけることと、毘沙門の中にやはり宝冠に鳥を飾るものがいることとのつながりも、これまで注目されてきた。インドよりもシルクロードにおいて、このような男性の財宝神のイメージが伝わったと考えられる。

ハーリーティーとペアを組む男性神は、インドでは通常のスタイルの男性から、肉付きのよい肥満型へと変わる。そのイメージが出現したのが、おそらく西インドのマハーラーシュトラ州にあるエローラ石窟やアジャンタ石窟であると考えられている。そこでは、パーンチカーとして信仰されていたか、すでにジャンバラの名の仏になっていたのかは明らかではない。ただし、その特徴は遊戯坐で坐る鼓腹の男性で、すでにジャンバラと同じイメージをそなえている。

エローラの財宝神が何を手にしているかは、摩滅している作品も多く、はっきりしない。マングースに相当するような小動物は見られず、かわりに布袋のようなものを持つ。財布を表しているのではないかとも言われている。エローラにほど近いアジャンタにも、第二窟に財宝神の夫婦を表した有名な作品がある。そこでは男性神は、大きな果実らしきものを右手に持つことが確認されるが、左手には何も持たない。この作品は一般にはパーンチカーとハーリーティーの名称で呼ばれ、ジャンバラとはしない。ただし、肥満した男性のイメージはすでにそなえている。また、果実を持つという特徴もジャンバラに共通する。

左手にマングースを持ち、明確にジャンバラに比定される財宝神が登場するのは、インド東部のオリッサや、その北のベンガル、ビハールなどである。左手はマングースの胴体を握り、その口からは複数の宝石が数珠《じゅず》つなぎになってあふれ出ている。チベットのジャンバラに直接つながりを持つ作品が、ここから姿を表すようになるのである。

そもそも、なぜマングースから宝を吐き出させるのであろうか。マングースを表す「ナクラ」(nakula)というサンスクリット語は、同時に財布も表す。おそらく、マングースの毛皮を使って作った袋(嚢)が、財布の役割を果たしたのであろう。女性形の「ナクリー」(nakulī)が登場することもあり、雌のマングースの皮を利用したのであろう。マングースは雄よりも雌の方が大きいと言われ、より大量の財宝が入れられたのである。チベットのジャンバラでは、マングースは生きているように描かれるが、インドのジャンバラ像では、マングースはぐったり体を伸ばしているようにも見え、すでに財布に加工された後の毛皮の状態だったのかもしれない。

もう一方の右手に持つ果実は、テキストでは柑橘《かんきつ》系のシトロンに相当する単語があげられている。漢訳経典にはマンゴーの実も登場する。チベットのジャンバラが持つのは、このうちシトロンの方であるが、なぜ財宝神がシトロンの実を手にするのか、その理由は不明である。

女尊

緑《みどり》ターラー

仏教の仏たちの中に女性の仏が出現したのは、それほどはやくはない。釈迦《しゃか》と関わりのある女性としては、母親の摩耶夫人《まやぶにん》や継母となるその妹、あるいは美貌で知られた蓮華色比丘尼《れんげしきびくに》などがいるが、いずれも説話図には現れても、礼拝の対象となったり、寺院の本尊として祀られるようなことはなかった。

異教の女神や土着の女神への信仰はおそらくはやくからあったが、仏教の中に現れた最初の本格的な尊格はターラーであろう。三蔵法師で知られる玄奘《げんじょう》(六〇二～六六四)が、インドでターラーが信仰されていたことを『大唐西域記《だいとうさいいき》』の中で伝えている。それによると、マガダ国のふたつの寺院にターラー像が祀られていて、人々の信仰を集めていたという。いずれも規模の大きな像で、そのうちのひとつは三丈にも達するという。およそ九メートルの高さを持つ大仏になる。

インド現存のターラー像に、これだけの規模の作例は知られていないが、作品の数において、ターラーは他の女尊を圧倒している。女尊だけではなく、あらゆる仏教の仏の中でも、作例数で、ターラーは釈迦と観音《かんのん》につぐ三番目にランクされる。玄奘が訪れた七世紀前半にはすでに作られはじめていたターラーは、その後、インドで爆発的に流行し、インドから仏教が滅びた十四世紀頃まで、その勢いは止まらなかったと考えられる。

十四世紀にインドを訪れたチベットの翻訳官チュージェペル(インド名はダルマスヴァーミン)は、釈迦ゆかりの聖地を巡礼している。そのうち、成道《じょうどう》の地ボードガヤでは、著名なターラー像を三例、紹介している。いずれも過去において奇瑞を示した霊験像として知られていたらしい。参拝者がこの地を訪れるときに、参拝を欠かせない瑞像であったことが知られる。

インドにおいて大流行したターラーは、その後、チベットやネパールでもひきつづき人びとの信仰を集めた。いずれにおいても膨大な数の作品が生み出された。ターラーを祀る寺院も多い。上座部仏教のイメージの強い東南アジアにもターラーは伝播し、とくにインドネシアのジャワ島では、密教の流行と相まって、ターラーのブロンズ像や石像彫刻がさかんに制作された。カンボジアのアンコールワットからもターラーの出土例が知られる。

大乗仏教や密教が伝播した地域で、ターラーが流行しなかったのは、中国や日本、朝鮮半島などの東アジアの国々だけである。日本ではマンダラの中の仏や、図像集などの形では伝わっているが、本格的に流行したことはなく、単独の仏として信仰を集めたこともなかった。これらの地域は明確なターラー信仰を有していない特別なエリアだったのである。おそらく観音が代わりにその役割を果たしたのであろう。

このような一部の例外はあるものの、ターラーは仏教の仏たちの中で重要な尊格の一人で、とくに女性の仏を代表する存在であったことは疑いえない。しかし、その重要性にもかかわらず、この仏の起源や成立はほとんどわかっていない。

経典による説明では、ターラーは観音の瞳から放たれた光明から出現したとか、観音の瞳から落ちた涙がたまって池となり、そこから咲いた蓮華の花から生まれたという。いずれもロマンチックな説明であるが、実際にそうであったかはわからない。ターラーという語に「瞳」という意味があることから生まれた、後付けの解釈である可能性が高い。またターラーには「星」の意味もあることから、光明からの出現説も出てきたのであろう。

むしろ、ターラーが観音と結びつけられて説明されることの方が重要である。インドではターラーは単独像で表されるほかに、観音の脇侍《わきじ》として登場することも多い。これは、観音の作例数に比例して、相当数に上る。観音の脇侍には、他にもブリクティー、馬頭《ばとう》、善財童子《ぜんざいどうじ》などが選ばれるが、ターラーはほとんどの作品に含まれ、最も重要な脇侍であったことがわかる。

ターラーと観音との結びつきは、両界曼荼羅《りょうかいまんだら》の胎蔵幅において、観音を中心とする蓮華部院に「多羅」の名で登場することから、日本でも確認できる。

ターラーが観音と密接な関係を有していたのは、その図像的な特徴が両者できわめて類似していることからもうかがえる。右手で与願印《よがんいん》を示し、左手には植物を持つのは共通で、観音が左手に持っていたのが蓮華であるのに対し、ターラーは睡蓮《すいれん》（ウトパラ）とされる。ただし、両者の相違はインドでは意識されていたようであるが、チベットやネパールでは色が異なるだけで、白描画ではほとんど区別がつかない。また、胸の前に両手を置き、左手に持った未敷睡蓮の花びらを右手で開く仕草を取る作例もあるが、これも同じポーズで蓮華を持つ観音を意識したものであろう。この形式の観音は金剛法の名で呼ばれる。胎蔵曼荼羅の蓮華部院の中心となる観音もこの金剛法で、その近くに位置するターラーも、与願印ではなく、両手を胸の前に置くポーズをとる。

経典などにおけるターラーの起源譚は、両者の間にあるこのような密接な関係と、ターラーという語の持つ意味を結びつけることでできあがったのであろう。観音の近くにしばしば登場し、観音とよく似た姿をしたターラーを合理的に説明しようとした結果と考えられる。

ターラーの起源を考えるときに、これまであまり指摘されなかったことに、その身体の色がある。ターラーは基本的に緑色をしているが、これは仏の世界ではかなり異様である。緑というのはサンスクリット語で「ハリタ」(harita) というが、この語は別の女尊であるハーリーティーを連想させる。すなわち、鬼子母神《きしもじん》である。本来は西アジアで信仰されていた富と豊穣の女神で、左手にコルヌコピアと呼ばれる植物の束をしばしば持つが、これもその象徴とされる。財宝神としてのハーリーティーはガンダーラ地方でも流行し、その彫刻も数多く残されている。そこには鬼子母神から連想される恐ろしい鬼女のイメージはなく、左手に植物を持ち、ゆったりと坐る慈悲深い女性の姿である。それはそのまま、仏母であるターラーの姿に通じる。身色の緑が植物の色を表すとすると、ターラーこそが豊穣の女神の流れを汲んだ母なる仏ということになる。実際、密教経典では、ターラーはあらゆる仏を生み出す根源的な女尊、すなわち仏母《ぶつも》としばしば説かれる。

白《しろ》ターラー

ターラーの中には特別な名前を持つものがいる。インドの成就法文献『サーダナマーラー』には、このような特殊なターラーが何種類か含まれている。カディラヴァニーターラーとか、ドゥルゴーターリニーターラーなどである。ちょうど、観音に十一面観音や不空羂索《ふくうけんさく》観音のような変化《へんげ》観音が登場することに似ている。これも観音とターラーの類似性を示すものである。

その中に「死を欺くターラー」と呼ばれる奇妙な名前のターラーがいる。死そのものや、死をもたらす魔を退ける役割を持つ。もともとインドの民間信仰や呪術の中に見られた考え方で、死が近づいたときのさまざまな予兆と、それを退ける方法が知られていたらしい。仏教でもこれを取り入れ、死への対処方法に特定の仏の観想法を組み込んだのである。そのときに登場したのが、この「死を欺くターラー」である。

『サーダナマーラー』の説くこのターラーの姿は、通常のターラーとほとんど変わらないが、身体の色が緑ではなく白で、坐法が遊戯《ゆげ》坐《ざ》から結跏趺坐《けっかふざ》に変わる。一面二臂で、右手は与願印《よがんいん》を示し、左手は睡蓮《すいれん》を執ることは同じである。「死を欺くターラー」に比定できる作品は、インドにおいてもわずかに確認されるが、それほど流行しなかったようである。ネパールでもほとんど知られていない。この形式のターラーが人気を博したのはチベットにおいてである。そこでは単に「白ターラー」の名で呼ばれ、通常の緑ターラーと肩を並べるほどのポピュラーな女尊となった。

チベットでは白ターラーは「死を退ける」という特別な役割だけではなく、それと関係の深い長寿延命、さらにはそれらを包含する息災全般の功徳をもたらすと信じられた。これは、身体の色が、息災に対応する色である白であったこととも関係するであろう。同様に息災の仏である無量寿《むりょうじゅ》と仏頂尊勝《ぶっちょうそんしょう》とともに、「長寿三尊」と呼ばれる形式でタンカや壁画に描かれることも多い。チベットの白ターラーは、顔の両眼の他に、額と両手、両足の五箇所にも目が描かれているが、これは死をもたらす魔を追い払う強力な視線を放つ目であろう。ただし、インドのターラーの作例でこのような目が表されることはなく、チベットで生まれた特徴と考えられる。

般《はん》若《にゃ》波《は》羅《ら》蜜《みつ》

般若波羅蜜は大乗仏教の重要な概念を女尊にしたと説明されることが多い。六種の波羅蜜のなかでもとくに重要と考えられた般若波羅蜜がそのまま名称となっている。波羅蜜がサンスクリット語では「パーラミター」(pāramitā) という女性名詞であるため、女尊の姿を取るとも言われる。

しかし、大乗仏教はもちろん、初期仏教や部派仏教にも仏教の教理や哲学的な概念を表す重要な用語は無限にある。そのなかで、般若波羅蜜だけが女性の仏となって信仰されたというのは、考えてみれば不思議なことである。波羅蜜には、他にも布施《ふせ》波羅蜜や禅定《ぜんじょう》波羅蜜などもあるが、これらが仏の形を取って、人びとの信仰を集めたような形跡は、インドでもその他の地域でも知られていない。中期密教のマンダラに法界《ほうかい》語《ご》自在《じざい》マンダラという大規模なマンダラがあり、そのなかで十二波羅蜜、十二自在、十二地などの仏教の教理をそれぞれ女尊で表す例がある。しかし、それはきわめて例外的で、般若波羅蜜を除き、このマンダラを離れてこれらの仏たちが独立の絵画や彫刻で表されることもなかった。

般若波羅蜜が尊格化したのは、般若経典と直接結びついた仏と見なされたためであろう。大乗経典のなかでもとくに人気の高い般若経典には、八千頌《じゅ》般若経や二万五千頌般若経、さらには十万頌般若経などのさまざまな経典が現れ、般若経典群を形成した。そのいずれも、経典を書写し、くりかえし読誦し、それを礼拝することを、経典自身が説いている。そのため、多くの写本が生み出され、その書写した経典を、あたかも仏のように崇拝する儀礼も行われた。日本でも大般若転読会《てんどくえ》と呼ばれる儀式が、禅宗を中心に現在でも行われている。

般若経典そのものが仏と見なされるとき、それを具体的な仏の姿で表す機運が生じたのは自然な流れである。インドでは般若経典は、本文の挿絵やカバーの装飾として絵や彫刻を含む装飾写本がしばしば作られたが、そこに描かれているのも、この般若波羅蜜の女尊の姿である。写本が大量に生み出されるなかで、般若波羅蜜という仏のイメージが、人びとに浸透していったのである。

般若波羅蜜は教理的な概念であるだけではなく、陀羅尼《だらに》の性格も持っている。日本の仏教で宗派を越えて最も親しまれている経典は、おそらく『般若心経《はんにゃしんぎょう》』であるが、これも般若経典類に属する。他の般若経典に比べて、『般若心経』ははるかにシンプルな内容を持つが、重要なのは、これが単なる経典ではなく、読誦経典であり、しかも陀羅尼経典であることである。その最後にあげられている「羯諦《ぎゃてい》羯諦、波羅羯諦」ではじまる一節はまさに陀羅尼であり、それがこの経典のエッセンスと見なされている。それをくりかえし念誦することで、般若経典全体を読誦する効果が得られるのである。

一般に陀羅尼を尊格化するときには女尊の姿で表す。これは陀羅尼に相当する「ダーラニー」(dhāraṇī) が女性名詞であるという、般若波羅蜜の場合と同じ理由があげられる。ただし、陀羅尼と結びついた仏には、不空羂索観音《ふくうけんさくかんのん》や十一面観音のような男性の仏もいるので、絶対的なルールではない。

すでに、インドにおいて般若波羅蜜が女性の姿を取って信仰されていたことは、作品と文献の両者から確認される。パーラ朝やオリッサ地方の遺跡からは、それほど多くはないが、般若波羅蜜に比定できる彫刻が出土している。また、成就法文献の『サーダナマーラー』には、九種類の般若波羅蜜の成就法が含まれている。いずれも結跏趺坐《けっかふざ》で坐る柔和な姿をした女性のイメージであるところは共通している。

このうち、文献に説かれる般若波羅蜜には、臂数や持物にいくつかのパターンが現れる。臂数は二臂像と四臂像があり、そのうち多数を占めるのが二臂像である。二臂像の場合、右手で蓮華、左手で般若経典を直接持つタイプと、左右の手はいずれも蓮華を執り、その上に般若経典を載せるタイプのふたつがある。さらに、両手で説法印を示し、その左手のみに蓮華を持ち、その上に般若経典を載せるタイプもある。四臂像の場合、両手で説法印を示し、残りの二臂の左手は般若経典を載せた蓮華を執り、右手は施無畏《せむい》印を示すと説かれる。

現存するインドの般若波羅蜜の作例で、これまでに確認できたものは十例程度に過ぎないが、いずれも文献の記述にほぼ忠実である。そのほとんどが二臂像で、四臂像はオリッサから出土した一例が確認されるのみである。二臂像はいずれも胸の前で説法印を示し、その両手から左右に蓮が伸び、その花の上に般若経典を置く。四臂像の場合、中心の二臂で説法印を示し、残りの二臂のうち、左手には般若経典を載せた蓮華を持ち、右手は与願《よがん》印を示す。印は異なるが、それ以外は文献の記述に合致する。

これに対し、チベットの般若波羅蜜は、二臂と四臂の比率が大きく変わる。インドでは少数であった四臂の占める割合がはるかに大きくなるのである。

二臂像はインドの二臂像のいくつかのタイプのうち、両手に蓮華を執り、その上に般若経典を載せた形式が、チベットでは一般的になる。ただし、それ以外の形式も伝えられていたようで、図像集などには登場する。

これに対し、チベットで多数を占める四臂像には、インドにはない形式が現れる。主要な二臂は特定の持物は持たず、説法印や定《じょう》印を示したり、あるいは左手のみを定印の構えにして、右手で施無畏印や与願印を示す。残りの二臂は体の左右に広げ、数珠と般若経典を持つタイプと、金剛杵《こんごうしょ》と般若経典を持つタイプの二つがある。このうち、はじめのタイプは持物と左右の位置関係に定めはなかったようであるが、後者の場合、金剛杵は必ず右手に、般若経典は左手に持つ。

新たに導入されたこれらの持物がどこからもたらされたのかは、必ずしも明確ではないが、数珠と般若経典については、同じ持物を手にする観音から、金剛杵については、般若波羅蜜を明妃《みょうひ》とする持金剛《じこんごう》から取り入れられたのではないかと考えられる。

吉祥天《きっしょうてん》

吉祥天は、たとえば薬師寺《やくしじ》に伝えられる「吉祥天像」などを通して、日本人にもよく知られた女尊である。あるいは、仏像マニアであれば、京都の浄瑠璃寺《じょうるりじ》にある清楚な彫像を思い浮かべるかもしれない。少女を思わせるあどけなさもたたえたこの像は、長く秘仏であったことから、制作時のあざやかな彩色もよく保たれ、みずみずしささえ感じさせる優品である。

チベットの吉祥天も、同じく清楚な女性の姿を取る。左手に宝珠を持つ点も日本の吉祥天像と同じであるが、その持ち方は若干異なり、日本では宝珠をひとつだけ手のひらに載せるのに対し、チベットでは月見団子のように宝珠を積み上げたお盆を、かかえるように持つ。しかし、それ以上に両者で異なるのは表情である。美しい女性の容貌は示しているが、口はやや開きぎみで、その両端からは牙がのぞいている。額には第三の目が垂直に描かれるが、三眼を持つのはインドのシヴァ以来、忿怒尊《ふんぬ》に広く見られる特徴である。右手は矢を一本握り、その矢羽根の付け根のところには、幡と鏡が結わえられている。

吉祥天、すなわちラクシュミーは古い歴史を持つインドの女神である。一般にはヴィシュヌの妻と見なされているが、本来は独立した女神であった。その名称は「おめでたい、吉祥な」という形容詞で、中国ではその意味をそのまま用いて吉祥天としたり、功徳天と訳すこともある。ラクシュミーという名以外にもシュリーと呼ばれることもあるが、これもよく似た意味の形容詞である。サンスクリット語の場合、形容詞はそれが修飾する名詞としても扱われ、「吉祥なるもの」「功徳あるもの」となり、ラクシュミーもシュリーも女性形であることから、そのような女神を指す固有名詞となる。

インドで吉祥天と考えられる造形作品をはじめに生み出したのは、おそらく仏教である。紀元前二世紀頃に制作されたバールフットのストゥーパ（仏塔）には、周囲の柵にあたる欄楯《らんじゅん》と呼ばれる部分に、蓮華の上に立つ女性に二頭の象が水をそそいでいる浮彫がある。女性を乗せた蓮華は壺の中から繁茂し、壺、蓮、女性という生命力や生産力を象徴するシンボルが積み重ねられている。その女性に水をそそぐ象も、同じ根から左右に広がる別の蓮の花の上に乗り、そこから女性にそそがれる水は、女性の胎内に宿る新たな生命の誕生を暗示している。

このような形式の女神像は、古代インドで好まれたようで、ガジャラクシュミーと呼ばれる。ガジャは象、ラクシュミーはすでに述べたように吉祥を表すが、ここでは中央の女性をその名を持つ女神と見なしているのである。

ガジャラクシュミーのモチーフは、バールフットよりも少し遅れて作られたサーンチーにおいても引き続き見ることができる。興味深いのは、そこではこのモチーフが釈迦《しゃか》の誕生を意図していたと推測されることである。サーンチーではその他に、成道《じょうどう》が菩提樹《ぼだいじゅ》、初説法が法輪、涅槃《ねはん》がストゥーパで象徴されている。これらの四つの釈迦の重要な事跡、すなわち四大事がセットで登場するのである。ガジャラクシュミーには釈迦そのものを示すものは何もないが、母である摩耶夫人《まやぶにん》があたかもラクシュミーのように、生命を生み出す源ととらえられているのであろう。ラクシュミーに灌水する象は、サンスクリット語ではナーガと呼ばれることもあるが、一般にナーガは龍を指す。釈迦は誕生するとナンダ、ウパナンダの二龍王から灌水を受けることがよく知られている（龍王灌水）。この龍王とガジャラクシュミーの象は、言葉の点では同じなのである。

ラクシュミーの起源は、このガジャラクシュミーにも見られるように「母なる女神」であったと考えられ、それは仏教内部と言うよりも、広くインドで信仰された地母神的な女神であったと考えられる。そして、ヒンドゥー教でヴィシュヌの妻をこの名称で呼ぶようになり、具体的なイメージもそなえるようになった。ただし、他の女神と明確に区別されるような固有の特徴を持つには至らず、優美な女性像という一般的なイメージにとどまった。

仏教ではヒンドゥー教に比べても、吉祥天はそれほど目立った存在ではなかったようであるが、大乗仏教の時代になると、次第に仏教の女尊として重要な地位を占めるようになる。その代表が『金光明経《こんこうみょうきょう》』と呼ばれる経典に登場する功徳天で、他にも弁才天《べんざいてん》、地天母《じてんも》、鬼子母神《きしもじん》といった個性的な女尊たちとともに、仏教の護法神的な役割を果たす。『金光明経』にもとづく功徳天（吉祥天）は、経典にその尊容についての具体的な記述が含まれないこともあり、中国ではほとんど作られなかったようで、作例はほぼ日本に限られる。浄瑠璃寺の吉祥天像もこれに相当し、左手に宝珠を持つ姿で表される。

さらに、吉祥天は千手観音の眷属のひとりと見なされ、しかもその筆頭にあげられるようになる。千手観音の眷属は二十八部衆へと整備され、その基本的な形式は中国でできあがったと考えられる。敦煌《とんこう》では壁画や絹絵の幡画に二十八部衆を伴った千手観音を描いた作品が多く残される。そこにはかならず功徳天も描かれる。

ここでの功徳天は宝珠を持つこともあるが、それよりも多いのは、蓮華を載せたお盆をかかえる形式である。その蓮華が次第に宝珠に変わっていったと推測される。もうひとつ注目されるのは、右手に三叉戟《さんさげき》などの棒状の武器を持つ作例が、中国でも日本でも見られることである。これは、吉祥天のような女神にはふさわしくない持物であるが、二十八部衆の功徳天は弁才天と同体視され、そのイメージが流用されたためと考えられる。右手に持つ武器は『金光明経』に説かれる弁才天の持物のひとつに相当する。日本では大弁功徳天という両者をひとつにまとめたような名称も用いられる。チベットの吉祥天が忿怒の表情を示し、矢のような武器を手にすることができたのは、すでにそれ以前から吉祥天が弁才天と同体視されていたことが、下地になっていたのであろう。

一方、チベットでは吉祥天を、チベット土着の女神で、ラサの守護神として信仰された忿怒形の女神と同体と見なされることがある。本来、鏡と幡の付いた矢は、この女神が手にしていたもので、他のチベット土着の女神にもしばしば見られる。この矢は単なる武器ではなく、呪術的な役割を持った道具と言われ、本書でもマチクペルラモやドルジェユドンマの持物に登場する。吉祥天はこれらの女神と同列に扱われたのである。

このように、チベットの吉祥天が生まれるまでには、インドからチベットに至るさまざまな女神信仰が複雑に絡み合っていたと考えられる

弁才天《べんざいてん》

弁才天は弁天という簡略化された名称でも呼ばれ、さらに同じ発音の弁財天という名称もひろく用いられている。もとのサンスクリット語の名称はサラスヴァティーで、「サラス」は水、「ヴァティー」は「〜を持つもの」で、水を有するもの、すなわち河川や湖、海などを意味する。実際にサラスヴァティーと呼ばれる河が、古代からインドに存在しているし、神がみの住む天界に流れる想像上の河にこの名称を持つものもある。

サラスヴァティーはヴェーダ文献の中で最も成立の古い『リグ・ヴェーダ』の本集（サンヒター）において、すでにこのような河川を神格化した女神の名称となっている。しかし、他のヴェーダの神がみと同様に、特定の姿や形を有していない。サラスヴァティーはその後、ヴェーダ文献のひとつ「ブラーフマナ」において、言葉をつかさどる女神ヴァーチュと同一視されるようになる。ヴァーチュもその本源が水（原初の水）の中にあり、そこから一切万物の上に広がるという哲学的な思考と結びつく。サラスヴァティーも同じく水を本質とすることから、同体説が導かれたのであろう。その結果、サラスヴァティーは単なる水の神ではなく、言葉の女神として弁舌にたけ、さらにそれを朗々と歌い上げる音楽の才をも持つに至ることになる。こうして、学問の神であり音楽の神であるサラスヴァティーの基本的なイメージができあがる。

中国の漢訳経典でサラスヴァティーが弁才天と訳されたのも、この性格をとらえたためで、さらに妙音天と呼ばれることもある。弁財天はもともと漢訳経典には登場しない訳語で、日本に伝えられたあとに、商売繁盛の神としても信仰され、それに即して才の字を財に置き換えてできあがった和製の名称である。江戸時代に七福神のひとりにも加えられたことから、むしろ弁財天と表記することの方が、現在では一般的かもしれない。

日本に伝わる弁才天には、大きく分けて四つのタイプがある。（一）二臂を持ち、琵琶《びわ》をひく、（二）八臂を持ち、それぞれの手に武器などを持つ、（三）宇賀《うが》弁才天と呼ばれ、八臂であるのは前のタイプと共通であるが一部の持物が異なり、さらに頭の上に、蛇の体を持った老人の姿の宇賀神を載せる、（四）人身蛇頭の異形の弁才天で、一般に天川《てんかわ》弁才天と呼ばれる。この四つである。このうち（三）と（四）のタイプは日本で生み出された形式と考えられるので、ここでは取り上げない。

（一）の二臂の弁才天は、『大日経』をおもな典拠とする。『大日経』にもとづいて描かれる胎蔵《たいぞう》マンダラの最も外側の部分、すなわち外金剛部院《げこんごうぶいん》に、その他のヒンドゥー教の神がみなどとともに描かれる。空海（七七四〜八三五）が伝えた両界曼荼羅の胎蔵幅に描かれていた、優美な姿で琵琶を弾く女性の姿を、その転写本である高雄《たかお》曼荼羅や、さらにそれにもとづく御室《おむろ》版などで見ることができる。この像が、琵琶をひく二臂像の根本像に位置づけられる。一般の日本人がイメージする弁才天の姿が、おそらくこれにあたる。

空海のもたらしたこのタイプの弁才天は、インドに起源を持つ。インドの場合、仏教の弁才天像と判断できる作品は知られていないが、ヒンドゥー教のサラスヴァティーであれば作例は豊富で、現代でも学芸や音楽の神として、その姿を描いたポスターが販売されているほどである。そこでは、一貫してサラスヴァティーは琵琶をひく姿で表されている。ただし、二臂以外にも四臂を有することもあり、その場合、本と数珠、あるいは本とペンを残りの手に持つことが多い。音楽と学問の両方の才をもたらすことが期待されている。

チベットの弁才天も琵琶をひくタイプに属する。ただし、インドにはあった四臂像はチベットには見られない。これは日本の弁才天についても同様で、琵琶をひくタイプの場合、二臂像が基本であり、四臂像はかなり遅れて成立したと考えられる。

インドで密教が栄えたパーラ朝の時代、ヒンドゥー教の神像も数多く作られたが、そこではヴィシュヌ神の像の一部に、脇侍《わきじ》としてサラスヴァティーがしばしば表される。反対側にはラクシュミー（吉祥天）が置かれ、対になっている。ラクシュミーはヴィシュヌの妻に相当する女神であるが、サラスヴァティーもそれと同じ扱いを受けていたことがわかる。そこでのサラスヴァティーは一貫して琵琶を持つ二臂像である。その後、中国や日本では両者は意識的に同体視され、さらには一体化された大弁功徳天《だいべんくどくてん》のような女尊を生み出すことになる。

チベットの弁才天には、この他、六臂像もわずかに知られているが、これは『サーダナマーラー』などに説かれる金剛サラスヴァティー（ヴァジュラサラスヴァティー）と呼ばれる後期密教の特殊なサラスヴァティーで、同じような多臂像であっても、日本の弁才天の二つめのタイプである八臂像とは系統が異なる。

この八臂像であるが、二臂像が『大日経』を典拠とするのに対し、『金光明経《こんこうみょうきょう》』という大乗経典にもとづくとされる。『金光明経』はすでに奈良時代にわが国に伝来し、しかも護国経典としてきわめて重要な位置を占めていた。『金光明経』にしたがった国家的な儀礼が実修され、そこに説かれる仏たちの像も作られた。八臂像の弁才天が日本に伝来したのは二臂像よりもはやいのである。

この八臂像が純粋な仏教のほとけではなく、ヒンドゥー教の女神であるドゥルガーのイメージを借用したものであることは、すでに拙著（『仏教の女神たち』）においてくわしく述べているので、ここではくりかえさないが、ヒンドゥー教の文学作品である『マハーバーラタ』や『ハリヴァンシャ』の文章をたくみに利用し、ドゥルガーの特徴をほとんどそのままサラスヴァティーのイメージにすり替えていることが明らかにされている。『金光明経』には三種の漢訳をはじめ、サンスクリット語テキストに二種、チベット訳にも三種（そのうちのひとつは漢訳からの重訳）が伝わっており、このすべてを比較検討して、はじめてその改ざんのプロセスをたどることができる。それぞれ単独のテキストのみしか見ることができなければ、それがサラスヴァティーの姿であることに疑いをはさむ余地はない。

たまたま日本ではその最終段階に位置づけられる八臂像が二臂像よりもはやくから伝わったことで、その作例も存在するが、インドやチベットでは二臂像がすでに浸透していて、八臂像についてはその存在は知られていても、実際の作例を生み出すには至らなかったようである。インドではそれがドゥルガーのイメージの借用であることも、見透かされていたのかもしれない。

仏頂尊勝
ぶっちょうそんしょう

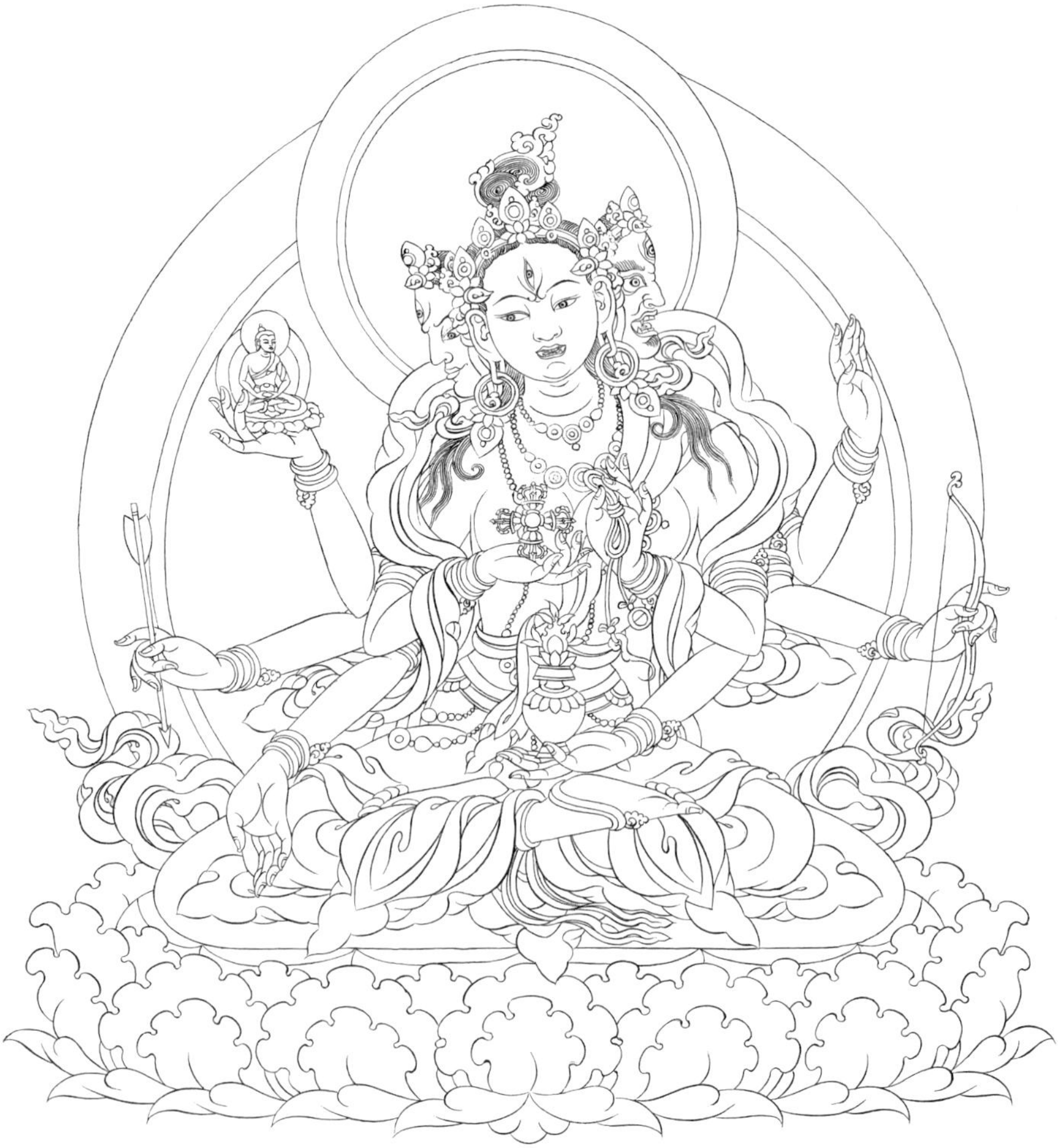

東アジアの仏教の広い範囲で信奉された陀羅尼《だらに》に、仏頂尊勝陀羅尼（uṣṇīṣavijayādhāraṇī）がある。わが国へも平安時代中期に伝来し、真言宗を中心に日々の勤行《ごんぎょう》などで読誦されてきた。

この陀羅尼を説く漢訳経典は十八本を数え、さらに四本の悉曇《しったん》本も伝えられている。このうち、中国において最も広く流布した仏陀波利《ぶつだはり》本には、文殊《もんじゅ》の聖地五台山において、仏陀波利が文殊の化身の大聖《たいしょう》老人に命じられ、仏頂尊勝陀羅尼をインドから請来したことが序分の中に示されている。この陀羅尼の来歴を伝える物語として有名である。

中国では、陀羅尼を刻んだ経幢《きょうどう》が唐代を中心に各地に建立されたが、その大半が仏頂尊勝陀羅尼であった。中国の影響下にあったベトナムからも類似の経幢が報告されている。元代の一三四五年に建造された北京市郊外の居庸関《きょようかん》には、チベット、ランチャ、西夏《せいか》、パクパ、ウイグル、そして漢字の六種の字体によって、仏頂尊勝陀羅尼が刻まれている。チベットを含む中央アジアの諸地域の文字によっても記されていることは、この陀羅尼に対する信仰が、いかに広範なものであったかをよく示している。チベット大蔵経にも五本の仏頂尊勝の陀羅尼経典が含まれている。この他、コータン語の経典類や敦煌《とんこう》文書の中にも、仏頂尊勝陀羅尼の写本が伝えられ、さらにタイにもパーリ語の装飾写本があることが近年報告された。

この陀羅尼の何がいったいそれほどまでに、人びとの心をとらえたのか。仏頂尊勝陀羅尼にはいくつものタイプがあることが知られている。そこから、テキストの成立にしたがって、簡略なものから次第に長大なものへと増広されていったことが跡付けられる。ただし、長大とはいってもそれほど長いものではなく、その他の陀羅尼と比べてもむしろ短い部類に属する。この手軽さも人気を博した理由のひとつであろう。大まかに見て、短い方の陀羅尼はおもに中国で流行し、日本もその流れに含まれる。それに対し、長い方はインドでも時代が下った文献に現れ、その後、ネパールとチベットに伝播した。ただし、同じ中国でも雲南省では例外的に長文の系統の陀羅尼が経幢などに刻まれている。中原の密教よりも南アジアの密教とのつながりを示すのである。地理的あるいは文化的な近さがあったのであろう。

長短いずれの陀羅尼も、滅罪と長寿をその功徳にあげる。滅罪とは、生前に犯した罪により、悪趣《あくしゅ》（地獄などの悪い生まれ変わり）に墜ちることがないよう罪を浄めることで、本人はもちろん、死者のために親族などによっても唱えられた。そのため、葬送儀礼においてこの陀羅尼を唱えることを説く文献もある。長寿が人びとにとって最も一般的な願望であることは言うまでもないであろう。

陀羅尼を説く文献には、しばしばその因縁が陀羅尼に先立って説かれる。仏頂尊勝陀羅尼の場合、ふたつの系統があり、ひとつは善住天子《ぜんじゅうてんし》という年若き神（天子）が、七日後の臨終と悪趣に墜ちることを宣告され、それを救済するという内容である。もうひとつは、極楽世界の阿弥陀如来《あみだにょらい》（無量寿如来）が、衆生が短命であることから、長寿を授けるためにこの陀羅尼を観音《かんのん》に授けたというものである。このふたつのエピソードは、短い陀羅尼と長い陀羅尼に、この順序で対応する。

陀羅尼経典が滅罪を説くのは、尊勝陀羅尼に限らず陀羅尼全般に広く見られるが、それ以外にも、仏の姿を観想することを説く観仏経典と呼ばれる諸経典にも現れる。仏を観想することで除障滅罪が得られるのである。観仏経典は中央アジアで流行したことが知られているが、仏頂尊勝陀羅尼もこの地域のさまざまな言語で表記され、両者がよく似たバックグラウンドを有していたことが推測される。また、代表的な観仏経典のひとつに『観無量寿経《かんむりょうじゅきょう》』（『観経』）があるが、長い方の仏頂尊勝陀羅尼の主役が阿弥陀であったことは、『観経』のような阿弥陀の観想を説く経典の存在が大きかったと考えられる。

この陀羅尼を仏の姿で表したのが、陀羅尼の名称そのものの仏頂尊勝である。陀羅尼の尊格にふさわしく女尊の姿を取る。その特徴は、長い方の陀羅尼を説く文献や、それと密接な関係のある成就法文献などに示されている。とくに、漢訳経典では宋代の法天《ほうてん》による『仏説一切如来烏瑟膩沙最勝総持経《ぶっせついっさいにょらいうしゅにしゃさいしょうそうじきょう》』に詳細な記述が含まれ、これとパラレルな内容が『サーダナマーラー』所収の二種の成就法に見いだされる。

それによると、仏頂尊勝は三面三眼八臂で、結跏趺坐《けっかふざ》で坐る。身色は白で、中央の面は白、右面は寂静相《じゃくじょうそう》で黄色、左面は忿怒《ふんぬ》相で青である。八臂の内容は、右手が羯磨杵《かつましょ》、阿弥陀の仏像、矢、与願《よがん》印で、左手が弓、期《き》剋印《こくいん》を示しながら羂索《けんさく》、施無畏《せむい》印、賢瓶《けんびょう》である。

この特徴はチベットで作られた仏頂尊勝に共通して見られる。さらに、インド博物館（コルカタ）所蔵のナーランダー出土像もほぼこれにしたがっていることから、それがすでにインドにおいて確立していたこともわかる。インドに現存する仏頂尊勝の作例は、このインド博の作品のほかには、オリッサ州のラトナギリ遺跡出土の、腕の欠損の著しい作例がある程度で、どれだけ流布していたかは明らかではないが、文献の記述によく合致する作品がひとつでもあることは重要である。

文献には仏頂尊勝の周囲に、観音と金剛手《こんごうしゅ》の二脇侍と、アチャラ（不動）などの四忿怒尊があげられている。さらに、仏頂尊勝が仏塔の中に安置されることも説かれる。実際、チベットの仏頂尊勝の作例には、しばしばこれらのすべてが描かれている。インド博の作品でも、周囲の尊格は現れないが、仏頂尊勝の光背《こうはい》上部に三基の仏塔の浮彫があり、仏塔についての文献の記述にしたがったことがわかる。

このように、仏頂尊勝の図像上の特徴は、インド以来、きわめて安定していて、チベットの仏像や仏画などでも判別しやすい。とくに、右の第二手に持つ阿弥陀の像は、他の尊格にはほとんど見られない持物で、この仏を容易に見分けるポイントになる。阿弥陀の像を持つことは、とくに長いタイプの陀羅尼が阿弥陀によって説かれ、陀羅尼そのものも長寿をもたらすと信じられたことと関係があるであろう。チベットでは仏頂尊勝は単独で表されるほかに、阿弥陀如来、白ターラーという長寿にかかわる他の二尊とともに「長寿三尊」という組み合わせとなり、多くの作品が残されている。ネパールでも長寿を祝うブラジャンコという儀式において、仏頂尊勝が本尊として祀られる。長寿を願う人びとの期待にこたえる代表的な仏なのである。

白《びゃく》傘蓋仏頂《さんがいぶっちょう》

白傘蓋仏頂は代表的な陀羅尼《だらに》の女尊で、仏頂尊勝《ぶっちょうそんしょう》と同様、「仏頂」の語を含む。仏頂とは仏の頭頂にある肉の盛り上がったところで、仏に固有な身体的特徴、すなわち三十二相のひとつである。この仏頂が光を放つなどの神秘的な力を発揮し、その結果、衆生にさまざまな利益が生じる。仏頂尊勝のところでも述べたように、滅罪や長寿はその代表的なものである。

この仏頂を名称に含む仏たちを「仏頂尊」とも呼ぶ。その代表が仏頂尊勝であり、そしてこの白傘蓋仏頂も、それに比肩しうる重要な仏である。白傘蓋仏頂を説くテキストには、サンスクリット語の原典をはじめ、漢訳に四種、チベット訳にも四種、さらにトゥルファンからも写本が発見されている。日本にも悉曇《しったん》で記された古写本が伝わっている。また、サンスクリット本を多数伝えるネパールでは、増広部分の違いなどから、少なくとも三種の系統があることが報告されている。

白傘蓋仏頂がチベットにおいて女尊の姿で表され、陀羅尼ばかりではなく仏として人びとの信仰を集めたのも、仏頂尊勝とよく似ている。その尊容がすでにインドで確立していたことも、成就法文献をはじめとするインドの密教文献から確認されるが、仏頂尊勝とは異なり、明確な作例はインドからはこれまで見つかっていない。

仏頂尊勝が三面八臂像に限定されていたのに対し、白傘蓋仏頂がいくつかの異なる姿で表されたのも、両者の違いにあげられる。最もシンプルな一面二臂像をはじめ、三面六臂、三面八臂、そして千面千臂千足という極端なまでに面数などを増やしたタイプがある。

とくに最後の形式は、チベットにおける白傘蓋仏頂の作例に最も多い。千臂という数は千手観音を想起させ、実際、体のまわりに同心円のように描かれた千本の腕は、中国の千手観音によく似た特徴である。ひとつひとつの手に目が表されているのも、千手観音に共通する。しかし、千の面は高層ビルかピラミッドのように上に積み重ねられ、千本の足に至っては、ほとんどロングスカートのフリルのようにしか見えない。ただし、チベットで人工的に作られたイメージのように思われるが、白傘蓋仏頂の陀羅尼の中には「千手、千頭、一兆個の目を持つ大女尊よ」という呼びかけが含まれ、すでにインドにおいて、白傘蓋仏頂がこのようなとてつもない姿でイメージされていたことがわかる三面六臂像や三面八臂像はそれほど特別な姿ではない。手には弓矢や金剛杵《こんごうしょ》、円盤（輪）などの一般的な武器を持ち、その一部は仏頂尊勝とも共通する。白傘蓋仏頂を特徴づけるのは、これらに加えて手にする白い傘蓋である。これは千面千臂千足のタイプでも、個々の手に持つ持物とは別に、主要な二臂で高らかに掲げられるし、一面二臂像の場合、他の持物は一切持たず、傘蓋のみを手にしている。

この白傘蓋仏頂の主要な持物で、その名称にもなってる白い傘蓋とはいかなるものなのか。

仏頂尊には、仏頂尊勝や白傘蓋仏頂の他にも、大仏頂や光聚《こうじゅ》仏頂、高大仏頂などがいるが、これらが単独で信仰されることは、若干の例外を除いてほとんどなかった。その多くは仏頂に対する「大きい」「すぐれている」などの形容詞を付した名称で、仏頂の持つ偉大さをさまざまに表現していると考えられる。仏頂尊勝も「ひときわすぐれた仏頂」という意味で、それと同じであるが、むしろこの仏をモデルにして、その他の仏頂尊を生み出していったというのが実情であろう。

この中で白傘蓋仏頂は、具体的な「白傘蓋」を名前にしているという点で、特異な仏頂尊である。もともと白い傘蓋に対して特別な信仰があり、それが仏頂尊の一種と見なされたのであろう。

白傘蓋はサンスクリット語では「シタータパトラ」(sitātapatra) という。「シタ」が白で、「アータパトラ」が傘蓋にあたる。一般に傘蓋を表すサンスクリット語は「チャトラ」(chattra) であるが、それに比べると「アータパトラ」が使用される頻度は低い。特殊な傘蓋なのである。

アータパトラもチャトラと同様、傘蓋と訳されるが、チャトラがそのまま傘を指す語であるのに対し、アータパトラは「熱や日差しをさえぎるもの」という意味を本来は有している。これは、アータパトラが、熱や日差しを表す

「アータパタ」（ātapata）の派生語であり、さらにその語源には、「熱や光で苦しめる」という動詞 ā-tap があることから導かれる。ここに動詞 tap が現れるのは注目される。tap から作った別の派生語である「タパス」（tapas）が、「熱」であると同時に「苦行《くぎょう》」も意味し、インドの宗教実践における重要な述語のひとつとして知られるからである。たとえば、シヴァは想像を絶するほどの長い期間、苦行（タパス）をおさめたことで、体に特別な熱力（タパス）を蓄え、神がみの中で最も強大な神となったという。超越的な力の源泉を説明するときに現れるのが、tap やそれに由来する言葉なのである。

白傘蓋仏頂の陀羅尼には「白熱の火のごとく輝く白傘蓋女尊よ」というフレーズや、「大いなる輝き、大いなる炎、大いなる白光」といった呼びかけの語が現れる。傘蓋は光や熱をさえぎることをその役割とするが、むしろみずからが光や熱を発することで、他からの攻撃を打ち破ることが期待されている。傘蓋が白であることも、光や熱を反射するとともに、みずからも放射することがイメージされているのであろう。

さらに陀羅尼の中では、国王による恐怖、強盗による恐怖、加持祈禱《かじきとう》による恐怖、水害による恐怖などさまざまな恐怖をあげ、そのすべてを打ち破ることを宣言している。一般の陀羅尼が浄罪や長寿といった個人的な願望成就をもっぱらとしているのに対し、白傘蓋陀羅尼は国土の保全や災害からの防御といった国家的な規模での効能が期待されるといわれるのもそのためである。そして、他のものによる呪詛《じゅそ》、たとえばルドラによる呪文、ヴィシュヌによる呪文、シヴァによる呪文など、さまざまな神がみや悪魔、悪霊たちによる呪文を断ち切ることも、陀羅尼の中でくりかえし説かれる。

そもそも、「白傘蓋陀羅尼」というのは略称で、「一切如来の仏頂である白傘蓋という名の、向かうところ敵なしの、偉大な呪詛返しの明呪《みょうじゅ》の陀羅尼」というのがその正式名称であることがサンスクリット本から確認できる。敵の呪詛をはねかえすはたらきを持つ陀羅尼であるからこそ、白傘蓋という名称で呼ばれたのである。

ヴァジュラヨーギニー（ナーローパのカチョマ）

一般に「ナーローパのカチョマ」と呼ばれる女尊である。ナーローパ（ナーダパーダ）は十二世紀ころに実在したと言われるインドの密教行者（成就者）で、はじめはナーランダー僧院に所属し、その学識の広さから指導者的立場にあったとされるが、後に僧院を離れ、やはり在野の修行者であったティローパに師事して密教の実践を重ね、ついに究極の悟りに到達したと言われる。その名は「ナーローの六法」という実践法でもよく知られている。

そのナーローパを密教の実践へと導いたのがこの女尊である。同時に彼女は、性的なヨーガの実践において、ナーローパのパートナーもつとめた。カチョマはサンスクリット語の「ケーチャーリン」のチベット名で、「虚空《こくう》を行くもの」という意味である。このような女性の密教行者を指す名称としてはダーキニーがよく知られているが、それとほとんど同じ意味で用いられる。

ナーローパのカチョマは、右手にカルトリ、左手にカパーラを持ち、さらに左肩にはカトヴァーンガを懸ける。これらの特徴は、母タントラ系の仏であるヘールカたちに広く見られ、さらにヘールカの配偶神たちもこれと同じか、もしくは一部が共通する姿をする。この女尊もそのような配偶神のひとりと考えられ、とくにチャクラサンヴァラの配偶神であるヴァジュラヨーギニーと同じ仏とされる。足の下に踏みつけられているのは、バイラヴァとカーララートリの夫婦の神であるが、これも本来はチャクラサンヴァラとその配偶神が、その足の下に踏んでいた。

ヘールカやその配偶神の基本的なイメージをそなえてはいるが、それだけではない。この女尊はほとんど全裸で、しかもその肌の色は鮮やかな赤色である。左手に掲げるカパーラから血を飲むしぐさとも相まって、見るものに強烈な印象を与える。この姿は、ナーローパが悟りに到達した時に、それまでの修行をともにしてきたパートナーが示した女尊としての真の姿である。いわば、ナーローパによって感得された女尊の姿なのである。

ナーローパのカチョマ像は、その後、チベット仏教のとくにサキャ派やゲルク派で重視され、作例数もきわめて多い。チベット仏教の女尊の典型的な姿としてもよく知られている。

獅子《しし》面《めん》ダーキニー（センドンマ）

「獅子《しし》の顔を持つ女神《にょしん》」を意味する「センドンマ」という名称で、チベットで人気の高い守護尊である。外見からは女性であることはなかなかわかりづらいが、智慧のダーキニー（ye shes mkha' 'gro ma）がその前に付されることもあり、母タントラ系の女尊の総称であるダーキニーの一種であることがわかる。右手にカルトリ、左手には血で満たされたカパーラを持ち、さらにカトヴァーンガをかかえて、死体の上に丁字立ちするのは、ダーキニーの典型的な姿である。顔が人間ではなく動物であることだけが特別で、それがそのまま名称にもなっている。

動物の頭を持つ神は世界中にいる。神ではなくても、悪魔や鬼神が動物の姿をすることも広く見られる。動物を擬人化するのは、人間の基本的な思考法なのである。インドではヒンドゥー教の神ヴィシュヌの化身の野猪（ヴァラーハ）や獅子が有名である。密教でもサンヴァラの明妃《みょうひ》であるヴァジュラヴァーラーヒーは、ヴィシュヌの野猪の化身と関連があるし、それ以外にもサンヴァラはその眷属神に、烏《からす》やフクロウ、犬などの動物の頭を持った女神を従えている。

獅子面のダーキニーも、サンヴァラ系のタントラの伝統の中で生み出されたと考えられる。ダーキニーであるのもそのためである。ただし、烏などの動物が、屍体に群がる不吉な動物であるのに対し、獅子（ライオン）は動物の中では最も威厳のある高貴な存在である。これらの獣頭のダーキニーとは別格の存在で、仏と同等と見なされている。

獅子面のダーキニーは、サンヴァラ系の密教が重要な位置を占めるサキャ派、そしてゲルク派に多くの作例がある。単独像の他に、虎面と熊面のダーキニーを脇侍《わきじ》に伴う形式も好まれた。ニンマ派も獅子面のダーキニーを重視し、多くの作品が生み出されたが、それはニンマ派の開祖であるパドマサンバヴァの化身のひとつに、この女尊が加えられたことにもよる。また、もともと獣頭の神がみを好み、多くのこの種の神がみを有していたニンマ派の嗜好にもよく合っていたのであろう。それぞれ異なる色をした五体の獅子面のダーキニーを一幅に描いた作品や、大勢の獣頭の神がみを獅子面のダーキニーの周囲に配した作品なども知られている。

ヴァジュラヴァーラーヒー

十一世紀から十二世紀にかけてインドで活躍した著名な仏教者に、アバヤーカラグプタという人物がいる。密教だけではなく大乗仏教の教理にも通じた当代一流の学僧として知られていた。インド仏教の中心的な寺院であったヴィクラマシーラやナーランダーの僧院の座主もつとめ、当時の仏教界の最高権威であったと伝えられる。

アバヤーカラグプタには密教儀礼を扱った有名な三著作があるが、その執筆のきっかけとなったエピソードを、チベットの歴史書『テプテルゴンボ』（青冊史）が以下のように伝えている。

アバヤーカラグプタは女尊ヴァジュラヨーギニーの熱心な信者で、その瞑想を日々実践してきた。あるとき、ついにこの女尊が彼の現前に姿を現した。アバヤーカラグプタは修行の完成となる女尊との性瑜伽《せいゆが》の実践を行おうとするが、ヴァジュラヨーギニーはそれを拒み、次のように述べる。汝は今生において我と交わることはできない。しかし、そのかわりに密教の儀礼についての総合的な解説書を人びとのために著せ。そうすれば、来世に私との瑜伽が実現されるであろう。これにしたがってアバヤーカラグプタが執筆したのが上記の三著作であるという。

ヴァジュラヨーギニーをパートナーとする性瑜伽は、後期密教の碩学にとっても究極の実践法であり、しかもその人物をもってしても容易にはなしえない難行であったことがわかる。

ヴァジュラヨーギニーは「金剛の瑜伽女」という意味で、密教の修行における女性のヨーガ行者を指す一般名でもあるが、実際の尊格を指すこともある。その代表がヴァジュラヴァーラーヒーである。アバヤーカラグプタのエピソードは『テプテルゴンボ』以外の文献にも伝えられているが、ヴァジュラヨーギニーにかわってヴァジュラヴァーラーヒーの名をあげるものもある。

ヴァジュラヴァーラーヒーはナーローパのカチョマと同一の女尊でもある。該当するその項目でも述べたように、ナーローパが成就者（シッダ）となって、密教の実践を極めたときに、そのパートナーとなって彼を悟りへと導いたのがこのダーキニーであった。

ナーローパのカチョマは、右手でカルトリを振り上げ、左手のカパーラから血を飲むという強烈なポーズを取るが、ポーズを別にすれば、これらの持物をはじめ、身色の赤、頭髪を飾る髑髏《どくろ》、首にかけた人頭の鬘《まん》、全裸であることなど、基本的な特徴はヴァジュラヴァーラーヒーとまったく同じである。唯一、足の下に踏まれていたのがバイラヴァとカーララートリであったのに対し、ヴァジュラヴァーラーヒーは人間の屍体である。前者のヒンドゥー教の二神を踏むのはサンヴァラと共通で、後者の屍体を踏むのはヘールカ一般に見られる特徴である。丁字立ちをとるヴァジュラヴァーラーヒーのポーズそのものも、ヘールカとまったく同じである。

ところで、ナーローパを悟りへと導いたヴァジュラヨーギニー（ヴァジュラヴァーラーヒー）との性瑜伽を、アバヤーカラグプタがなしえなかったというエピソードは、この女尊との実践がいかなるものであったかをよく示している。ナーローパはアバヤーカラグプタよりも一世紀ほど前の時代の人物であるが、彼もはじめは大僧院に所属し、とくにヴィクラマシーラ寺院では六賢門という六人の著名な学僧のひとりに数えられていた。しかし、あらゆる仏教の教理に通じているという彼の慢心を打ち破ったのが、ヴァジュラヨーギニーであった。ナーローパはその結果、大僧院のリーダーの地位を捨て、同じく在野の修行者として名をはせていたティローパについて、ついに成就者となったことが伝えられている。僧院の中の万巻の書よりも、ひとりの強烈な指導者と、適切な実践のパートナーさえいれば、世俗にあっても悟りに到達することができたのである。かたや、その道はとらなかったアバヤーカラグプタは、僧院を中心とした伝統的な仏教界の頂点を極めてはいるが、密教の実践に関しては最終的な段階に進むことはできなかった。

ヴァジュラヴァーラーヒーとナーローパのカチョマとのあいだの図像上の相違点に、猪の顔の有無がある。ヴァーラーヒーとは野猪を表すヴァラーハの女性形で、雌の猪を指す。ヴァジュラヴァーラーヒーはこの猪の顔を頭髪の中に置く。これとは別の形式で、頭の右側面から横に突き出すように横向きの猪の頭を持つものもある。むしろこの方が一般的で、頭髪の中に小さく描くのは、比較的近年の作品になって現れた新しい形式である。おそらく、チベットで人気の高い馬頭が頭髪の中に馬の頭を置くことから、それに影響を受けたのであろう。一方、猪の頭を顔の横に突き出す形式は、次に取り上げるマーリーチーにも見られる。マーリーチーの場合、インドにもはやくから類例があり、ヴァジュラヴァーラーヒーはそれにならったものと考えられる。ただし、マーリーチーの場合、左の側面から突き出すことがインドでは一般的で、ヴァジュラヴァーラーヒーとは逆である。

マーリーチーと猪との関係については次項で取り上げるが、おそらくヒンドゥー教のヴィシュヌがとった野猪の化身であるヴァラーハと関連づけられる。ヴァラーハは向かって右に顔を向けて表すのが一般的で、その頭部の表現がそのままの向きでマーリーチーに取り入れられている。ヴァジュラヴァーラーヒーがこれと逆の側に猪の頭を置く理由は明らかではないが、左脇にかかえたカトヴァーンガと重なることを避け、何もさえぎるもののない反対側に移したという程度の理由ではないかと思われる。

野猪のイメージはヴィシュヌの化身のヴァラーハが有名であるが、ヴァジュラヴァーラーヒーの直接の起源は、その妻であるヴァーラーヒーに求める方が妥当である。ヒンドゥー教では女神信仰の興隆とともに、母神と呼ばれるグループが形成された。彼女らは主要なヒンドゥー教の男性神の妻たちに位置づけられたが、その中のひとりにヴァラーハの妻であるヴァーラーヒーがいる。猪の頭をした夫と同様、頭部は猪である。母神たちは七母神もしくは八母神というまとまりをつくり、ドゥルガーの眷属とも見なされるようになるが、ヴァーラーヒーはつねにそこに含まれる。密教内部でも『真実摂経《しんじつしょうきょう》』において、ヒンドゥー教の神がみで構成された外金剛部《げこんごうぶ》二十天の中に、ヴァーラーヒーは夫のヴァラーハとともに登場する。これに密教の尊名に広く用いられる「金剛」を冠してできあがったのがヴァジュラヴァーラーヒーなのである。

マーリーチー

マーリーチーは日本密教でも信仰される女神で、摩利支天《まりしてん》あるいは摩里支天などと音写されて表記される。マーリーチー（mārīcī）は普通名詞で、太陽や月の光、とくに暁の曙光を指す言葉であった。また、月と太陽に蝕をおこすラーフとも関係があるとされる。日本では陽炎《かげろう》とも理解され、ちょうど陽炎のように姿が見えなくなったり、見えても実際にはいないことから、摩利支天法という行法が武士の間に広まったという。戦場においてこれを実践すれば、隠身の術となって敵に討たれず、また敵を容易に討つことができるのである。金沢の卯辰山《うたつやま》に摩利支天を祀る宝泉寺《ほうせんじ》という真言宗の寺院があるが、ここは金沢城から鬼門の方角にあり、城を守る役割を担っていたという。

マーリーチーを説く経典や儀軌は豊富で、漢訳されたものも複数ある。これらに見られるマーリーチーの尊容には、一面二臂、三面六臂、三面八臂、三面十二臂、六面十二臂など多岐にわたる。インドではマーリーチーは人気の高い女尊だったようで、出土例もきわめて多い。仏教の女尊の作例数では、ターラーが圧倒的に多いが、マーリーチーはこれに次ぐ。文献に比べてこれらの作品に見られる特徴は比較的安定していて、三面六臂と三面八臂にほぼ限られる。

これらの作例に共通して現れる持物には、弓矢、針と糸という二組のセット、さらに金剛杵《こんごうしょ》とアショーカ樹の枝の六つがあげられる。八臂像の場合、これに剣と羂索《けんさく》が加わることが多い。

これらの持物のうち、弓矢は他の尊格にも見られる一般的な武器であるが、マーリーチーの場合、おそらくそれだけではなく特別な意味を持つ。マーリーチーはインドの代表的な太陽神であるスーリヤと図像上の多くの共通点を持つ。そのひとつが弓矢である。

スーリヤも中世以降、インドで多くの像が作られたが、しばしば左右にふたりの女神を脇侍《わきじ》のように従える。これらの女神はいずれも弓矢を持ち、それを射るポーズをとる。これらの女性像の名称は不明であるが、そのひとりが曙の女神ウシャスと理解されることもある。夜の闇を切り裂いて暁の光が世界を照らすイメージを、放たれた矢によって表すのである。

スーリヤの眷属神には、この他にダンダとピンガラという男性が登場することもある。このうちダンダは杖を持ち、罪人を懲罰する役割を果たし、もう一方のピンガラはインク壺とペンを持ち、罪人の罪状を記録するという。マーリーチーには同じ持物は現れないが、針と糸というこの女神に独特の持物が、やはり罪人に対するもので、それによって悪人の口と目を縫い付けるといわれる。スーリヤにしたがう懲罰者の眷属と同じ役割を、マーリーチーも果たすのである。

これらの持物の他にも、マーリーチーとスーリヤには重要な共通点がある。それは七頭の動物に乗ることである。スーリヤの場合、それは馬でマーリーチーは猪となる。いずれもこれらの動物がひく車に乗っている。日本やチベットでは、マーリーチーの猪は一頭のみで、ちょうど他の仏、たとえば文殊《もんじゅ》が獅子に、普賢《ふげん》が象に乗るように描かれることもあるが、本来は騎乗するのではなく、七頭立ての車が乗りものであり、動物たちはそれをひくのが仕事である。

スーリヤのような太陽神が七頭立ての馬車に乗るのは、インド以外でも見られ、なかでもギリシア神話のアポロンはとくに有名である。動物の数が七であることも重要で、時間の単位のひとつである曜日の数に一致することはもちろんであるが、それも含め、七がしばしば全体や完全性を示す象徴的な数字と考えられていたことに関係する。太陽神が世界に秩序をもたらすことが、七という数に込められているのである。密教では大日如来が七頭の獅子に乗るが、これもそのヴァリエーションのひとつである。

マーリーチーはこの七頭の馬を七頭の猪に置き換えている。これが単なる偶然ではなく意図的なものであることは、インドの作例で、猪ではなく馬がひく車に乗ったマーリーチーの像も存在していることから明らかである。しかし、マーリーチーが猪をともなうのは、スーリヤの単なる模倣やパロディーではない。

猪自身がインド世界では宇宙と密接に結びついた動物であった。ヴェーダにはエームーシャという名の野猪が、アスラたちの宝を守っていたという神話がある。ここでは、最終的に神がみの王であるインドラによって野猪は殺され、守ってきたアスラの宝を神がみが手に入れることになる。インドではアスラは、インドラに代表される神がみによって退治される悪役へと堕すが、アーリア人がインドに侵入する前のインド＝イラン時代には、アスラは光と結びついた輝かしい神がみであった。野猪はその神がみの重要な守護者であった。

野猪を表すサンスクリット語はヴァラーハであるが、その名はインドの創世神話と強いつながりを示す。やはりヴェーダの神話で、ヴァラーハによる宇宙創造の物語がある。世界の始まりにおいて世界は水で満たされていたが、そこに最高神プラジャーパティが野猪の姿となって水に潜り、自分の鼻の大きさに等しい大地ができあがったという。この時、大地の女神プリティヴィーが誕生したともいう。プラジャーパティはヴェーダに登場する人類の始祖に位置づけられる神であるが、本来はこの神を介さずに、野猪そのものが宇宙開闢《かいびゃく》をなしたのであろう。

この物語は、ほとんど同じ枠組みでヴィシュヌの化身のひとつヴァラーハによる創世神話に姿を変える。そこでは野猪の姿をとったのはプラジャーパティではなくヴィシュヌで、その長く突き出た鼻で、大地の女神プリティヴィーを水からすくいあげたのである。

このヴァラーハとしてのヴィシュヌ像は、ヴィシュヌの化身の中でもとくに好まれたもので、多くの作例があるが、そのほとんどがヴィシュヌの顔を向かって右向きに表している。猪の顔は横向きの方がわかりやすいし、さらにその左肩にのせたプリティヴィーを見守るポーズにもなる。インドのマーリーチー像の場合、三面のうちの一面は野猪（ヴァラーハ）の顔をしていると文献に規定されるだけで具体的な説明はない。実際の作例に見られるその表現は、ヴィシュヌの化身であるヴァラーハの顔に酷似していることから、当時の人々にとってヴァラーハは、動物の野猪ではなく、ヴィシュヌの化身であったことがわかる。

世界に秩序をもたらす太陽神や、創世神話におけるヴァラーハのイメージを意識して生み出された仏教の女神がマーリーチーなのである。

パルナシャバリー

パルナシャバリーは葉衣観音《ようえかんのん》のことである。葉衣観音は胎蔵曼荼羅《たいぞうまんだら》の蓮華部院に含まれる変化観音のひとりで、不空《ふくう》（七〇五〜七七四）訳の『葉衣観自在菩薩経』という独立した経軌もある。ただしその尊容は一面二臂、あるいは一面四臂の菩薩形で、インドで流布した図像や右図とは大きく異なる。そこでは三面六臂の忿怒形《ふんぬぎょう》で表され、それぞれの面には三眼もそなえる。両膝を曲げた中腰のような姿勢は、菩薩にも明王《みょうおう》にも見られない独特のポーズである。さらにこの仏を特徴づけるのは腰にまとった樹木の葉でできた衣である。まさに葉衣である。持物は右手に金剛杵《こんごうしょ》、矢、斧鉞《ふえつ》（まさかり、あるいはおの）、左手は期剋印《きこくいん》を示しつつ羂索《けんさく》、弓、植物の葉で、このうちの一部は不空訳の一面四臂像の持物に一致する。

この姿のパルナシャバリーは『幻化網《げんけもう》タントラ』という経典に説かれている。この経典は漢訳されているが、中国や日本の密教ではほとんど重視されなかった。この形式のパルナシャバリーの図像も伝わっていない。

パルナシャバリーは密教の仏であることにとどまらず、インドの文化史的にも興味深い存在として知られる。パルナシャバリーの名称は、インドの先住民族の名称のひとつシャバラ族に由来するといわれる。そして、前半のパルナが意味する樹木の葉を実際に身にまとった女神が、この部族のあいだで信仰されていたと考えられている。

パーラ朝の時代に制作されたパルナシャバリーに有名な石像彫刻が二例ある。いずれもベンガル地方で出土している。三面六臂をそなえ、おもな特徴は『幻化網タントラ』所説の像によく合致している。興味深いのは、これらの作品において、パルナシャバリーの足の下に踏みつけられているふたりの男性のからだじゅうに斑点があることである。文献にはそのような記述はないが、天然痘《てんねんとう》のような伝染病に冒されたイメージで、おそらく疫病をもたらす悪鬼を表しているのであろう。本来、パルナシャバリーはこのような病魔を退散させる疫病治癒の女神であったことが推測されている。

クルクッラー

クルクッラーは敬愛法、すなわち男女の愛を成就させる女尊である。ヒンドゥー教であればカーマ、ヨーロッパであればクピド（キューピッド）あるいはエロスに相当する。これらの愛の神に共通するのは手にする弓矢である。この弓矢に射られた者たちは、かならず恋に落ちる。クピドの場合、しばしば目隠しした姿をするが、これは「恋は盲目」というように、恋に落ちるときには理性や打算などは本来、役に立たないことを表す。

仏教に恋愛の神がいることはおかしいかもしれないが、実際は密教の修法で敬愛法は四種法のひとつに数えられるし、子宝や安産をかなえるこの修法が、日本密教でもさかんに修されたことはよく知られている。その起源は古代インドの民間信仰にまでさかのぼり、『アタルヴァ・ヴェーダ』には「女子に熱烈な愛情をおこさせる儀礼」として、弓矢を用いた呪術が説かれている。ヒンドゥー教の愛の神カーマが、シヴァとパールヴァティーに恋心を芽生えさせ、その報復としてシヴァの第三の目から発せられた熱線で焼き滅ぼされた神話はつとに有名である。これらは密教がインドの儀礼世界の伝統を継承していたことをよく示す例である（詳しくは拙著『エロスとグロテスクの仏教美術』参照）。

密教の愛の神クルクッラーが明確に説かれるようになったのは、後期密教の母タントラに属する『サンプタタントラ』においてである。ヘーヴァジュラの明妃《みょうひ》であるナイラートミヤーと同じ形式のマンダラも説かれ、ナイラートミヤーにかわってその中尊の位置を占める。四臂をそなえ、主要な二臂を弓矢を持ち、残りの二臂のうち、右手は鉤《かぎ》を、左手は羂索《けんさく》を持つ。これらはいずれも植物でできている。植物でできた弓矢を持つのも、カーマから受け継いだものであるが、他のふたつの持物までクルクッラーは植物にしている。草木が芽吹き、花が咲きほこる春こそ恋の季節である。

インドにはクルクッラーの作例はほとんど残っていないが、チベットではタンカでも彫刻でも多くの作例がある。いつの時代でもどの国でも、愛をもたらす神は人びとにとって最も身近な存在だったのであろう。

大随求《だいずいぐ》

この項の大随求から孔雀仏母《くじゃくぶつも》までの五尊はいずれも陀羅尼《だらに》の女尊で、五護《ごご》陀羅尼（パンチャラクシャー）というグループを構成する。各尊を説く独立した漢訳経典があるが、五護陀羅尼というまとまった形の漢訳経典はないことから、それより後にグループにまとめられたことがわかる。これに対し、サンスクリット文献では『五護陀羅尼』の名で、五編の陀羅尼経典がまとめられた形で流布した。これらはいずれも陀羅尼の由来や陀羅尼の呪句を説く文献で、各尊の図像上の特徴は説かれていない。

一方、成就法文献の『サーダナマーラー』には五護陀羅尼の各尊をとりあげた成就法と、五護陀羅尼をまとめて説明する成就法がそれぞれ複数あり、いずれにも図像に関する記述が含まれる。また『ニシュパンナヨーガーヴァリー』には五護陀羅尼のマンダラが説かれ、そこにも各尊の特徴が説かれている。現存作例を比定するときにもこれらが参照される。

五護陀羅尼の中で成立の古さや人気の高さからすれば、孔雀仏母《くじゃくぶつも》が五尊の中では群を抜いているが、五護陀羅尼というグループの場合、その中心になるのは大随求である。五護陀羅尼のマンダラでもその中尊となる。もともと大随求の陀羅尼は、妊婦が胎児を守るための陀羅尼として広く信仰されていたようである。

文献に説かれる大随求は文献間で図像上の相違は少なく、一部の持物が左右で入れ替わる程度である。たとえば、宋代の法賢《ほうけん》訳の『仏説瑜伽大教王経《ぶっせつゆがだいきょうおうぎょう》』（大正蔵　第八九〇番）では、四面八臂で、右手の持物は剣、輪、三叉戟《さんさげき》、矢で、左手の持物は金剛杵《こんごうしょ》、羂索《けんさく》、斧鉞《ふえつ》、弓である。これに対し、『サーダナマーラー』第二〇六番では、左手の金剛杵と右手の三叉戟が逆になる。

大千摧砕仏母《だいせんさいさいぶつも》

基本的に五護陀羅尼《ごごだらに》を構成する五尊は、いずれも単独で信仰されていた女尊たちで、後から五護陀羅尼としてまとめられた。しかし、その中で最も成立の遅れるこの尊は、関連するサンスクリット文献に「五護陀羅尼」という言葉が含まれることから、すでに五護陀羅尼の信仰が形成されていたことがうかがえる。しかしその一方で、この尊を説く漢訳経典『仏説守護大千国土経《ぶっせつしゅごだいせんこくどきょう》』（大正蔵　第九九九番）では、これに相当する語は見えないことから、そのもととなったサンスクリット語の原本ではまだ五護陀羅尼としてのまとまりはなく、現存するサンスクリット・テキストとの間に時間的なギャップがあったことも推測される。

その内容は、ヴァイシャーリーの町で災厄が生じ、それを知った釈迦《しゃか》が「降大千界」（＝大千摧砕）の陀羅尼を授けて人びとを救うというのが骨子である。ヴァイシャーリーを舞台とする設定はすでに大寒林仏母《だいかんりんぶつも》に見られ、それを踏襲していることがわかる。名称にある「大千」（マハーサハスラ）はその語のとおりきわめて大きな数であるが、具体的にはさまざまな国土に住む悪鬼や悪霊の類である。これを退治する陀羅尼が説かれるのである。

施護《せご》訳の上記の漢訳経典には尊像についての記述はなく、どのような姿をしていたか不明であるが、大随求《だいずいぐ》の項でも紹介した『仏説瑜伽大教王経《ぶっせつゆがだいきょうおうぎょう》』に「降大千世界菩薩《ごうだいせんせかいぼさつ》」として具体的に説明されている。それによると、本来、この尊は千臂千面を有し、各々の面には三眼がそなわっているが、今は略相を表すとして、四面八臂像が説明される。各面が三眼を有することはそのままで、全身は緑色、忿怒《ふんぬ》の相を取る。八臂の持物もしくは印は、右手が施無畏《せむい》印、剣、鉤《かぎ》、矢で、左手が蓮華、金剛杵《こんごうしょ》、弓、斧鉞《ふえつ》である。『サーダナマーラー』第二〇六番には、これとは一部持物の異なる大千摧砕仏母が説かれる。

右図はこれらとは異なり、一面四臂で、右手は与願印、剣、左手は期剋《きこく》印に羂索《けんさく》、斧鉞である。これと同じ図は『三百尊図像集』にも含まれる。

密《みつ》呪《じゅ》随《ずい》持《じ》仏《ぶつ》母《も》

密呪随持は「偉大なマントラに付き随う者」という意味であるが、とくに疫病から身を守る陀羅尼《だらに》として信仰されたようである。釈迦《しゃか》が活躍した町のひとつヴァイシャーリーに、この地にまつわる釈迦の物語として「ヴァイシャーリー疫病物語」とも呼ぶべき逸話が古くから知られていた。ヴァイシャーリーの町を疫病が襲い、救済を願った人びとに対して、釈迦が阿難《あなん》に呪を授け、その呪句を唱えることで、人々を苦しめた疫病が収束したというあらすじである。この物語は、孔雀仏母《くじゃくぶつも》に関連する律文献にも含まれ、五護陀羅尼の経典群とのつながりがこれまでにも指摘されている。

ここで阿難に授与されて、疫病を退散させた呪句が「偉大なマントラに付き随うもの」という陀羅尼である。疫病退散の逸話も含め、漢訳の『仏説大護明大陀羅尼経《ぶっせつだいごみょうだいだらにきょう》』（大正蔵　第一〇四八番）やサンスクリット文献の『マハーマントラーヌサーリニー』に登場する。ただし、いずれにおいても陀羅尼が説かれるのみで、尊格としての密呪随持仏母は現れない。

密呪随持仏母の具体的な尊容は『サーダナマーラー』に説かれている。同書の複数の成就法に含まれるが、これらは大きく分けて、一面四臂像と三面十二臂像のふたつのタイプがある。このうち、チベットやネパールで多く見られるのは一面四臂の方で、同書の第二〇一番に説かれている。四臂の印と持物は右手が与願《よがん》印と剣、左手が羂索《けんさく》と斧鉞《ふえつ》である。ただし、前項の大千摧砕仏母《だいせんさいさいぶつも》も四臂で同じ持物を持つため、持物のみから両者を区別するのは難しい。もう一方の三面十二臂は『サーダナマーラー』以外にも『ニシュパンナヨーガーヴァリー』に説かれ、少数ではあるが作例もある。十二臂のうちのふた組の手で説法印と定《じょう》印を結ぶ。これは五護陀羅尼の他の四尊には見られない特徴で、この形式をとった場合、五尊を見分けるためのわかりやすいポイントとなる。

大寒林仏母《だいかんりんぶつも》

「大寒林」の名は、王舎城《おうしゃじょう》の郊外にあるシータヴァナという墓地の名に由来する。このシータヴァナ墓地で修行をしていた釈迦の実子ラーフラが、墓地に棲む鬼神たちに悩まされていたことを知った釈迦が、それを退散させる呪を授けるという筋書きになっている。初期の仏教から、墓地は瞑想などの実践を行う重要な場であった。この呪句が「マハーシータヴァティー」という名で呼ばれている。「シータ」というのは「冷たい」という意味もあり、「シータヴァティー」は「冷たさを持つ者」という意味である。「寒林に棲む」は「シータヴァニー」が正しく、本来は「冷たさをもたらす陀羅尼《だらに》」という名であった可能性があることが指摘されている。魑魅魍魎《ちみもうりょう》を撃退する陀羅尼の名としては、むしろこの方がふさわしいであろう。

この物語を説くのは、サンスクリット文献『五護陀羅尼《ごごだらに》』に含まれる「マハーシータヴァティー」や、法天《ほうてん》による漢訳経典『大寒林聖難拏陀羅尼経《だいかんりんしょうなんどだらにきょう》』（大正蔵　第一三九二番）であるが、その先駆的な経典に『檀特羅麻油述経《だんとくらまゆじゅつきょう》』があることについても、詳細な研究がある（大塚 2013）。同経は『陀羅尼集経』にもほぼ改変されることなく収録されていることから、独立した説話や陀羅尼を扱った文献としても、かなりひろく流布していたことが推測される。『サーダナマーラー』に含まれる単独の大寒林の成就法は第二〇〇番の一編のみで、そこでは一面四臂像があげられる。五護陀羅尼の中の一尊としては、第二〇一番が一面四臂、第二〇六番が三面六臂、そして『ニシュパンナヨーガーヴァリー』が三面八臂である。一面四臂の二例は、持物は両者でほとんど一致しない。

大千摧砕仏母《だいせんさいさいぶつも》でもそうであったが、右図はこれらの文献の記述に一致しない。四面八臂をそなえ、右手は与願印、矢、鉤、左手は蓮華、弓、斧鉞《ふえつ》、羂索である。これも『三百尊図像集』に含まれる大寒林仏母の図と一致する。チベット独自の図像の伝承であろう。

孔雀仏母《くじゃくぶつも》

孔雀仏母のサンスクリット名のマハーマーユーリーは「大いなる孔雀」という意味である。別に巨大な孔雀がいたわけではなく、「絶大なる効果をもたらす孔雀の陀羅尼」というニュアンスである。日本では孔雀明王の名で知られ、高野山の金剛峯寺《こんごうぶじ》所蔵の快慶《かいけい》作の彫像や、東京国立博物館所蔵の画像など著名な作品もある。

孔雀仏母は本来、毒蛇除けの陀羅尼《だらに》で、孔雀が蛇の天敵と信じられていたことから、その陀羅尼が仏となったと説明されることが多い。ただし、実際はもう少し複雑なプロセスを経ていることが、詳細な研究によって明らかにされている（大塚2013）。

孔雀仏母の陀羅尼を説く文献は漢訳経典だけでも八種を数える。このうち、比較的初期に成立した『孔雀王呪経』（梁・僧伽婆羅訳、大正蔵　第九八四番）や『仏説大孔雀呪王経』（唐・義浄訳、大正蔵　第九八五番）、『仏母大孔雀明王経』（唐・不空訳、大正蔵　第九八二番）などには、冒頭にふたつのエピソードを置く。

ひとつめは呪そのものの由来を説く内容で、以下のとおりである。

釈迦が舎衛城《しゃえじょう》の祇園精舎《ぎおんしょうじゃ》に滞在していたときのことである。そこには吉祥《きっしょう》という名の年若い比丘《びく》が住んでいた。吉祥が風呂を沸かすために薪を割っていると、朽ちた木の中から大きな毒蛇が現れ、吉祥の右足の親指を咬んだ。たちどころに毒が回り、吉祥は白目をむいて口から泡を吹いて倒れてしまった。

それを見た阿難《あなん》が世尊に対処法を尋ねたところ、世尊が偉大な孔雀王の呪を唱えてやるように命じ、長大な陀羅尼を説いて授けた。その内容は、孔雀王への祈願というよりも、ナンダやウパナンダなどの何種類もの龍王に対する慰撫のことばである。

これを聞いて、すぐに阿難が吉祥に唱えてやれば、話は簡単なのであるが、経典はそうなっていない。世尊はおもむろに、自分の前世の物語をはじめる。これが第二のエピソードである。

かつて、世尊が孔雀の王であったとき、孔雀王呪を毎日唱えて、心安らかに暮らしていた。ところが、孔雀の娘たちと一緒に楽しく過ごしているうちに、その娘の孔雀たちと愛欲にふけり、孔雀王の呪を忘れてしまった。かねてよりその孔雀王を狙っていた猟師によって、穴に落ちたところを縄で捕獲されてしまう。絶体絶命の危機であるが、かの孔雀王の呪を思い出したことによって、その縄から逃れることができた。

第二のエピソードも終わり、世尊は再び阿難に対して孔雀王の呪を説いて聞かせ、実際に阿難がそれを吉祥に向かって唱え、たちどころに吉祥は回復して物語は終わる。

このふたつのエピソードは本来は別の起源を持つ。前半の吉祥比丘の物語は上座仏教で広く知られたもので、そこでは「パリッタ呪」という呪文の因縁譚のひとつとして、独立して伝えられた。後半の釈迦の過去世の物語は、ジャータカ中の一話として知られている。パーリ語のジャータカ第一五九話にあたる「金色の孔雀前生物語」である。かつて孔雀の王であった釈迦が、猟師の罠にはまって捕縛されるという枠組みは同じであるが、猟師にそれを命じたのは王で、王のところに連れて行かれた孔雀王が、逆に王に教えを垂れて善行を積ませ、自分も帰還を果たすという筋書きになっている（前半部分はもう少し話は入り組んでいる）。

このふたつのエピソードは『説一切有部律薬事《せついっさいうぶりつやくじ》』という文献ではじめて連続して現れ、そこから孔雀仏母を説く複数の経典が生み出されていったと考えられている。この律文献は孔雀仏母の他にも、五護陀羅尼のひとり密呪随持仏《みつじゅずいじぶつ》母《も》の陀羅尼を説く文献とも関連し、五護陀羅尼の成立に関与していたことも指摘されている。

孔雀仏母の尊容についての情報はこれらの陀羅尼経典にはなく、不空《ふくう》（七〇五～七七四）訳の『仏説孔雀明王画像壇場儀軌』（大正蔵　第九八三A番）になってようやく現れる。日本で制作された孔雀仏母（孔雀明王）の絵画や彫刻は、ほとんどがこの不空の儀軌にもとづいている。有名な東京国立博物館の「孔雀明王画像」に見られるように、大きく羽を広げた孔雀の上に結跏趺坐《けっかふざ》で坐り、四臂を持ち、右手には蓮華の茎、丸い果実、左手には吉祥果、そして孔雀の羽を持つ。それとは別系統の作品に仁和寺《にんなじ》所蔵の六臂像があるが、東博像よりも時代が下り、おそらく中国で流行した新しい形式の孔雀明王が伝来したと考えられる。

サンスクリット文献では『サーダナマーラー』に複数の孔雀仏母の成就法が含まれる。このうち、孔雀仏母を単独で取りあげるのは第一九七番のみで、そこでは三面六臂をそなえる。持物もしくは印相は、右手が孔雀の羽、矢、与《よ》願《がん》印で、左手は宝、弓、瓶である。第二〇一番と第二〇六番は五護陀羅尼の一部を構成し、前者は一面二臂、後者は三面八臂である。一面二臂像の持物は右手が孔雀の羽、左手が与願印を示す。三面八臂像は、右手が与願印、宝瓶、輪、剣で、左手が鉢の上に乗った比丘、孔雀の羽、上に羯磨杵《かつましょ》を付けた鈴、宝幢《ほうどう》である。

このほかに『ニシュパンナヨーガーヴァリー』の五護陀羅尼マンダラには、三面八臂像の孔雀仏母が北に置かれている。持物は同じ面数と臂数を持つ『サーダナマーラー』第二〇六番に近いが、宝瓶と輪が姿を消し、かわりに弓矢が現れる。また、孔雀の羽は左手から右の第一手に移動する。鉢の上に乗った比丘は、他の尊像には見られない特異な持物であるが、おそらく陀羅尼の因縁譚に登場する吉祥比丘を描いたものであろう。

前掲の孔雀明妃の図は『サーダナマーラー』第二〇六番の形式に近いが、一部の持物が異なる。右手はすべて一致するのに対して、左手は孔雀の羽と羯磨杵の付いた鈴にかわって斧鉞《ふえつ》と瓶が登場する。興味深いのは、孔雀明妃の重要なシンボルである孔雀の羽が、持物から姿を消すことである。これは誤りではなく、たとえば「三百尊図像集」に含まれる孔雀仏母にも同じ組み合わせが見られる。チベットでは『サーダナマーラー』第二〇一番や『ニシュパンナヨーガーヴァリー』にもとづく孔雀仏母の作例などもあり、複数の系列が併存していたが、そこでは孔雀の羽は保持されている。また、ネパールではもっぱら『サーダナマーラー』第二〇六番を典拠として五護陀羅尼が描かれるが、そこでは孔雀の羽は登場する。理由は不明であるが、チベットに伝播する過程で置き換えられたようである。

チベットの神がみ

外《げ》成就《じょうじゅ》法王《ほうおう》

法王はチューゲル（chos rgyal）の訳で、チューは法、ゲルは王で、これをつないだ訳語である。ローマ法王や後白《ごしら》河《かわ》法皇などを想起させる言葉であるが、関係ない。チベットではダライラマが聖職者にして権力者であるため、法王と呼ばれることもあるが、そのことでもない。インドの冥界の王ヤマを意識してつけられた名前で、この場合の法は、地獄で亡者を裁くヤマにちなむと理解されている。

このチューゲルにチベット人は三種を立てる。外成就、内成就、秘密成就である。このうち、秘密成就が最もヒエラルキーが高い。外成就と内成就は同等のようである。ただし、人気の高さはそれに比例せず、三つの中では外成就が最もよく知られ、作例数も圧倒的に多い。その場合、中心の外成就の上に小さく秘密成就を置いたり、下に内成就を描いたりする作品もある。三尊が本来は同体であることが示されているのである。

外成就は典型的な水牛系の仏、すなわち水牛を伴ったり、水牛そのものの姿をした仏である。この他にヤマーンタカやヤマーリ、ヴァジュラバイラヴァなどが水牛系の仏たちであった。これらの起源にあるのは、水牛に乗ったヒンドゥー教の神ヤマである。ヤマ自身は水牛の姿を取らないが、乗り物が水牛であることは広く知られ、日本の閻魔《えんま》（夜摩）もその姿で表されることがある。

外成就の持物は、右手が髑髏《どくろ》の付いた杖で、左手が羂索《けんさく》である。これも本来はヤマの持物であった。ただし、ヤマの場合、杖に付いているのは髑髏ではなく、人間の頭である。

外成就は明妃《みょうひ》を伴い、チャームンダーと呼ばれる。チャームンダーはヒンドゥー教の女神であるが、とくに死や墓場と結びついた不吉な神として知られる。右手にカパーラを持ち、左手は三叉戟《さんさげき》を持つ姿は、一般のチャームンダーとは異なる。背中には動物の皮をまとうが、文献では水牛の皮と言われる。ただし、実際は観音《かんのん》が身につける羚羊《れいよう》の毛皮のように描かれることが多い。文献とは異なる独自の伝統があったのかもしれない。

内成就法王《ないじょうじゅほうおう》

二番目の法王は内成就法王である。一般に密教では外と内のふたつに分けた場合、外よりも内の方が上位に位置づけられるが、成就法王の場合、秘密を加えてこれを上位とするので、外と内は相互補完的で対等の存在だったようである。外成就が、水牛の顔をした主尊がさらに水牛に乗り、その下には人間が踏みしかれ、かたわらに明妃《みょうひ》を伴うという複雑な構成をするのに対し、内成就は通常の忿怒《ふんぬ》尊の姿をして、屍体の上に立つという比較的シンプルな姿で表される。

その他の特徴としては、右手にはカルトリを持ち、高くふりあげ、左手にはカパーラを持つ。髪の毛は逆立った炎髪で、それを五つの髑髏《どくろ》のついた宝冠（ティアラ）で飾る。首からは五十の人頭でできた鬘《まん》と、さらに蛇を懸け、腰には虎皮裙《こひくん》を巻く。ちなみに水牛の姿をとる外成就と秘密成就の場合、腰には何も巻かず、性器を露出させている。これは文献にも規定されていて、勃起する男性器を赤く描くように指示されている。人間の姿をした内成就と、水牛の姿の他の二つのタイプでは、ドレスコードのようなものが異なっているのである。

内成就とよく似たイメージの仏にマハーカーラがいる。チベットではマハーカーラの作例がきわめて多く、しかも、二臂、四臂、六臂などいろいろな種類がいるため、それとこの内成就は区別がつきにくい。外成就や秘密成就とともに描かれたり、これら二尊と同様に、水牛の頭を付けた眷属尊を伴っていることが多いので、そこを見分けるポイントにするとよい。マハーカーラはこれらの護法尊たちとは別系統の仏なので、混在することはない。

もうひとつ、成就法王を見分けるポイントとして、文殊《もんじゅ》を上部に描くことがあげられる。これらの水牛系の仏たちは、文殊が忿怒形をとった姿と理解されている。ヤマーンタカやヴァジュラバイラヴァも同様で、ヴァジュラバイラヴァは頭の一つに文殊の顔を持つ。チベットではゲルク派のツォンカパが文殊の化身と見なされる。そのため、成就法王の作品もゲルク派によるものがとくに多い。

秘密《ひみつ》成就《じょうじゅ》法王《ほうおう》

秘密成就法王は三種の成就法王の最後にあげられ、しかも最高位にある。しかし、作例数は逆に少なく、特別な仏と見なされたようである。もっぱら、外成就法王を中央に大きく描いた作品の上部中央に小さく表される。これは、中央の仏の本来の姿、日本でいえば本地仏《ほんじぶつ》のようなものに相当し、それが中央の仏の姿をとってわれわれの世界に顕現すると考えられた。「三百尊図像集」のような図像集では、秘密成就が単独で描かれているが、これは尊像のイメージを網羅的に取り上げる図像集という資料の性格によるものであろう。

秘密成就法王の外観は、外成就法王に比べるとシンプルである。二臂をそなえ、右手にカルトリ、左手にカパーラを胸の前に持つ。このふたつの持物は内成就法王にも共通するが、もとはヘールカ系の仏が手にしていた。ヘールカのイメージは母タントラ系の密教を越えて、後期密教の主要な仏に広まる。それを内成就法王と秘密成就法王も取り入れたのである。秘密成就法王の場合、外見の水牛は外成就と同じであるが、外成就が杖と羂索《けんさく》を持物とし、ヤマのイメージを残しているのに対し、秘密成就はそれらを、内成就の持物であるカルトリとカパーラに置き換えているようにもとれる。両者を折衷するような意図があったのかもしれない。

外成就法王もそうであったが、水牛の顔をした仏が水牛の上に立つというのは、インド以来の動物を乗りものとする神のイメージとしては異様である。動物はあくまでも乗りものであって、仏そのものではない。水牛の顔をしたヴァジュラバイラヴァも、足の下にはヒンドゥー教の神やさまざまな動物を踏みつけてはいたが、そこに水牛は含まれない。

ヒマラヤの山麓や高原に住むチベット人にとって、水牛は必ずしもなじみのある動物ではない。そのデモーニッシュな外見はむしろ神秘的な存在であったであろう。本尊にもその乗りものにも描くことで、恐ろしさが倍増し、そのぶん霊験もさらに強力になると考えたのかもしれない。成就法王のタンカは黒いタンカ（ナクタン）に描かれることも多く、黒魔術的な修法の本尊になることも多かったことがわかる。

サチェンラーフラ

九つの頭を持ち、下半身は蛇（あるいはナーガ）のグロテスクな姿をした仏である。名前の前半のサチェンは「大いなる曜」という意味である。曜とは九種の天体、すなわち九曜のことで、太陽、月、火星、水星、木星、金星、土星、そして蝕を起こすラーフ（羅睺）もしくはラーフラと、彗星のケートゥ（計都）からなる。後半のラーフラは、この九曜の八番目にあげられているが、太陽や月を呑み込むことから、とくに強力な存在であると考えられた。ラーフはすでにインドで造形化されているが、そこでは顔と両腕しかなく、手には太陽と月を持っている。このイメージをベースに、大胆に加工したのがチベットのサチェンラーフラで、とくにニンマ派においてこのような奇異な形を取るようになった。

九つの頭は九曜の数に対応し、さらにその上にはカラス（オオガラス）を載せる。カラスは中国では太陽の象徴で、日本でもその影響を受け、たとえば三本足の八咫烏《やたからす》も太陽と結びついた鳥である。これらの頭部に加え、腹部にも大きな顔を持っている。これは、顔と手だけであったインドのラーフの形式を受け継いだものと考えられているが、それとともに、腹部に顔を持つ悪魔が、インドをはじめ、ネパール、ガンダーラ、中央アジアなどアジア全域に分布し、その流れを汲んだという可能性もある。

下半身が蛇であるのは、ラーフの次にあげられるケートゥがこのような特徴を持っていたことと関連する。彗星すなわちほうき星を蛇の姿で表すのもインドでは一般的で、彗星の持つ不吉なイメージもそれに結びついている。九面に九曜が集約されているように、足の特徴もケートゥから取り入れたのであろう。

ラーフは三角の枠の容器の中に立つが、この三角という形は、調伏の修法で用いられる壇や炉の形からきたものである。本来、ニンマ派ではこの仏を、そのような危険な修法の本尊としてきた。ただし、現在ではサチェンラーフラは護符に表されることが多く、民間信仰のレベルでよく知られている。とくに中風除けに効果があると信じられている。体中にある目は、凶兆を見つけ出し、退治するための目であろう。

ペルデンラモ

ペルデンラモはチベットの代表的な女性の忿怒尊《ふんぬ》である。「ラモ」はチベット語の発音では「ハモ」に近いが、女神を表す一般名詞である。「ペルデン」は「吉祥なる」という形容詞で、全体でも「吉祥なる女神」というありふれた名前であるが、その姿は名前とは裏腹に、強烈なイメージでできている。

もともと、チベット仏教には女性の忿怒尊はそれほど多くはない。男性の尊格であればマハーカーラがその代表で、種類も多く、ほかにも馬頭《ばとう》や毘沙門天《びしゃもんてん》なども人気が高い。これに対し、チベット土着の女神が忿怒形で表されるくらいで、しかもその多くが、特定の宗派や地域に結びついた限定的な存在である。

その中で、ペルデンラモはほとんど唯一の大女神である。あらゆる宗派で信仰され、作例数もきわめて多い。ただし、ペルデンラモというのは特定の尊名というよりも、はじめに述べたように、類似の特徴を持つ忿怒形の女尊の総称で、それとは別の固有の名称を持った女神たちもいる。たとえば、ゲルク派ではマクキソルレ・ゲルモ、略してマクソルゲルモと呼ばれる女神を信奉する。右の一面二臂像は、一般にはペルデンラモとして紹介されることが多いが、じつはこの尊格に相当する。

一方、サキャ派やカギュ派が祀るペルデンラモは、二臂ではなく四臂で、名称もゲルク派とは異なる。さらに、この二つの派のあいだでも、一部の図像上の特徴が異なる。また、カギュ派の中でもカルマ・カギュ派は独自のペルデンラモを有し、ランジュンゲルモという名称で呼ぶ。仏教ではなくポン教にも、ペルデンラモに相当する忿怒形の女神がいる。シーペイゲルモという名称で、尊容も仏教のペルデンラモとは大きく異なる。

このうち、ペルデンラモとして最も広く知られるマクソルゲルモについて、図像上の特徴を見ていこう。多様なチベットの仏たちの中でも、とりわけ複雑で奇怪な姿を示す。

この仏は女尊であるが、女性であることはほとんど感じさせない。唯一、上半身が裸であるため乳房が露わになっていることが女性らしいと言えるが、しばしばそれは老婆のそれのように、しなびた形状で表される。

一面二臂であるのは、多面多臂が主流の忿怒尊の中ではおとなしい印象を与える。動物の背に乗るが、乗りものの動物としては他に類を見ないラバが選ばれている。雄のロバと雌の馬を交配して作られる交雑種の家畜で、性格はおとなしいが、力は強く、忍耐力があるとされる。この奇怪な女尊を乗せるのにふさわしいと考えられたのであろう。

ペルデンラモの全身は青黒く、額には第三の目を持ち、三つの目はいずれも赤く血走っている。髪を逆立てた炎髪であることも含め、これらはインドの忿怒尊の流れを汲むチベットの忿怒尊に広く見られる特徴である。髪の毛を留める五つの髑髏《どくろ》のついた宝冠、首に懸けた五十の人頭の鬘《まん》、あるいは蛇の装身具、腰に付けた虎皮裙《こひくん》なども同様である。ペルデンラモの基本的なイメージは、ほとんど男性の忿怒尊と変わりがない。右手の持物は先端に金剛杵《こんごうしょ》を付けた杖、左手は血のあふれたカパーラで、これらもとくに珍しいものではない。

通常の男性の忿怒尊であれば、この程度の説明で十分であるが、ペルデンラモはその先の細部にこだわりを見せる。耳飾りとして、円形の大きな輪を耳たぶに通すが、その右耳の飾りからは獅子が、左からは蛇がそれぞれ飛び出している。ペルデンラモの尊容を伝える文献のひとつ『成就法集成《じょうじゅほうしゅうせい》』(sGrub thabs kun btsus)でも、左右がこれとは逆になっているが、同じ二種の動物があげられていて、しかも蛇は毒蛇とされる。

頭の上には孔雀《くじゃく》の羽で作った傘蓋《さんがい》があり、頭髪には三日月を飾る。三日月の髪飾りはヒンドゥー教のシヴァに由来し、仏教でもサンヴァラがこれを取り入れている。

頭の三日月に対し、腹には太陽がある。へそのあたりに丸い金色の日輪が描かれることが一般的である。その周囲も複雑で、蛇の首飾りとベルトがあり、ベルトには刀のさやのようなものが差してある。右手の杖をおさめるためのものであろうか。両足首は鎖でつながれ、固定されているように見える。足枷《あしかせ》をした仏というのも異様である。

乗りもののラバも女神に劣らず奇異である。女神が坐るように、背中には人間の生皮を広げ、手綱や轡《くつわ》などもすべて蛇でできている。それ以外にも、そこかしこに人間の生皮や蛇がぶら下がっている。その中に、二つのサイコロや毛糸を幾重にも巻いたもの（後者はおそらく護符）、それに経函《きょうかん》のようなものが、蛇のロープでつり下げられる。そして、そのラバが進んでいくのは、真っ赤な色の河で、水ではなく血が流れている。

これらの特徴のひとつひとつに理由を与えることは不可能であろう。他の忿怒尊にはほとんど登場しないさまざまなモチーフを動員して、この忿怒の女尊のイメージを作り上げたことが想像できるくらいである。それはきわめて人工的な作業だったのではないか。

ペルデンラモに相当するサンスクリット語はシュリーデーヴィー（Śrīdevī）である。そのため、この名で呼ばれるヒンドゥー教の女神、すなわちドゥルガーにペルデンラモの起源を求める説もある。しかし、ペルデンラモの持つ異様な特徴は、ほとんどドゥルガーには現れない。しいて共通点を探せば、ドゥルガーと同体視されるカーリーやチャームンダーに、やせた老婆のような身体的な特徴、青黒い身色、持物のカパーラなどを見いだすことができる。しかし、それは断片的である。

ペルデンラモがレーマティーと呼ばれることに注目する研究者もいる。これに近い発音のレーヴァティーは、天体神の二十八宿に含まれる奎宿《けいしゅく》に相当し、この星宿神が女尊としてインドや中国で信仰されたことが指摘されている（田中　2009：250）。インドではさらに同じ名前の女神が、伝染病平癒のローカルな女神として、文学作品にも登場する。ヒンドゥー教や仏教のよく知られた神がみとは異なる特徴を持つのも、そのような特殊な出自があったためと考えれば理解しやすい。

ペルデンラモの乗りものの動物がラバであったのは、この動物を家畜として身近に見ていた人びとがいたのであろう。それとともに、ラバが一代限りの交雑種で、子孫を残せなかったことも、この女神の乗りものに選ばれた理由にあげられるかもしれない。女神でありながら、女性らしさをほとんど感じさせないところと、オスとしての役割を果たせないラバには、どこか近いものがある。

マチクペルラモ

やや忿怒《ふんぬ》の相を浮かべた柔和な姿の女尊で、遊戯坐《ゆげざ》で坐る。右手には矢を持ち、その矢羽根のところには鏡と幡《ばん》が結わえられている。左手には宝珠を盛り上げた容器をかかえる。額には第三眼があり、口はやや開き気味である。胸には大きな円形の飾りのようなものがあるが、これも鏡であろう。

これとほとんど同じ特徴を持つ女神がすでに登場している。吉祥天《きっしょうてん》（ラクシュミー）である。その項でも述べたように、インドに起源を持つ吉祥天はチベットでは独特の姿を取る。それがこの矢と如意宝珠《にょいほうじゅ》を持った姿である。ラサの守護尊の女尊トゥソルマと同体視されるためと説明されるが、一部の特徴は、中国の千手観音の眷属尊として描かれた功徳天《くどくてん》に由来し、さらに弁才天《べんざいてん》の影響も受けていると考えられる。

この女神もラサの守護神で、マチクペルラモと呼ばれる。吉祥天と同体視されるトゥソルマとおそらく同一の女神なのであろう。吉祥天の場合、鏡は矢羽根のところにしか現れなかったが、マチクペルラモは胸に大きな鏡を飾る。この鏡がラサの守護尊にとって重要なシンボルであったことがわかる。

仏が鏡を持つことはインド仏教ではほとんど見られない。これは仏教に限らず、ヒンドゥー教の神についても同様で、インドでは鏡は特殊な意味を持っていなかったようである。これに対し、チベットでは鏡を持つ神や仏がしばしば見られる。これらに多く共通するのは、土着的な起源を持つ女神であることである。おそらく鏡を用いた呪術や儀礼があり、その本尊としてまつられた女神がいたのであろう。ポン教でもチャンマという名の重要な女神が鏡を持物とし、仏教では弁才天の中に鏡を持つタイプのものが現れる。

鏡から連想されるのはシャーマンである。女性のシャーマンが異界と交流するときに鏡を用いることは、チベットを含めアジア各地でひろく知られる。この女神も本来はシャーマニズム的な世界を背景に持っていたのではないだろうか。

エーカジャター

エーカジャター（あるいはエーカジャティー）は忿怒形《ふんぬぎょう》の女尊である。インドですでに信仰されていた女神で、ターラーの脇侍《わきじ》として文献にも名前があげられている。ターラーの実際の作例にも登場し、反対側には「アショーカ樹の枝を持つマーリーチー」（アショーカカーンターマーリーチー）という特別なマーリーチーがいる。マーリーチーが柔和な姿で表されるのに対し、エーカジャターは、右手にカルトリ、左手にカパーラを持ち、ほとんど裸で、舞踊のポーズを取る。髪の毛が独特で、全体がはげしく逆立ち、波打つように表される。

そもそも、エーカジャターとは「ひとつの髪の房」という意味で、漢訳経典でも「一髻《いっけい》」と訳される。しかし、髪の房を表す「ジャター」と「髻」とは意味は一致しない。この女尊の場合、髪の毛がひとつになって逆立つ様子を指すのであろう。エーカジャターは日本の胎蔵曼荼羅《たいぞうまんだら》の蘇悉地院《そしつじいん》にも含まれ、そこでもこのような髪型が見られる。胎蔵曼荼羅ではこの尊は一髻羅刹女《らせつにょ》と呼ばれることがあり、もともとは羅刹女であったことがわかる。おそらく、本来はきまった姿を持っていなかったと考えられ、髪の毛にこだわる以外、そのイメージは伝える者たちの裁量に任されていたのであろう。「五百尊図像集」には、四種類のエーカジャターが含まれるが、インドの作例に近いものもいれば、忿怒形で右手に三叉戟《さんさげき》、左手に羂索《けんさく》を持つものもいる。その場合も、典拠である『リンヘン』は「髪の毛を頭の左側に垂らす」と、髪の毛に関する特徴に言及している。

チベットのエーカジャターにもいろいろなタイプがあるが、その中で、右図のニンマ派が伝えるエーカジャターは、他の尊像にはない奇異な姿をしている。重要なポイントとなる髪型は、整髪剤で固めたような先がとがった形をし、「一髻」であることを強調している。額の中央には大きく丸い目を置き、かわって両目は閉じる。牙が一本、口の中央から下向きに飛び出し、乳房もひとつ、作品によっては足も一本であることもある。髪の毛以外もすべてひとつにしてしまったのである。右手には人間の屍体を杖のように持ち、左手で心臓を握る。その全体のイメージは、チベットの仏の中にあってもひときわ奇抜である。

タシツェリンマ

「タシ」は「吉祥《きっしょう》」、「ツェリン」は「長寿」を表す。それに女性名詞の語尾「マ」を加え、「吉祥なる長寿をもたらす女神」となる。チベット土着の女神で、山の神といわれる。ネパールとチベットの境に五つの峰があり、それぞれが女神として信仰されていた。この五人の女神は姉妹で、その長女がタシツェリンマである。山の神が女神であるのは、日本やヨーロッパでもしばしば見られる。山に対して人びとが持つ畏敬の念が、女神の形を求めたのであろうか。ただし、チベットでは山の神が男性の神であることも多い。

タシツェリンマは単なる山の女神にとどまらず、さまざまな神話や伝承を有している。とくに、パドマサンバヴァによるチベットの神がみの調伏神話で、その対象となったり、インドの修行者で、チベットでも絶大な人気を誇るミラレパ（十一〜十二世紀）との逸話が名高い。はじめはミラレパの修行を妨害するつもりであったが、その清廉でひたむきな姿に打たれ、逆にミラレパを修行の完成へと導く重要なパートナーとなる。

タシツェリンマがタンカや壁画に描かれるときは、その出自から背景を山岳風景にするのが一般的である。この女神は白い獅子に乗り、その山から浮かび上がったかのように雲に乗って空中を飛来している。右図でも光背《こうはい》のように雲が描かれる。

中国風の衣装をまとった若い女性の姿で、体の色は白く、右手では金剛杵《こんごうしょ》を高く掲げ、左手には甘露《かんろ》で満たされた瓶を持つ。

タシツェリンマの周囲には、その他の四姉妹も描かれることが多い。それぞれ固有の動物に乗り、持物や身色も異なる。いずれも人びとに利益をもたらす神がみなので、それにふさわしい持物をとる。体の色は、中央のタシツェリンマの白を含め、金剛界の五仏に一致させている。

タシツェリンマと四姉妹は「五百尊図像集」の中心を占める「リンジュン部」の最後におかれている。図像のコレクションを締めくくるにふさわしい吉祥の女神たちと考えられたのであろう。

タクゲルマ

「忿怒の王女」という意味の女神であるが、詳細は不明である。一般的な名称なので、別の固有の名称があったかもしれない。その尊容から、チベットの土着の女神で、護法神のひとりであるのはたしかであるが、それ以上について、たとえば、どのような来歴を持ち、どの宗派で信仰されたのかなどはわからない。

右手に持つのは鏡で、これとよく似た鏡は、吉祥天《きっしょうてん》やマチクペルラモも手にしていた。ただし、彼女らが鏡を持つのは左手で、右手は鏡と幡《ばん》のついた矢であった。武器としての矢ではなく、儀式や占いで用いられた道具と考えられる。それに対し、この女神は長い柄のついた鉄の斧を持つ。この組み合わせ自体、他の女神にはほとんど見られない。

乗りものの動物は、角があることから牡鹿であることがわかる。これも神や仏の乗りものの動物としてはめずらしい。ただし、牡鹿ではなく雌鹿であるが、モラ（Mo lha）という名の別の護法神の女神も鹿に乗る。モラはニンマ派で人気のあった護法神のひとりで、周囲に四人の眷属神（いずれも名称の後半に「ラ」を持つ）とともに描かれたタンカが数多く残る。この女神も吉祥天やマチクペルラモと同じように、鏡と矢のふたつの持物を持つ。細部は異なるものの、全体的なイメージは、このタクゲルマによく似ている。身に着ける衣装が中国風であることや、足には遊牧民に固有の靴をはく点も共通する。

また、前項のタシツェリンマの周囲におかれた四姉妹のひとりティンキシェルサンマが、右手に鏡、左手に旗印を持ち、タクゲルマに近いイメージを持つ。ただし、乗りものの動物は一致せず、キャンとチベットで呼ばれる野生のラバに乗る。

このように、この女神は鏡を持った護法神の女神たちと、いくつかの点で共通の要素を持つ。また、これらの女神には共通する特徴として、背景に雲を描くこともあげられるが、この女神も同様である。基本的なイメージを共有する護法神がつぎつぎと生み出されていったような状況があったのであろう。

ドルジェユドンマ

ドルジェユドンマは「金剛《こんごう》のトルコ石の灯明の女神」という意味である。チベット土着の「山の女神」のひとりで、護法神であるが、詳しいことはわからない。トルコ石は青い色を放つ宝石で、チベットでも古くから珍重された。しかし、この女神自身、トルコ石も灯明も持っていないし、体の色もトルコ石の青や緑ではない。

一般に流布しているドルジェユドンマの図像は、柔和な女性の姿で、インド風の衣装を身に着ける。遊戯坐《ゆげざ》で坐り、足首にはアンクレットを飾るが、素足である。持物が独特で、柄のついた円形の大きな鏡を右手に持ち、左手は両端のとがった棒状のものを持つ。右手の鏡は太鼓のように描かれることもあり、チベットの僧院でよく見られる「ラクガ」(lag mga)と呼ばれる太鼓で、両者のイメージが混同されているようである。鏡が本来の持物と思われる。左手の持物は独鈷杵《どっこしょ》に形態は近いが、それよりもかなり長い。

ドルジェユドンマを中尊として表したタンカには、しばしば四人の女尊が眷属として描かれる。彼女らは共通して両手に丸い鏡を持つ。身体の色で区別を付けているようで、中央のドルジェユドンマが白であるのに対し、青、黄、赤、緑である。これらはタシツェリンマと四姉妹などのチベットの護法神で、五尊で構成される場合にしばしば見られる。

右図のドルジェユドンマは、これらの特徴と一致しない。身体にまとうのは中国風の衣装で、靴も履いている。右手には鏡と幡《ばん》の付いた矢を持つが、これは吉祥天《きっしょうてん》やマチクペルラモなどにも見られた。左手に宝瓶を持つのは、タシツェリンマにも共通する。特徴的なのは、首のまわりの飾りで、孔雀《くじゃく》の羽でできている。同じものは、ツァンパルポやマチェンポムラにも見られ、ペルデンラモの眷属神のひとりも付けている。また、台座は植物の葉で、類似のものはパルナシャバリーにも見られた。

ドルジェユドンマの作品は、ブータンで作られたものが多く、この地で主流であったドゥクパ・カギュ派に属する。同派で好まれた護法神であったと考えられる。

タムチェン・ドルジェレク

ニンマ派の代表的な護法神のひとりである。ニンマ派の伝説的な祖師パドマサンバヴァによって調伏されたチベット土着の神で、護法神のひとりとなった。ニンマ派の護法神に広く見られる逸話であるが、その中でもとくに重視される神である。その名称は「誓願（タム）を立てた金剛のよきもの」というような意味である。

白い獅子に乗った忿怒形《ふんぬぎょう》の神であるが、とくにグロテスクというわけではない。つばのある丸い帽子やゆったりとした衣装はチベット風で、とくに帽子はチベットの武人がしばしばかぶることで知られる。帽子の正面に「フーム」（hūṃ）という文字が記されている。忿怒尊と結びついた種子《しゅじ》マントラ（単音節のマントラ）で、この神の性格を示すものであるが、一般に流布している作品ではあまり見ることはない。

右手は金剛杵《こんごうしょ》をふりあげ、左手は心臓を持って、それを食べるような位置に置く。この神によって調伏された魔の心臓であろう。同じ持物が、やはりニンマ派で人気の高いエーカジャターなどにも見られる。

白い獅子を乗りものとするのは、文殊《もんじゅ》をはじめ仏教の仏にもしばしば見られる。表現方法は同じであるが、チベットの護法神にはさまざまな動物が現れ、その中でも獅子は最も頻繁に見られる動物である。タシツェリンマもそうであるし、ティンレーゲルポや十二テンマと呼ばれる十二の護法神に含まれるドルジェイントゥサンなども同様である。中心的な位置を占める護法神に獅子に乗る傾向が強く、白獅子を国の象徴とするチベットらしい選択である。

獅子の下には裸の男性が仰向けに横たわり、獅子に組み伏されているが、これも通常のタムチェン・ドルジェレクには見られない。外成就法王《げじょうじゅほうおう》などの他の護法神の影響を受けたものであろう。首に懸ける人頭の鬘《まん》も同様である。

タムチェン・ガルワナクポ

前項のタムチェン・ドルジェレクと同じタムチェンの語をはじめに持つ。これは「誓願《せいがん》を持つ」という意味で、衆生や仏法を守る誓いを立てた護法神であることを示し、とくにパドマサンバヴァによって調伏された後に、このような誓いを立てた神に多く見られる。

ガルワナクポはドルチェレクの眷属尊といわれる。あるいは同体と説かれることもある。実際、両者はよく似た姿をしている。帽子をかぶり、チベットの衣装を身に着け、動物の背に乗る点などである。しかし、細部には相違点も多く、乗りものの動物がガルワナクポは獅子ではなくヤギである。このヤギは家畜化されたヤギではなく、野生のヤギといわれる。そのため、体毛は白ではなく茶色で、しかも長い。独特の形の角を持ち、二本がからみあっている。このように角が生えることは自然ではありえないであろうが、らせん状にねじれた角を持つマーコールという種のヤギなどもいるので、そのようなイメージに発想を得たのであろう。

ガルワナクポの持物もドルジェレクとまったく異なるが、これはこの護法神の名称に由来する。ガルワナクポは鍛冶屋を意味する。ガルワだけでも鍛冶屋であるが、後ろのナクポは「黒い」を意味し、英語でも鍛冶屋をblacksmithと呼ぶように、より一般的な鍛冶屋を指す名詞である。とくに武器や農具などの鉄製品を作るところから、この色が名に現れるのである。

ガルワナクポは鍛冶屋にとって最も重要な道具をふたつ持つ。すなわち、右手の鎚と左手のふいごである。ふいごは虎の皮でできているようである。このタイプのものは、ふいごの中で最もシンプルな形で、世界中に見られる。ガルワナクポが火炎を背に描かれるのも、忿怒尊《ふんぬ》によく見られる火炎光背《こうはい》ではなく、鍛冶屋ならではの特徴と考えられる。

ガルワナクポには、他の仏や護法神に比べて真鍮《しんちゅう》などの金属製の彫像がきわめて多い。これは金属加工業の守護神として、この神が信仰されたことによる。

ニェンチェンタンラ

ニェンチェンタンラはチベット自治区の中央やや東寄りに東西に走る山脈の名で、本来はその最高峰である山の名前である。標高七一六二メートルで、ヒマラヤでも屈指の名峰である。ニェンチェンタンラは登山家にはあこがれの山のひとつで、チベットを訪れる観光客にも、この山を見ることを目的のひとつにしている人が大勢いる。

ニェンチェンタンラはこの山の神である。チベットには山の神を出自とする護法神が数多くいるが、ニェンチェンタンラもそのひとりである。女性の護法神が多い山の神にあって、この神は男性の姿をしている。

馬にまたがり、右手は杖を振り上げ、左手には数珠《じゅず》を持つ。チベットの王侯貴族の風貌を持ち、忿怒《ふんぬ》尊のようなグロテスクさや奇怪な特徴を持たない。唯一、額に三眼のあるところが、通常の人間とは異なる点である。

山の神がタンカに描かれるときは、背景にみずからを御神体とする山を描くことが多い。ニェンチェンタンラもそれにならい、雲を背にして山から飛来している様子で表される。馬がふりかえるポーズを取るのは、画面の中央にとどまるかのような印象を与え、イコンとしての安定感を持つ。

ニェンチェンタンラはカルマ・カギュ派でとくに人気の高い護法神であった。その場合、右図とは特徴が若干異なり、左手が数珠にかわって槍になることがある。また、ニェンチェンタンラが進む雲の下に、虎や猪のような害獣や、巨大なサソリが描かれることもある。護法神によって駆逐されるものたちである。

ニェンチェンタンラはチベットの伝説に登場するケサル王と関連することもあり、ケサル王の偉業を描いたタンカに登場することもある。

ティンレーゲルポ

ティンレーゲルポはペハル五兄弟という五人の兄弟神のひとりで、その末弟といわれる。ダライラマの守護尊であるネーチュンをこの神と同体、あるいはネーチュンをその眷属とすることから、ゲルク派を中心に多くの作例がある。ペハルの語源についてはよくわからない。チベットでは意味はとれず、外来語や方言であったのかもしれない。「ペカル」（pekar）と表記されることもあるが、その場合も同様である。

チャンドラ＝ダスのチベット語の辞書（Chandra Das, *Tibetan-English Dictionary*）には、この神についての比較的詳しい説明がある。もとはパドマサンバヴァがインドのマガダ国にあったオーダンタプリー僧院から連れてきた護法神で、パドマサンバヴァが建立にたずさわったサムイェー寺を守護する誓いを立てさせたと述べている。田中（2009: 272）にも『ペマ・カタン』にもとづき、類似の逸話を紹介している。しかし、ペハルもペカルも、インドの神の名称としては不自然で、やはりチベット土着の神のひとりと考えた方がよいであろう。

ペハルの五兄弟はニンマ派の教義に現れる身口意徳業《しんくいとくごう》の五つに対応している。密教では通常、身口意の三密が基本であるが、ニンマ派ではこれに徳と業の二つの要素を加えて五つにしたのである。ティンレーゲルポはその最後の業に対応する。ティンレーとは業を表す敬語で、「（仏の）御技」を意味し、それに「王」にあたるゲルポが添えられる。ティンレーゲルポは五兄弟の中で最強と言われ、その姿も、ただひとり六臂をそなえる。他の四人はすべて二臂である。また乗りものも、動物の王で、しかもチベットで人気の高い白獅子である。ただし、たてがみは緑色をしている。持物ははじめのひと組が剣と杖、次が弓矢、そして鉤《かぎ》と刀である。刀は刀身がゆるくカーブしている。

右図はその他にインドの忿怒《ふんぬ》尊の特徴をいくつかそなえているが、一般の流布像にはこれらは見られず、純粋にチベットの神の姿をする。また獅子の下の人間も通常は描かれない。

ペハルの五兄弟では、この他に長兄であるトゥクキゲルポを中心とした作品も多い。象に乗るため、見分けが付きやすい。その場合、ティンレーゲルポは眷属として周囲に移る。

ツァンパカルポ

ツァンパカルポは騎乗の戦士で、ニェンチェンタンラやセタプなどに似た姿である。区別がつきにくいが、この神に固有の特徴として、頭頂に飾る白いほら貝がある。頭髪の中に直立させたり、ターバンを巻いた中から上部が突き出ているように表される。なぜ、頭にほら貝を飾るのかは不明であるが、ほら貝が戦陣で吹き鳴らされることを意識して、戦士にふさわしい飾りと考えたのかもしれない。あるいは、チベットでほら貝を持って表されることの多い帝《たい》釈《しゃく》天《てん》を意識したのかもしれない。

全身は甲《かっ》冑《ちゅう》で身を固めた場合と、チベット服を身につけた場合の二つのパターンがある。ニェンチェンタンラはチベット服、セタプは甲冑なので、その両者とイメージを合わせようとしたために、このような表現の揺れが生じた可能性もある。なお、右図では首のまわりに孔雀《くじゃく》の羽をつないだ飾りがあるが、これは一般に見られるツァンパカルポには見られない。本書ではマチクペルラモやドルジェユドンマなどにも描かれ、これを汎用的な装身具とする画家の流派があったのであろう。

持物は右手で剣をふりあげ、左手に宝珠を盛った容器をかかえ、さらに左脇には槍を立てて持つ。左手からは羂《けん》索《さく》も伸びている。その端には罪人のような裸の人物が、首を縛られて引き立てられている作例もある。羂索の本来の使い方である。なお、左手の宝珠を持った容器にかわって、口から宝を吐き出すマングースを描いた作品もある。ジャンバラや毘沙門天《びしゃもんてん》の持物にも登場する富の象徴で、宝珠の山と代替可能な持物である。

ツァンパカルポが乗る馬は、文献では黄金と規定されているようであるが（田中　2009：281）、実際の作例ではほとんど白馬である。神が乗る馬は白馬の方が一般的であるし、この神の名称が「白いツァンパ」を意味するように、身体の色が白く、それと一致する。なお、ツァンパとは梵天《ぼんてん》に相当するチベット語であるが、ここではその意味は持たない。

ベクツェ（チャムシン）

ベクツェはチベットの護法神の中でも人気が高く、作例数も多い。タンカの中心の神として描かれるほか、タンカの下部にしばしば登場する護法神のグループに加えられることも多い。名称の由来はよくわからない。チベット語起源ではなく、外来語として理解されているようであるが、サンスクリット語にも対応する言葉はない。ベクツェはチャムシンという名でも呼ばれる。これは甲冑《かっちゅう》のかたびらを意味するモンゴル語という説が示されている（田中2009: 240）。実際、ベクツェの作例の多くは、「こざね」を編んで作られた甲冑で身を固めている。

図像に見られる顔貌は典型的な忿怒《ふんぬ》相である。炎髪やそこに飾られる五つの髑髏《どくろ》を付けたティアラも、インド起源の忿怒尊に一般的である。作例によっては、炎髪ではなく、円錐型の兜をかぶり、さらにその上に旗や飾りを付けることがある。チベットの武人のイメージである。

右手は剣を振り上げるが、その柄の部分がサソリになっている作品もある。左手は敵の心臓を持つ。これはエーカジャターやタムチェン・ドルジェレクなどにも共通し、チベットの護法神に好まれた特徴のひとつである。ベクツェの場合、これらに加えて長い槍と弓矢も左手に持つ。やや欲張りすぎな武器の持ち方にも見える。足の下には、右足が馬を、左足は人間の男性を踏む。馬を踏むという特徴も他の護法神では例がなく、この神の特徴で、しかもわざわざ足の裏側を前に向けて踏む。不自然な表現であるが、これがこの神の立ち方のようで、ほとんどの作例に共通する。

ベクツェのタンカはしばしば大勢の眷属神を伴う。向かって右に妻、左に息子にあたる忿怒形の男女を置き、さらに八人と二十一人からなる屠殺者の二つのグループを周囲に配する。屠殺者たちはいずれも全身が真っ赤で、それぞれ屍体を切り刻む。ベクツェ自身も赤い身色であるため、画面全体が血で染まったように、赤一色のように見える。

ケーリ

ケーリは山の神である。「ケー」は人間や男性を表す語で、「リ」は山である。男性の山、あるいは人間の山という意味になり、あまり固有名詞らしくない。チベットのタンカや壁画などをまとめた図像集や写真集、あるいはインターネットのサイトなどにも、この名前の神は見いだせなかった。

ケーリが知られていないのは、おそらくローカルな山の神であったためであろう。これと同じ名前を持つ山が、東チベットのアムド地方、中国の行政区分では青海省《せいかいしょう》にある。青海省の東南に、アムドの中でも有数の歴史と伝統を持つレプゴンという町があり、その四方を取り囲む聖山のひとつで、北に位置する山がそれにあたる（Thurston 2012）。

また、チベットの護法神についての古典的著作である『チベットの託宣と悪魔』の中で、著者のネベスキー＝ヴォイコヴィッツが、山の神を列挙しているところで、タルジン・ケーリトンパという名をあげている。タルジンは「旗を持つ」という意味で、トンパは「高い」を意味する。「男性の山」では具体的なイメージに乏しかったが、「旗を持つ男の高山」であれば、いかにも山の神の名にふさわしい。

ネベスキー＝ヴォイコヴィッツがあげるこの山の重要な点は、ゲルク派の開祖ツォンカパ（一三五七〜一四一九）の誕生地にあることである。ツォンカパは出身地に近いマチェンポムラという有名な山の神を信仰していたと伝わるが、この神と同体、もしくは関係のある山の神であったのかもしれない。

ケーリの姿は、右手で旗を持つのが特徴で、タルジン・ケーリトンパのことであれば、その名称にもよく合っている。マチェンポムラも右手に旗を持ち、左手の持物が異なる点を除けば、他はほとんどこれと同じである。マチェンポムラに比定されている作品の一部は、このケーリを描いていた可能性もある。

セタプ

セタプは略称で、セィタプチェン、あるいはこれに「金剛《こんごう》」を意味する「ドルジェ」を冠して、ドルジェ・セィタプチェンが正式の名称である。ただし、チベットではセタプの名称で広く知られている。「セ」が動物の毛皮で、「タプ」が甲冑《かっちゅう》なので、「動物の毛皮の甲冑を身につけたもの」になる。忿怒尊《ふんぬ》にふさわしい名前である。

セタプがアティーシャ（九八二〜一〇五四）に由来するカーダム派と強い結びつきがあることは、田中（2009：295–296）にまとめられている。アティーシャは十一世紀ころのインドの学僧で、仏教の荒廃がはなはだしいチベットに招かれ、かの地で仏教の再興に貢献した人物である。カーダム派の開宗はアティーシャの弟子のドムトンによるが、アティーシャのチベットへの招聘が、チベット後伝期の大きなきっかけとなる。

アティーシャの弟子のひとりゴク翻訳官レクペー・シェーラプによって、カーダム派の中心寺院サンプ・ネゥトク寺院が開かれ、その護法神として祀られたのが、このセタプである。

その後、カーダム派の伝統は、ツォンカパが開いたゲルク派に吸収されていく。ツォンカパ自身はカーダム派に対する強い思い入れがあり、自身の宗派を新カーダム派と位置づけていた。その結果、セタプもゲルク派の守護神として、より広範な信仰を集めていった。現在、残されているセタプの作例は、ほとんどがゲルク派のものである。画面の上部には、ツォンカパやゲルク派の祖師たちの姿が描かれているものが多い。

ダライラマ五世（一六一七〜一六八二）がこの尊に篤い信仰を持っていたことも伝えられている。チベットの最高権力者となったこのダライラマにふさわしい守護神である。

セタプは馬に乗った忿怒相の戦士である。右手に棍棒を持ち、左手は羂索《けんさく》を持つ。羂索の端には罪人が捕らえられていることもある。名称のとおり、甲冑で身を固め、頭には旗を何本も立てた兜をかぶる。腰には弓をおさめた虎（あるいは豹）の毛皮で作った袋を下げる。セタプはツァンパカルポと同体と見なされ、その忿怒相をとった姿とされる。そのため、図像上の特徴も多くを共有している。忿怒相の他にも、頭の兜が見分けるポイントとなる。

ネーチュン

ネーチュンの名はダライラマの託宣の神としてよく知られている。かつて、ダライラマ政権においては、国家的レベルの判断を下すときに、ネーチュン堂に属する僧が、自らに憑依したネーチュンの託宣を人びとに告げて、それにしたがって裁定がなされた。

ネーチュン堂はデープン寺の一角に置かれていたが、ラサの四大寺のひとつに数えられるデープン寺は、ダライラマが持住していた寺院として、四大寺の中でも別格の扱いを受けてきた。現在でも、インドのダラムサーラにある亡命政権の政庁に、ネーチュン堂とその機能は維持されている。

ネーチュンは本来、別の名称を持つ護法神ペハルと同体とも、その眷属ともいわれる。ペハルは五兄弟からなる神がみで、とくにその末弟であるティンレーゲルポが中心的な存在である。

ネーチュンの正式名は、ネーチュン・ドルジェタクデンである。ドルジェは「金剛」にあたるチベット語で、多くの密教の仏の名に付される。タクデンは grag ldan と綴った場合は「恐ろしい」という意味で、grags ldan とした場合は「名声を持つ」という意味になる。いずれにしても、ドルジェタクデンという名称自体、あまり個性的ではないため、ネーチュンという呼び名の方が広く浸透している。

しかし、ネーチュンという名称の由来はよくわからない。gNas chung と綴るので、「小さい場所」という意味にとれるが、なぜこの強力な護法神が、それにそぐわないような名称を持つのか不思議である。デープン寺に祀られたときの逸話にもとづくという伝承があるが、むしろ、名称から生み出された創作の可能性が高い。

ネーチュンは別の護法神ベクツェと特徴がよく似ている。左手の持物が異なり、ベクツェは心臓、ネーチュンは羂索である。足の下がベクツェの場合、人間と馬であるのに対し、ネーチュンは人間のみを踏む。ネーチュンが胸に飾る丸いものは鏡で、ネーチュン堂の託宣の僧も身につけるといわれる。

ノジン・ツィウマルポ

天折したチベット学者ネベスキー＝ヴォイコヴィッツによる名著『チベットの託宣と悪魔』は、チベットの護法神に関する浩瀚な研究書で、さまざまな神がみの神話、伝承、信仰、図像などについての百科事典のような内容を持つ。その中にツィウマルポについての章もある。この神がチベットの護法神の中でも重要な存在であることをよく示している。

名称のはじめの「ノジン」は、サンスクリット語の「ヤクシャ」(yakṣa) に相当し、夜叉や薬叉などとそのまま漢訳される言葉である。しかし、この神の起源がインドにあったとは考えにくく、後から加えられた呼称のようなものであろう。

ツィウマルポの正確な意味は不明である。「マルポ」は「赤い」の意味で、これはこの神の身色が赤であることと当然関連するが、赤いからそのように呼ばれるようになったのではなく、もともとこの名を持っていたので、図像で表すときに、赤い身色で描かれたのであろう。前半の「ツィウ」についてはほとんど意味がとれない。綴りも Tsi'u が多いが、rTsi'u や rTse や Tsi などさまざまであったことを、ネベスキー＝ヴォイコヴィッツは紹介している。「夜叉である赤いツィウ」ということ以上の意味は出てこない。

ツィウマルポの信仰を古くから有していたのは、ネパール領内にあるチベット族の小王国ムスタンであったらしい。その段階ではニンマ派の護法神であったようであるが、後に中央チベットのサムイェー寺の守護神になったことで、一気にチベットの全域で信仰されるようになったという。本来この寺院の守護神はペハルであったが、ゲルク派のデープン寺の守護神となって、この神がラサに移ったために、その空白を埋めるべく、ツィウマルポが勧請されたという。

チベット風の衣装を着けた騎乗の忿怒尊で、右手に持った羂索で罪人を縛り上げ、左手に槍を持つ。槍を罪人に突き立てていることもある。

ラチェン・チンカルワ

ラチェン・チンカルワについても、ネベスキー＝ヴォイコヴィッツが『チベットの託宣と悪魔』の中で、短い章ではあるが一章をあてて、詳しく紹介している。

それによると、一般に知られるこの護法神の名称は、ゲニェン・チンカルワである。地域によって呼び名が異なり、また僧院の守護神になることも多く、僧院ごとに名称が異なることもあるという。ラチェン・チンカルワもそのひとつであろう。ゲニェンは仏教の僧侶である比丘に相当するチベット語で、比丘チンカルワとなる。ラチェンは「偉大な神」を意味する。いずれも称号のようなもので、中心的な名称はチンカルワの方である。

チンカルワは「白いフェルト」という意味である。フェルトは具体的にはフェルトの帽子を指し、チベット語では「チンシャ」(phying zhwa) という。チンシャ・カルワを短くしたのが「チンカルワ」である。実際、右図に見られるように、この神は独特の帽子をかぶっているが、これが白いフェルトの帽子になる。

ネベスキー＝ヴォイコヴィッツは、この神に関する文献の中に、白い帽子ではなく、インドのヴァラナシ産の布で作られたターバンをあげるものがあると述べている。一般に、フェルトは動物の毛で作られるので、白よりも黒や茶の方が普通であろうし、一方、ターバンの色には白が多い。

その一方で、この護法神がマチェンポムラという山の神と同一視されることも指摘している。白いフェルトの帽子は、この山の神を信仰する人たちの地域では一般的なものであったらしい。マチェンポムラはアムド地方を中心に広く信仰されている山の神で、ケーリの項でもふれたが、次項で取り上げる。

チンカルワも山の神のようで、雲を背景にして馬に乗る。右手の槍は水晶でできているらしい。先端は金で、絹の幡も結わえられている。左手は如意宝珠の盆をかかえる。これは他の護法神にも広く見られる持物である。

マチェンポムラ

マチェンポムラは東チベットのアムド地方にある霊峰である。アムネマチェンともアニエマチェンとも呼ばれる。中国の行政区では青海省の南東部に位置し、阿尼瑪卿と表記されるが、古名では積石山《しせきさん》とも言われた。標高は六二八二メートルであるが、かつてはチョモランマ（エベレスト）よりも標高の高い山ではないかと言われたこともある。

この山の神がマチェンポムラである。とくに、この山が位置するアムド地方では山の神として絶大な信仰を集めている。チベット全体ではニェンチェンタンラが山の神としてはとくに有名であるが、マチェンポムラもそれに匹敵する知名度を持つ。チベットには「九つの霊峰」や「四つの霊峰」という代表的な名山をまとめた表現が古くからあるが、「東のマチェンポムラ」は必ずその中に含まれる。

さらにその令名は仏教にとどまらず、ポン教徒にとっても重要で、戦前から戦後にかけてアムドのポン教を調査したJ・F・ロックは、この神が「マミポロ」という名で信仰され、その独自の図像も伝えられていることを、大著『ナキ族のナーガ信仰』の中で紹介している（Rock 1952）。ネベスキー＝ヴォイコヴィッツも「山の神」の章で、ニエンチェンタンラとともにこの山の神に多くの紙幅を割いている。

マチェンポムラの名称の由来はよくわからない。有名な山の名であるだけに、いろいろな説が示されているが、いずれも決定的ではない。マチェンは孔雀仏母《くじゃくぶつも》（日本では孔雀明王）のチベット名に一致するが、この仏との直接のつながりは確認できない。マチェンポンラの麓を流れる黄河の源流が「マチュ」と呼ばれることも関係するであろうが、どちらが先かは不明である。「ポムラ」に至っては意味を見つけることさえ困難である。綴り字も一定ではない。

マチェンポムラは、アムド出身の高僧ツォンカパ（一三五七～一四一九）が篤く信仰していたことでも知られる。ツォンカパがゲルク派の中心寺院であるガンデン寺を創建したときに、その守護神にこの神を勧請した。これによって、単なるアムドの山の神であったマチェンポムラが、チベット有数の守護神へと進化を遂げたのである。

ブムラ

ブムラは名称やその姿から、山の神のひとりと考えられるが詳細はわからない。雲を背景に馬に乗っているところは、ニェンチェンタンラやマチェンポムラなどとまったく同じである。山の神が男性の場合、チベット風の衣装をまとうものと、甲冑で身を固めるものの二種が見られるが、この神はチベット風の衣装である。胸に付けた大きな丸い飾りは鏡を表し、ラチェン・チンカルワなどに共通する。女神のマチクペルラモなどにも見られ、呪術用の道具が装身具になったのであろう。

右手には如意宝珠を積み上げたお盆を高く掲げる。一般に、この持物は左手でかかえるように持つことが多く、この持ち方は特殊である。右手を上に掲げるのは、山の神ばかりではなく、忿怒尊などにも広く見られ、とくに騎乗の人物の場合、馬の首に重ならないように、上にあげる方が普通である。

左手は槍を持つ。これも山の神にしばしば見られる持物である。ただし、右手に持つことが多い。左右の持物が通常とは逆転していることがわかるが、逆に、それによって独自性を打ち出そうとしたとも考えられる。この持物を逆にしたら、ケーリなどと同じになってしまう。

ブムラの名称は、ネベスキー＝ヴォイコヴィッツの『チベットの託宣と悪魔』の「山の神」の章にもあげられていない。ローカルな山やその神の名称で、他の地域では知られていなかったためであろう。「ブム」というのは十万を意味し、「ラ」は「取り囲むもの」に相当することから、山脈の意味を持つ。無数の峰々に囲まれた山脈ということで、山の名称にふさわしいようにも思われる。ただ、それだけの規模があれば、名称くらい知られていてもよさそうである。逆に、山の名称としてはありふれていて、固有名詞のようには見えない。

「ブムラ」は前項の青海省の名峰マチェンポムラの後半によく似ている。この部分の綴り字は伝承によって異なっていた。あくまでも推測であるが、そのうちのひとつが「ブムラ」と伝えられ、別の山の神のように見なされていったのではないか。

ゲルポ・リジンハラ

ゲルポ・リジンハラはネベスキー＝ヴォイコヴィッツの『チベットの託宣と悪魔』の中で詳細に説明されている。それによると、この神にはふたつのタイプがあり、ひとつはツァンパカルポの忿怒形をとったときの名称で、右図もこれに近い。もうひとつは、ベルデンラモの一種であるペルデン・マクソルゲルの眷属神で、尊容がこれとは異なる。ツァンパカルポもよく知られた護法神であるが、その姿は騎乗の武人で、おおむね通常の人間の姿をしている。それに対し、リジンハラは忿怒相をとるというだけあって、これよりもグロテスクな姿をする。とくに顕著なのはその顔貌で、額の中央に丸い大きな目を持ち、かわって両目は固く閉じている。これはエーカジャターの顔にも見られた特徴で、三つ目があるというよりも、目がひとつであることを強調している。ネベスキー＝ヴォイコヴィッツは、これらの神の他にもひとつ目の神がチベットには複数いることを紹介し、忿怒尊として好まれたモチーフのひとつであると述べている。

もうひとつ特殊なのは口から伸びる牙である。リジンハラの尊容を説く文献によると、その牙はいずれも極端に長く、上から生えた牙は胸まで達し、下からの牙は額にまで届くという。実際はそこまで長い牙は描かれていないが、他の護法神には見られない特徴で、この神を見分けるわかりやすいポイントになる。

身にはチベット風の衣装をまとい、右手は剣、左手には槍を持つ。これは文献と若干食い違い、右手は金剛杵と剣、左手は心臓を持つとする。右手は、柄《つか》の部分が金剛杵の形と理解すれば、右図と一致するが、左手の槍は明らかに異なる。乗りものは白い獅子で、たてがみはトルコ石の色、すなわち緑である。

もうひとつのタイプの、ペルデンラモの眷属となる場合は、ひとつ目や上下に伸びた牙という特徴はない。持物は右手が金剛杵で、左手はカパーラ、乗りものも獅子ではなく象となり、いずれもはじめのタイプと異なる。この神については、G・トゥッチも『チベットの軸装絵画』（Tucci 1949: 592）の中で紹介している。

その他

梵天 ぼんてん

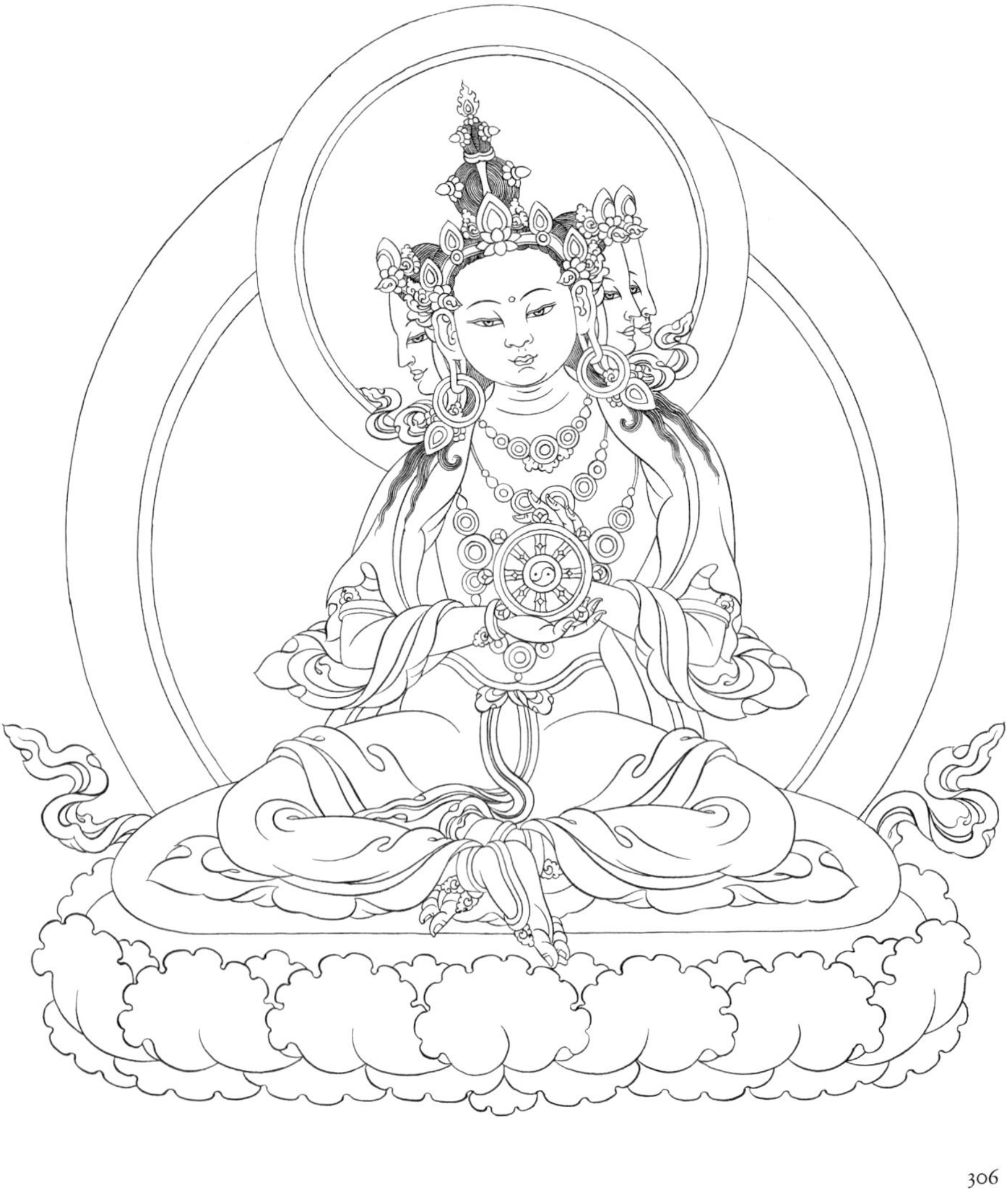

梵天は日本仏教にも伝えられ、東寺講堂の像なども有名である。あるいは、梵我一如《ぼんがいちにょ》の思想を高校などで学ぶときに、ブラフマン（梵）を耳にした人も多い。注意しなければならないのは、梵我一如のブラフマンは神の名ではなく、宇宙の根本原理で、非人格的なものであることである。そのため、名称は男性名詞ではなく中性名詞である。これに対し、人格神としての梵天は男性名詞で、ヒンドゥー教の神がみの世界が形成されていく過程で、具体的なイメージを持った神となる。

神としての梵天の造形表現は、ヒンドゥー教よりも仏教の方がはやい。そのはじまりはガンダーラ美術で、釈迦《しゃか》の生涯を表した浮彫彫刻に、帝釈天《たいしゃくてん》（インドラ）とともにセットで表される。梵天が主役となる梵天勧請《かんじょう》をはじめ、誕生や三道宝階降下《さんどうほうかいこうげ》などがその代表的な場面である。

梵天が帝釈天と対になることは、その後のインドの仏教美術でも継承され、パーラ朝の作品でも見ることができる。チベットやネパールもその影響下にあった。

ところで、梵天の図像上の特徴に四面をそなえることがある。これは、ガンダーラの作品ではまだ知られていなかった形式であるが、その後、インド内部のヒンドゥー教美術に出現し、仏教でもそれが基本となる。右図のブラフマンも四面をそなえているが、本来は四方を向いている四面は、絵画で表す時には左右に振り分けられ、一方を二面にする。これは四面の大日如来などでもとられた表現方法である。左右のどちらを二面にするかは、おそらく帝釈天との位置関係によるところが大きく、帝釈天とは反対側を二面にし、全身は帝釈天に向けてやや傾ける。帝釈天はこれと反対に傾けて、バランスをとる。

梵天が法輪を持つのは、チベット以外にはほとんど見られない。これは梵天勧請の時に梵天が釈迦に法輪を転じることを懇願したというエピソードに由来する。

帝釈天《たいしゃくてん》

帝釈天は前項の梵天《ぼんてん》と対になることが多い。その場合、体の傾け方や坐法が両者でシンメトリーになるよう、配慮されいてる。それとともに、顔の面数と持物を除けば、両者のイメージはほとんど変わりがない。そして、仏教における菩薩《ぼさつ》の姿が、ヒンドゥー教起源のこれら二神にも取り入れられている。その結果、仏を中心に脇侍《わきじ》菩薩が左右に並ぶ三尊形式とよく似た印象を与えることになる。

梵天と帝釈天を左右に配するのは、前項の梵天のところでも述べたように、インド以来の長い伝統がある。しかもこの組み合わせは、この二神にとどまらず、インド世界における神がみの対になるふたつのイメージ、すなわち聖職者的イメージと王侯貴族的イメージの大きな流れに含まれる。菩薩の場合は、弥勒《みろく》と観音《かんのん》の組み合わせなどがそれにあたる。

そして、パーラ朝期の作品になると、この対となるイメージが崩れて、いずれも同じ姿をとるようになり、両者を区別するのはおもに持物だけになる。チベットの梵天と帝釈天もその影響下にある。面数を別にすれば、両者を区別するのは手にする法輪とほら貝だけであったのはそのためである。

梵天が法輪を持つのは、梵天勧請《かんじょう》に由来すると前項で述べたが、帝釈天が持つほら貝も、釈迦の説法を象徴するシンボルである。両者は同じ意味を示していることになる。

梵天勧請はガンダーラで好まれたテーマであるが、そこではこれら二神はこのような象徴的なものは手にせず、合掌するだけであった。チベットの二神の持物の直接の根拠は、おそらくチベットで流行した仏伝文学、とくに『ラリタヴィスタラ』であろう。そこでは、梵天は釈迦に対して、直接、法輪を手渡すことで、釈迦に説法を促す。そして、梵天と一緒に説法を懇請する役割を、帝釈天も果たすことをこの文献は説いている。これらの持物を両者が手にするようになったのは、経典の記述を素直に表した結果なのである。

チティパティ

チティパティは「墓場の主」を意味する。ドゥルト・ダクポというのがそのチベット名である。チベットの文化を伝える映像や出版物にもよく用いられるため、イメージだけでも知っている人は多い。骸骨《がいこつ》がふたりで踊っている姿はなかなかシュールである。中世のヨーロッパにも「ダンスマカーブル」と呼ばれるよく似た図像があるが、直接の関係はない。

「五百尊図像集」にもチティパティは含まれる。冥界の王ヤマの眷属とされるため、そのまとまりの中に現れる。ヤマやその流れを汲む仏は、本書でもしばしば登場してきた。水牛の姿をとるものもあるなど、異様な雰囲気の仏が続くところであるが、そのなかでもチティパティはさらに異彩を放っている。

「五百尊図像集」に描かれるチティパティは、右図とはやや異なり、骸骨の姿のふたりが、同じポーズで踊っている。右手は骸骨の付いた棍棒をふりあげ、左手はカパーラを持ち、中に入った血を飲むポーズをとる。右足をあげて、左足で立つポーズもふたりでまったく同じである。

これは「五百尊図像集」の典拠となる『リンヘン』に忠実にしたがったものであるが、一般に知られているチティパティは右図のように、ふたりの骸骨が仲良さそうに肩を寄せて踊っている。踊りの振り付けは、ふたりの親密さを示すようで、上にあげる足は左右がそれぞれ逆になって、地面に立っている方の足は交差しているように見える。

このふたりが一組のカップルのように見えるのは、本来、ふたりが兄妹であり、しかも性的な関係を持つことを背景にしている。これはインドの神話においてヤマがその妹のヤミーとそのような関係にあったことを受け継ぐものである。

しかし、そのような生々しさよりも、むしろこのふたりからは滑稽さを感じさせる。チティパティはチベットの舞踊劇チャムでも主要な登場人物であるが、そこでもふたりは道化役を演じている。グロテスクさは滑稽に通じるのである。

ガナパティ

ガナパティはヒンドゥー教の神で、象の頭を持つ。ガネーシャとも呼ばれ、日本ではむしろこの名前の方が浸透している。いずれも「ガナの主」を意味する。ガナとはインドで古くから信仰されていた鬼神の類で、短軀の矮人の姿で表されることもある。巨大な象の頭と、でっぷり太った体格のガナパティも、それに通じるイメージで、インド全域で絶大な人気を持つ。象の頭は持つが、象の神様ではない。

このガナパティのイメージは、チベットにも伝わった。「五百尊図像集」には数種類のタイプのガナパティが含まれるが、その中で最もよく知られているのが、この十二臂像である。正式名称は「赤い大いなるガナパティ」で、実際、彩色されたタンカでは赤い身色で描かれる。

正面を向いて、乗りもののネズミの上で舞う姿は、さらにこの神のユーモラスさをアピールしている。ただし、この形式はすでにインドのパーラ朝期の六臂のガネーシャ像にも見られ、チベット人のアイディアではない。十二本の腕には弓矢や剣、斧などの武器が大半を占める。ヒンドゥー神のガネーシャの場合、モーダカという菓子、大根、斧などが必ず現れるが、このうち共通するのは斧くらいである。左の一番上の手に持っているのは、文献では棍棒となっているが、その形態は棍棒に見えない。作例によってはここに大根を持つこともあり、写していく過程で、形を変えてしまったのかもしれない。

乗りもののネズミは口から宝珠を吐き出している。この姿の小動物は、毘沙門天《びしゃもんてん》やジャンバラなどの持物にも見られ、富の象徴であった。ただし、それはネズミではなくマングースである。ガナパティも財宝神の性格を有していることから、ネズミに同じ役割を与えたのであろう。

十二臂を持つこのタイプのガナパティは、母タントラ系の尊格であるサンヴァラに関連すると言われる。十二臂というのはサンヴァラの最も一般的な形式である。共通する持物は一部にとどまるが、腕の数を一致させることで、この仏とのつながりを示したのであろう。

ガルダ

ガルダはインドに起源を持つ想像上の動物で、翼とくちばしを持ち、鳥の王とも考えられている。インドではヴィシュヌの乗りものとして広く知られ、ヴィシュヌを祀る寺院では、本堂の前に、ヴィシュヌに恭順を示す単独のガルダ像を置くことも多い。

ガルダに対する信仰は仏教にも取り入れられ、アジア各地に伝わった。チベットもその例外ではなく、ガルダを主尊として描いたタンカや白描図が多く残されている。チベット語ではキュン（khyung）という。その姿は右図のように、両腕（両翼）を左右に大きく広げ、二匹の蛇を両手でつかんで、その頭をくちばしでくわえている。蛇は煩悩《ぼんのう》を象徴し、その蛇を退治することは、煩悩を鎮めて滅するという仏教的な意味を持つのである。

この作品では足の下にも蛇が踏まれ、両足で固定している。両手と両足で三匹の蛇が退治されることになる。この形式でガルダを描くタンカもあるが、足の下には蛇ではなく、上半身が人間で下半身が蛇の姿をしたナーガを描く方が一般的である。ちょうど、忿怒尊《ふんぬ》がヒンドゥー教の神や屍体を踏むように、ガルダにナーガを踏ませるのである。右図のガルダは、それ以外にもタンカのガルダと異なる特徴を持つ。タンカではガルダは体を左右のいずれかに傾けて、ちょうど忿怒尊の展右や展左のようなポーズをとることが多い。それに対して、ここでは左右は均等で、対称性が強調されている。

これらの形式のガルダは、タンカよりも護符に一般的である。チベットではさまざまな護符が作られたが、その中でもガルダの護符はとくに人気のあったもののひとつであった。その場合、ガルダだけを描くよりも、ガルダの体の上にマントラを円環状に記した形式をとることが多い．両手と両足を拡げたポーズをとるのは、体の上にそのためのスペースを作るためでもある。

民間信仰のガルダは、単に煩悩を滅するだけではなく、病苦、とくにハンセン氏病の予防や治療に力を発揮すると信じられた。ハンセン氏病はナーガがもたらすという信仰があったためである。

ナーガ

ナーガはそのまま表記されることもあれば、龍と訳されることもある。一般の日本人の龍のイメージは、絵本やアニメに登場する巨大の蛇の怪物のような姿であろうが、右図に描かれているナーガはそれとはほど遠い。ナーガや龍をどのように表現したかは、国や地域によって大きく異なり、それだけで「龍の図像学」ができあがる。日本の龍は基本的に中国の影響下にあるが、密教図像の中には、右図のような龍も伝わっている（たとえば請雨経《しょううきょう》曼荼羅《まんだら》）。チベットのナーガの特徴は、上半身が人間の姿、下半身が蛇身であること、頭の後ろに蛇蓋《じゃがい》（あるいは龍蓋）と呼ばれるフードのようなものを付けること、水の中に棲んでいること、手に宝瓶《ほうびょう》を持つことなどがあげられる。人間の姿をした上半身は、菩薩形に近く、また基本的に男性である。

このようなナーガの姿は、チベット独自のものではない。蛇蓋を付ける特徴は、インドのナーガに古くから見られる。最初期の仏教美術を伝えるバールフットから、すでにその姿で表されていた。ただし、そこでは蛇蓋を付ける点を除けば、一般の男性像と変わりはない。下半身を水の中に隠している場面もあるが、陸に上がれば、しっかり二本の足がある。この形式はマトゥラーやパーラ朝の美術にも受け継がれ、インドのナーガ像の本流になる。ガンダーラのナーガはこれとは少し異なり、頭の後ろの蛇が一匹だけで、その分、ずいぶん大きい。この形式のナーガは、日本の准胝観音《じゅんでいかんのん》において、台座を支える龍王にも見られ、後世に影響を残したことがわかる。また、水中から上半身を出す形式も、ガンダーラのいわゆる大乗神変図《だいじょうじんぺんず》に見られる。

下半身が蛇のような姿のナーガは、インドではあまり見られず、チベットやネパールで広く好まれた形式と考えられる。ただし、ナーガではないが、天体の神であるケートゥ（計都）に類似の表現がある。ナーガのイメージと組み合わせる素材になったのであろう。

平和四兄弟

大きな木の下で四種の動物が、それぞれが順に背に乗っている。四種の動物は下から象、猿、兎、山鶉《やまうずら》である。大きな木はバニヤン（インド名はニヤグローダ）とされる。

平和四兄弟と一般に呼ばれるこの絵は、仏教のよく知られた寓話にもとづく。釈迦の前世の物語を集めたジャータカに含まれるものが有名であるが（第三十七話）、その他にも複数の律文献などに類話がある。

ジャータカによると、物語の発端は、釈迦の高弟である舎利弗《しゃりほつ》が、若い比丘《びく》たちによって軽んじられたことであった。それを知った釈迦が、次のような前世の物語を語った。

あるとき、象、猿、山鶉が仲良く暮らしていた。三匹はだれがいちばん年長であるかを確かめたくなって、お互いに、バニヤン樹を基準にそれを語った。象は自分が子どもの頃、バニヤン樹がまだ若木であったと話した。猿は、同じくバニヤン樹がまだ苗木で、その葉を食べたと話した。すると山鶉は、かつて自分が呑み込んだ種が、その後排泄されて、その種から芽を出したのがバニヤン樹であったと話し、三匹は山鶉がいちばんの年長者であることを知った。

このときの象が目連《もくれん》で、猿が舎利弗、そして山鶉が釈尊であったことを明かし、それ以降、年長者を敬うことを僧《そう》伽《ぎゃ》の比丘たちに守らせたという物語である。

ここにはもう一種類の動物である兎が登場しないが、後に現れた別バージョンでは、そこに兎が加わり、兎はバニヤン樹が芽を出した頃にこれを見ていたと言って、第二の年長者になった。釈迦の側近の弟子であった阿難《あなん》の前世が兎であったとされる。

この物語は、チベットをはじめ、ブータンやモンゴルなどでも人気があり、四種の動物が力を合わせて、バニヤンの実を取るという別の教訓譚にもなる。右図で猿が手にしているのがその果実である。

三種のすぐれたシンボル

二つのものをひとつにして作った三種類の不思議な生きものが、この「三種のすぐれたシンボル」である。ひとつ目は獅子とガルダ、二つ目はマカラとほら貝、三つ目は魚とカワウソである。それぞれ、対立するものがひとつになっていることから、調和や友愛を表す吉祥なシンボルとされた。

獅子とガルダは、全体的なイメージは獅子であるが、翼をそなえていることと、顔がガルダのそれになっていることで、両者を組み合わせていることがわかる。獅子は百獣の王で、一方、ガルダは鳥たちの王とされるので、そのふたつを兼ね備えたこの動物は、最強の生きものになるであろう。

マカラは水の中に棲むとされる想像上の動物で、インドでも古くから好まれた。バールフットやサーンチーなどの最初期の仏教美術から浮彫彫刻として頻繁に表されてきた。密教でも、マンダラの楼閣《ろうかく》を飾るモチーフにマカラは登場する。一方のほら貝は白い巻貝で、本書でも帝釈天《たいしゃくてん》の持物などになっている。マカラもほら貝も水に関係するが、インドではこのように、上半身をほら貝から出現させたり、尻尾も反対側の巻貝の先端から吹き出すような表現は見られない。

魚とカワウソも水に棲む動物で、全体はカワウソの体格を持つが、首の部分とえらが魚をイメージしているのであろう。尻尾を魚の尾鰭《おびれ》のように描くこともある。

このような異種の生物を組み合わせたイメージは世界中にある。代表的なのがキメラで、エジプトのスフィンクスもその流れを受け継ぐ。日本では鵺《ぬえ》が有名で、源頼政《みなもとのよりまさ》によって退治される逸話が『平家物語』などに登場する。これらのハイブリッドな生きものは、一般には忌避される不吉な存在であるが、チベットのこの三種は、すぐれたシンボルと呼ばれ、逆に吉兆とされる。もともと、これらの六種の生きもののうち、カワウソ以外は四聖獣や八吉祥に含まれ、それを組み合わせたことで、その吉祥の度合いが増すと考えたのであろう。しかし、初めて見るものにはやはり不気味な印象を与える。

タムチェン・ドルジェレク	Dam can rdo rje legs	
タムチェン・ガルワナクポ	Dam can ’gar nag	
ニェンチェンタンラ	gNyan chen thang lha	
ティンレーゲルポ	’Phrin las rgyal po	
ツァンパカルポ	lHa chen tshangs pa dkar po	
ベクツェ（チャムシン）	Beg tse（lCam sring）	
ケーリ	sKyes ri	
セタプ	bSe yi khrab can	
ネーチュン	gNas chung rdo rje drag ldan	
ノジン・ツィウマルポ	gNod sbyin tsi’u dmar po	
ラチュン・チンカルワ	lHa chen phying dkar ba	
マチェンポムラ	rMa chen bom ra	
ブムラ	Bum ra	
ゲルポ・リジンハラ	rGyal po li byin ha ra	
	その他	
梵天	Tshangs pa	
帝釈天	bGya bying	
チティパティ	Dur khrod bdag po	
ガナパティ	Tshogs bdag dmar chen	
ガルダ	Khyung	
ナーガ	Klu	
平和四兄弟	mThun pa spun bzhi	
三種のすぐれたシンボル	Mi mthun g’yul las rgyal ba’i mtshan ma gsum（Khyung dang seng nge ’dus pa’i bu, Dung dang chu srin ’dus pa’i bu, Nya dang sram ’dus pa’i bu）	

——チベットの神がみ——
奥山直司　2008　「「センション年代記」によるセンション村（吾屯）の起源」服部等作編『チベット仏画制作センターにおける伝統技材用法と継承に関する研究』科研費報告書、広島市立大学、pp. 38–51
Nebesky-Wojkowitz, René de. 1975 (1956). *Oracles and Demons of Tibet: The Cult and Iconography of the Tibetan Protective Deities*. Graz: Akademische Druck-u. Verlagsanstalt.
Rock, J. F. 1952. *The Na-khi Nāga Cult and Related Ceremonies*. 2 parts. Rome: IsMEO.
Thurston, Timothy. 2012. An Introduction to Tibetan *Sa bstod* Speeches in A mdo. *Asian Ethnology*. 71(1): 49–73.

——その他——
Beer, Robert. 1999. *The Encyclopedia of Tibetan Symbols and Motifs*. Boston: Serindia.
Dagyab Rinpoche. 1995. *Buddhist Symbols in Tibetan Culture*. Boston: Wisdom.

尊名漢蔵梵リスト

漢訳・和名	チベット語	サンスクリット語
如来		
釈迦如来	Shā kya thub pa	Śākyamuni
燃燈仏	Mar me mdzad	Dīpaṅkarabuddha
胎蔵大日如来	rNam par snang mdzad mngon byang	Vairocanābhisambodhi
金剛界大日如来	rNam par snang mdzad rdor dbyings	Vajradhātu-Vairocana
一切智大日如来	rNam par snang mdzad kun mkhyen	Sarvavid-Vairocana
阿閦如来	Mi bskyod pa	Akṣobhya
宝生如来	Rin 'byung	Ratnasambhava
無量光如来	'Od dpag me	Amitābha
無量寿如来	Tshe dpag med	Amitāyus
不空成就如来	Don yod grub pa	Amoghasiddhi
薬師如来	sMan bla	Vaiṣajyaguru
持金剛仏	rDo rje 'chang	Vajradhara
菩薩		
文殊菩薩	'Jam dpal dbyangs	Mañjuśrī/Mañjughoṣa
四臂文殊菩薩	'Jam dpal phyag bzhi pa	Caturbhuja-Mañjuśrī
法界語自在文殊菩薩	Chos dbyings bsung dbang	Dharmadhātuvāgīśvara-Mañjuśrī
マンジュヴァラ菩薩	'Jam dpal smra ba'i seng ge	Mañjuvara
四臂観音菩薩	sPyan ras gzigs phyag bzhi pa	Caturbhuja-Avalokiteśvara
カサルパナ観音菩薩	sPyan ras gzigs kha sarpa ṇi	Khasarpaṇa-Avalokiteśvara
千手千眼観音菩薩	sPyan ras gzigs phyag ston phyan stong	Sahasrabhuja-Avalokiteśvara
獅子吼観音菩薩	sPhyan ras gzigs seng ge sgra	Siṃhanāda-Avalokiteśvara
不空羂索観音菩薩	sPyan ras gzigs don yod zhags pa	Amoghapāśa-Avalokiteśvara
弥勒菩薩	Byams pa	Maitreya
普賢菩薩	Kun tu bzang po	Samantabhadra
金剛薩埵	rDo rje sems dpa'	Vajrasattva
観音菩薩（八大菩薩）	sPyan ras gzigs	Avalokiteśvara
金剛手菩薩（八大菩薩）	Phyag na rdo rje	Vajrapāṇi

弥勒菩薩（八大菩薩）	Byams pa	Maitreya
文殊菩薩（八大菩薩）	Jam pa'i dbyangs	Mañjughoṣa
普賢菩薩（八大菩薩）	Kun tu bzang po	Samantabhadra
地蔵菩薩（八大菩薩）	Sa yi snying po	Kṣitigarbha
虚空蔵菩薩（八大菩薩）	Nam mkha'i snying po	Ākāśagarbha
除蓋障菩薩（八大菩薩）	sGrib pa rnam sel	Nīvaraṇaviṣkambhin
	守護尊	
秘密集会阿閦金剛	gSang ba 'dus pa	Guhyasamāja-Akṣobhya
ヴァジュラバイラヴァ	'Jigs byed	Vajrabhairava
クリシュナヤマーリ	gSin rje gshed dgra nag	Kṛṣṇayamāri
ラクタヤマーリ	gShin rje gshed dmar	Raktayamāri
ヘーヴァジュラ	Khyai rdo rje	Hevajra
チャクラサンヴァラ	De mchog 'khor lo	Cakrasaṃvara
ブッダカパーラ	Sangs rgyas thod pa	Buddhakapāla
ヨーガーンバラ	rNal 'byor nam mkha'	Yogāmbara
チャトゥフピータ	rDo rje gdan bzhi	Vajracatuḥpīṭha
マハーマーヤー	Ma hā ma ya	Mahāmāyā
カーラチャクラ	Dus kyi 'khor lo	Kālacakra
	護法尊	
不動	Mi g'yo ba	Acala/Caṇḍamahāroṣana
金剛手（忿怒形）	Phyag na rdo rje	Vajrapāṇi
馬頭	rTa mgrin	Hayagrīva
ヴァジュラキーラ	Phur pa kī la ya	Vajrakīla
四臂マハーカーラ	mGon po phyag bzhi	Caturbhuja-Mahākāla
六臂マハーカーラ	mGon po phyag drug	Ṣaḍbhuja-Mahākāla
白色如意宝珠マハーカーラ	mGon dkar	
ゴンポ・ペルナクチェン	mGon po ber nag can	
クルキ・ゴンポ	Gur gyi mgon po	
婆羅門の姿をしたマハーカーラ	dPal mgon bram gzugs	
持国天（四天王）	Yul 'khor srung	Dhṛtarāṣṭra
増長天（四天王）	'Phags skye po	Virūḍhaka
広目天（四天王）	sPyan mi bzang	Virūpākṣa
多聞天（四天王）	rNam thos sras	Kubera/Vaiśravaṇa

毘沙門天	rNam sras	Vaiśravaṇa
ジャンバラ	Dzam bha la	Jambhala
女尊		
緑ターラー	sGrol ljang	Tārā
白ターラー	sGrol dkar	Tārā
般若波羅蜜	Shes rab kyi pha rol tu phyin ma	Prajñāpāramitā
吉祥天	dPal gyi lha mo	Lakṣmī
弁才天	dByangs can ma	Sarasvatī
仏頂尊勝	rNam rgyal ma	Uṣṇīṣavijayā
白傘蓋仏頂	gDugs dkar	Sitātapatra-uṣṇīṣa
ヴァジュラヨーギニー（ナーローパのカチョマ）	mKha' spyod dbang mo ṭā ki ni	Vajrayoginī
獅子面ダーキニー（センドンマ）	Seng dgong ma	Siṃhavaktrā Ḍākinī
ヴァジュラヴァーラーヒー	rDo rje phag mo	Vajravārāhī
マーリーチー	'Od zer can ma	Mārīcī
パルナシャバリー	Lo ma gyon ma	Parṇaśabarī
クルクッラー	Rig byed ma	Kurukullā
大随求	So sor 'brang ma	Mahāpratisarā
大千摧砕仏母	sTong chen mo	Mahāsāhasrapramardaṇī
密呪随持仏母	gSang sgnags chen mo	Mahāmantrānusāriṇi
大寒林仏母	gSil ba'i tshal chen mo	Mahāsītavatī
孔雀仏母	rMa bya chen mo	Mahāmāyūrī
チベットの神がみ		
外成就法王	Chos rgyal	
内成就法王	Chos rgyal nang sgrub	
秘密成就法王	Chos rgyal gsang sgrub	
サチェンラーフラ	Ra hu la	
ペルデンラモ	dPal ldan lha mo	
マチクペルラモ	Ma chig dpal lha mo	
エーカジャター	E ka dza te	
タシツェリンマ	gKra shis tshe ring ma	
タクゲルマ	Drag rgyal ma	
ドルジェユドンマ	rDo rje g'yu sgron ma	

森　雅秀　1992 「マハーマーヤーの成就法」『密教図像』11: 23–43
森　雅秀　1993「サンヴァラマンダラの図像学的考察」『曼荼羅と輪廻』（立川武蔵編）佼成出版社、pp. 206–234（森　雅秀　2017 『密教美術の図像学』法藏館に再録）
Siklós, B. 1996. *The Vajrabhairava Tantras*. Buddhica Britannica VII. Tring: The Institute of Buddhist Studies.
Snellgrove, D. L. 1959. *The Hevajra Tantra: A Critical Study*, 2 parts. London: Oxford University Press.
Tsuda Shiníchi. 1974. *The Saṃvarodaya-tantra, Selected Chapters*. Tokyo: The Hokuseido.

——護法尊——
東　智學　1980 「大黒天神像の由来」『日本仏教学会年報』45: 337–350
石黒　淳　1984 「金剛手の系譜」『密教美術大観　第 3 巻』朝日新聞社、pp. 181–191
大羽恵美　2004 「忿怒形の金剛手の図像について」『北陸宗教文化』16: 67–86
大羽恵美　2005 「中央チベットにおける不動の図像的な問題」『密教図像』24: 17–36
大羽恵美　2006 「マハーカーラの図像についての一考察」『北陸宗教文化』18: 35–56
大羽恵美　2008 「馬頭尊のイメージに関する一考察」『北陸宗教文化』21: 57–80
立川武蔵　1974 『西蔵仏教宗義研究　第一巻　トゥカン『一切宗義』サキャ派の章』東洋文庫
田中公明　2016 「金剛手の図像的展開：『理趣経』「大楽の法門」の重説を中心にして」『密教文化』236: 11–24
田辺勝美　1999 『毘沙門天像の誕生　シルクロードの東西文化交流』吉川弘文館
田辺勝美　2006 『毘沙門天像の起源』山喜房仏書林
頼富本宏　1991 「インド現存の財宝尊系男女尊像」『伊原照蓮博士古稀記念論文集』九州大学印度哲学研究室、pp. 267–299
Sobkovyak, Ekaterina. 2015. Religious History of the Gaṇḍī Beam: Testimonies of Texts, Images and Ritual Practices. *Asiatische Studien*, 69 (3): 685–722.
Tanemura, Ryugen. 1993. The Four Nikāyas Mentioned in the Gaṇḍīlakṣaṇa Chapter of the Kriyāsaṃgraha. *Jounal of Indian and Buddhist Studies*. 41 (2). 40–42.

——女　尊——
大塚伸夫　2013 『インド初期密教成立過程の研究』春秋社
木村俊彦　2003 「楞厳呪と白傘蓋陀羅尼：還元サンスクリット本の比較研究」『臨済宗妙心寺派教学研究紀要』1: 1–19
木村俊彦　2013 「梵学津梁所収の白傘蓋陀羅尼の研究」『印度学仏教学研究』62(1): 108–115
佐々木大樹　2009 「仏頂尊勝陀羅尼経概観」『現代密教』7: 211–243
佐々木大樹　2013 「三陀羅尼」高橋尚夫他編『初期密教：思想・信仰・文化』春秋社、pp. 166–177
谷川泰教　1982 「梵文『仏頂大白傘蓋陀羅尼経』について：ネパール写本報告〔1〕」『密教文化』138: 106–87
森　雅秀　2017 『仏教の女神たち』春秋社

Tachikawa, M., M. Mori & S. Yamaguchi eds. 2000. *Five Hundred Buddhist Deities*. Delhi: Adroit Publishers.

Tucci, G. 1949. *Tibetan Painted Scrolls*. Rome: La Libreria Dello Stato.

Willson, M. & M. Brauen eds. 2000. *Deities of Tibetan Buddhism: The Zürich Paintings of the Icons Worthwhile to See*. Somerville: Wisdom.

――如　来――

辛嶋静志　2014 「大乗仏教とガンダーラ：般若経・阿弥陀・観音」『創価大学・国際仏教学高等研究所年報』17: 449–485

立川武蔵、正木晃編　1997 『チベット仏教図像研究：ペンコルチューデ仏塔』（国立民族学博物館研究報告別冊　第 18 号）

田中公明　2010 「トンワトゥンデンとは何か？：タンカの起源と『文殊師利根本儀軌経』」『密教図像』29: 1–9

頼富本宏他　1997 『西西蔵石窟遺跡』集英社

――菩　薩――

乾　仁志　2004 「金剛頂経」「金剛頂経補注」『新国訳大蔵経⑫　密教部四』大蔵出版、pp. 7–76, 397–432

氏家昭夫　1976 「般若経と文殊菩薩」『密教文化』115: 12–24

田中公明　2019 『千手観音と二十八部衆の謎』春秋社

辻直四郎　1980 『バガヴァッド・ギーター』（インド古典叢書）講談社

濱田瑞美　2010 「敦煌唐宋時代の千手千眼観音変の眷属衆について」『奈良美術研究』9: 41–72.（濱田瑞美　2012 『中国石窟美術の研究』中央公論美術出版に再録）

宮治　昭　1992 『涅槃と弥勒の図像学：インドから中央アジアへ』吉川弘文館

森　雅秀　2015 「般若波羅蜜の図像学」『般若経大全』小峰彌彦他編、春秋社、pp. 429–448（森　雅秀　2017 『密教美術の図像学』法藏館に再録）

山下博司　1992 「重ねられるイメージ・すり替えられる神々：南アジアの宗教に見られるイメージ操作と改宗のストラテジー」『東アジア、東南アジアにおける宗教、儀礼、社会：「正当」、ダルマの波及・形成と変容』（Monumenta Seirndica No. 26）石井溥編、東京外国語大学アジアアフリカ言語文化研究所、pp. 35–57

頼富本宏　1985 「文献資料に見る文殊菩薩の図像表現」『雲井昭善博士古稀記念：仏教と異宗教』平楽寺書店、pp. 321–338

渡辺照宏　1982 『渡辺照宏著作集　第三巻　弥勒経　愛と平和の象徴』筑摩書房

――守護尊――

大観慈聖　2005 「『マハーマーヤー・タントラ』の成立に関する一考察：仏教タントラとヒンドゥー神話の関係性をめぐって」『印度学仏教学研究』54（1）: 100–103

小倉　泰・横地優子　2000 『ヒンドゥー教の聖典二編』東洋文庫　平凡社

ブラウエン、マルティン　2002 『曼荼羅大全』（森雅秀訳）東洋書林

松長有慶編著　2005 『インド後期密教（上）方便・父タントラ系の密教』春秋社

松長有慶編著　2006 『インド後期密教（下）般若・母タントラ系の密教』春秋社

宮坂宥勝　1994 「YAMĀNTAKA 考」『密教大系』1: 137–150

参考文献

――全体にかかわるもの――

ウィットフィールド、ロデリック編　1982『西域美術：大英博物館スタイン・コレクション　敦煌絵画』(1)(2)、講談社

佐和隆研　1990『仏像図典』(増補版) 吉川弘文館

ジエス、ジャック編　1994/5『西域美術：ギメ美術館ペリオ・コレクション』(1)(2)、講談社

立川武蔵　1987「仏教図像」長野泰彦・立川武蔵編『チベットの言語と文化』冬樹社、pp. 336–363

立川武蔵　1987『曼荼羅の神々』ありな書房

田中公明　1990『詳解河口慧海コレクション：チベット・ネパール仏教美術』佼成出版社

田中公明　2009『チベットの仏たち』方丈堂出版

田中公明　2017『両界曼荼羅の仏たち』春秋社

宮治　昭　1999『仏教美術のイコノロジー　インドから日本まで』吉川弘文館

宮治　昭　2004『仏像学入門　ほとけたちのルーツを探る』春秋社

宮治　昭　2016『仏像を読み解く　シルクロードの仏教美術』春秋社

森　雅秀　2001『インド密教の仏たち』春秋社

森　雅秀　2011『チベットの仏教美術とマンダラ』名古屋大学出版会

森　雅秀　2017『密教美術の図像学』法藏館

森　雅秀編著　2018『アジア仏教美術論集　中央アジアII チベット』中央公論美術出版

山口瑞鳳　1987–1988『チベット（上・下)』東京大学出版会

Bhattacharyya, Benoytosh. 1968 (1958). *The Indian Buddhist Iconography Mainly Based on the Sādhanamālā and Other Cognate Tantric Texts of Rituals*. 2nd ed. Calcutta: K. L. Mukhopadhyay.

Bhattacharyya, Benoytosh. 1968 (1925). *Sādhanamālā* (2 vols.). G.O.S. Nos. 26, 41. Baroda: Oriental Institute.

Bhattacharyya, Benoytosh. 1972 (1949). *Niṣpannayogāvalī of Mahāpaṇḍita Abhayākaragupta*. G.O.S. No. 109. Baroda: Oriental Institute.

Clark, Walter Eugene. 1937. *Two Lamaistic Pantheons*. 2 vols. Harvard-Yenching Institute Monograph Series, vol. III. Cambridge, Massachusetts: Harvard University Press.

Lokesh Chandra. 1986. *Buddhist Iconography of Tibet*. Kyoto: Rinsen Book Co. Ltd.

Mori, Masahide. 2009. *Vajrāvalī of Abhayākaragupta: Edition of Sanskrit and Tibetan Versions*, 2 vols. Buddhica Britanica XI. Tring: The Institute of Buddhist Studies.

Olschak, R. C. & G. T. Wangyal. 1973. *Mystic Art of Ancient Tibet*. New York: McGraw-Hill.

Rhie, Marylin M. & Robert A. F. Thurman. 1996. *The Sacred Art of Tibet: Wisdom and Compassion*. expanded edition. New York: Tibet House.

Rhie, Marylin M. & Robert A. F. Thurman. 1999. *Worlds of Transformation: Tibetan Art of Wisdom and Compassion*. New York: Tibet House.

【著者紹介】

森　雅秀（もり　まさひで）

1962年、滋賀県生まれ。1994年、ロンドン大学大学院修了。Ph.D.（ロンドン大学、1997）。名古屋大学文学部助手、高野山大学文学部助教授等を経て、現在、金沢大学教授。専門はインド・チベットの仏教文化史。比較文化研究。著書に『インド密教の仏たち』『エロスとグロテスクの仏教美術』『マンダラ事典』『仏教の女神たち』（春秋社）、『大日如来の世界』『インド後期密教〔上・下〕』（共著、春秋社）、『生と死からはじめるマンダラ入門』（法藏館）、『仏のイメージを読む』（大法輪閣）など。訳書にマルティン・ブラウエン『曼荼羅大全』（東洋書林）、フィリップ・ローソン『聖なるチベット』（共訳、平凡社）がある。

【絵師紹介】

宮坂宥明（みやさか　ゆうみょう）

1953年、宮城県生まれ。東京芸術大学大学院修士課程修了。1989年から1994年までインド・ダラムサーラに留学。現在、仏画師、照光寺副住職、鍼灸師。著書に、『八十四人の密教行者』（共著、春秋社）、『西蔵図像聚成』（監修、四季社）、『大人のためのぬり絵般若心経』（解説、四季社）。

チベット密教仏図典

2019 年 10 月 20 日　第 1 刷発行
2023 年 2 月 20 日　第 2 刷発行

著　者＝森　雅秀
絵　師＝宮坂宥明
発行者＝神田　明
発行所＝株式会社春秋社
〒 101-0021　東京都千代田区外神田 2-18-6
電話（03）3255-9611（営業）（03）3255-9614（編集）
振替　00180-6-24861
https://www.shunjusha.co.jp/
装　幀＝河村　誠
印刷所＝萩原印刷株式会社

ISBN 978-4-393-11914-3　2019©　Printed in Japan
定価はカバー等に表示してあります。

森　雅秀

エロスとグロテスクの仏教美術

インドと日本の仏教美術の名品を通して、それぞれの地域と時代に固有の文化を知るとともに、全体を貫く普遍的な美意識や人間観を明らかにする。

２７５０円

森　雅秀

仏教の女神たち

ターラー、孔雀明王、准胝観音、鬼子母神、吉祥天と弁財天を取り上げ、そのルーツや役割から、各地域における信仰・美術・マンダラ・供養法などを総合的に解説。

３３００円

ロラン・デエ／今枝由郎〔訳〕

チベット史

神話時代から現在まで、特に近現代に重点をおいた、激動のチベット通史。仏教を精神的中核とする民族特有の世界観・歴史観をあます所なく語り尽くす画期的大著。待望の新装版！

６６００円

田中公明

図説　チベット密教〈新版〉

チベット密教の現状を記述するだけでなく、日本との相違点や歴史的展開などを含めた、総合的で科学的なマニュアルを目指した、世界でも初めての解説書。

３５２０円

正木　晃

「空」論
――空から読み解く仏教

仏教を代表する空の思想を、ブッダに始まり龍樹を経て中観派へと至るインドの変遷から、チベット、中国、日本における展開まで網羅し、わかりやすく解説した画期的な仏教入門。

２７５０円

※価格は税込（10％）